税收优惠与

企业创新质量提升

郑婷婷　王　虹／著

图书在版编目（CIP）数据

税收优惠与企业创新质量提升 / 郑婷婷，王虹著
. 一 成都 : 四川大学出版社，2023.12
（博士文库）
ISBN 978-7-5690-6550-3

Ⅰ. ①税… Ⅱ. ①郑… ②王… Ⅲ. ①税收政策一优惠政策一影响一企业创新一研究一中国 Ⅳ. ①F812.422
②F279.23

中国国家版本馆 CIP 数据核字（2024）第 012475 号

书　　名：税收优惠与企业创新质量提升
Shuishou Youhui yu Qiye Chuangxin Zhiliang Tisheng
著　　者：郑婷婷　王　虹
丛 书 名：博士文库

丛书策划：张宏辉　欧风偃
选题策划：曾　鑫
责任编辑：曾　鑫
责任校对：蒋姗姗
装帧设计：墨创文化
责任印制：王　炜

出版发行：四川大学出版社有限责任公司
地址：成都市一环路南一段 24 号（610065）
电话：（028）85408311（发行部）、85400276（总编室）
电子邮箱：scupress@vip.163.com
网址：https://press.scu.edu.cn
印前制作：四川胜翔数码印务设计有限公司
印刷装订：成都市新都华兴印务有限公司

成品尺寸：170mm×240mm
印　　张：13.5
字　　数：257 千字

版　　次：2023 年 12 月 第 1 版
印　　次：2023 年 12 月 第 1 次印刷
定　　价：69.00 元

扫码获取数字资源

四川大学出版社
微信公众号

前　言

技术创新是驱动经济发展的动力源泉，习近平总书记在党的二十大报告中强调“创新是第一动力，要深入实施创新驱动发展战略”。税收优惠的透明度高，可预期性强，是政府鼓励创新的重要政策形式。在税收优惠等一系列扶持政策的作用下，我国创新投入从 2008 年的 4616.02 亿元上升到了 2020 年的 24393.11 亿元，增长超过 4 倍。然而，创新数量与创新结构发展不平衡，2008—2020 年，高质量的发明专利申请授权数由 93706 件上升到 530127 件，但其占比由 22.75%下降到了 14.57%，创新质量是否得到实质性提升，值得反思。而且，企业可能会为了迎合政策门槛，进行研发操纵，开展策略创新，威胁创新质量。那么，税收优惠作为重要的政策工具，能否促进企业创新质量提升，是本书思考的起点。

结合经济学的理论和基本命题来研究宏观经济政策与微观企业行为的互动作用，可以拓宽会计与财务研究的新领域。本书将创新数量增长和创新结构优化作为提升企业创新质量的两条重要途径，从“数量”和“结构”两个维度构建创新质量的综合指标，区分“税收优惠强度—税基优惠—税率优惠”三个层次，按照“作用效果—作用差异—作用机制—作用环境—作用传递”的思路，研究税收优惠与企业创新质量提升的关系。为新一轮税制改革和税收优惠政策的绩效评估提供了更为合理的经验依据，有助于深化宏观税收优惠政策对企业创新质量提升的精准引导，推动经济高质量发展。

本书的主要创新性工作如下：

1. 解读税收优惠与企业创新的理论联系。(1) 从经济与财务两个理论视角分别对创新和税收优惠进行理论分析。(2) 围绕创新过程中的“市场失灵”现象，从企业创新的“外部性”、企业创新的“信息不对称”和企业创新的“风险性”三个方面分析税收优惠缓解企业创新中市场失灵的作用机理，为后续实证研究提供理论支撑。

2. 对现有税收优惠政策和创新现状的反思。(1) 基于不同税收优惠方式，对改革开放以来我国创新相关税收优惠政策的发展沿革进行解析，重点梳理我国现行创新相关税收优惠的制度体系，提炼政策特点。（2）基于“数量”和“结构”两个视角，按照创新投入和创新产出两个环节，细分总体、工业企业、高新技术企业三个层面对我国创新活动的发展现状进行有关数据的描述性统计和比较分析。（3）总结税收优惠的制度缺陷和创新发展的不足，为后续开展税收优惠与企业创新质量提升的实证研究奠定现实基础。

3. 研究税收优惠强度与企业创新质量提升的关系。（1）从“数量”和“结构”两个视角呈现税收优惠强度对企业创新质量的作用效果，对比高新与非高新技术企业的作用差异。（2）剖析相关作用机制和作用环境，考察“创新投入”的中介作用和“市场化进程”的调节效应。（3）探讨税收优惠强度对企业创新质量的促进作用能否传递到企业价值上。

4. 研究税基优惠与企业创新质量提升的关系。（1）基于研发费用加计扣除政策的视角，从“数量”和“结构”两个视角呈现研发费用加计扣除对企业创新质量的作用效果，对比高新与非高新技术企业的作用差异。（2）剖析相关作用机制和作用环境，考察“创新投入”的中介作用和“盈余管理”的调节效应。（3）分析研发费用加计扣除对企业创新质量的促进作用能否实现企业价值增长。

5. 研究税率优惠与企业创新质量提升的关系。（1）基于高新技术企业视角，从“数量”和“结构”两个维度呈现税率优惠对企业创新质量的作用效果，对比不同市场化进程下的作用差异。（2）剖析相关作用机制和作用环境，考察“创新投入”的中介作用和“寻租”的调节效应。（3）研究税率优惠对创新质量的促进能否进一步提升企业价值。

全书由八章组成。

第一章为导论。本章主要在对研究背景进行阐述的基础上，提出本书研究的问题，说明研究的理论和现实意义；然后对税收优惠和创新质量的基本内涵进行界定，并对本书的研究目的与研究方法、研究内容与逻辑框架进行阐述；最后提出本书的主要创新点。

第二章为文献回顾与述评。在总结国内外文献研究的基础上，系统回顾税收优惠与企业创新的相关研究，从税收优惠与企业创新的理论研究、税收优惠对企业创新过程的影响研究以及税收优惠对企业创新效果的影响研究三个方面进行文献回顾。在过程研究和效果研究部分又分别细化了税收优惠与创新投入、税收优惠与创新产出以及税收优惠与创新绩效、税收优惠与创新质量四个层次对有关文献进行分析。最后总结现有文献的研究基础和存在的不足之处，为后文进行实证研究奠定基础。

第三章为理论分析。首先，对创新进行理论分析，一是围绕熊彼特的创新理论、新熊彼特主义和创新系统理论进行经济视角的理论分析，二是借助企业投资理论和广义财务管理理论结构进行财务视角的理论分析。其次，对税收优惠进行理论分析，从政府干预理论和拉弗曲线进行经济视角的理论分析，并结合委托代理理论从财务视角分析了税收优惠对企业的作用路径。最后，围绕创新过程中的“市场失灵”现象，从企业创新的“外部性”、企业创新的“信息不对称”和企业创新的“风险性”三个方面分析税收优惠缓解企业创新中市场失灵的作用机理，为后续实证研究提供理论支撑。

第四章为制度背景与现状分析。首先，基于不同税收优惠方式对创新相关税收优惠政策的历史沿革与特点进行分析，将改革开放以来我国创新相关税收优惠政策分为三个阶段，对各个阶段的代表性税收优惠政策进行解析，并重点对我国现行创新相关税收优惠政策框架进行梳理，提炼相关政策特点。其次，是对我国创新活动的现状分析，基于“数量”和“结构”两个视角，按照创新投入和创新产出两个环节，细分总体、工业企业、高新技术企业三个层面对我国创新活动的发展现状进行有关数据的描述性统计和比较分析。最后，总结税收优惠政策的制度缺陷以及创新发展存在的不足，以便为后续实证研究奠定现实基础。

第五章为税收优惠强度与企业创新质量提升的实证分析。利用熵值法构建创新质量的综合性评价指标，从“数量”和“结构”两个维度来分析税收优惠强度对企业创新质量的作用效果，进行现象呈现。在进一步研究中，一是基于技术密集程度，对高新技术企业和非高新技术企业进行异质性检验，实现现象细分。二是分析税收优惠强度对企业创新质量的作用机制，考察创新投入的中介作用，进行现象剖析。三是探讨税收优惠强度对企业创新质量的作用环境，考察市场化进程的调节效应，进行现象定位。四是探讨税收优惠强度对企业创新质量的作用传递，考察对企业价值的影响，完成现象延伸。

第六章为税基优惠与企业创新质量提升的实证分析。基于研发费用加计扣除视角。借助第五章构建的创新质量的综合指标体系，从“数量”和“结构”两个方面研究研发费用加计扣除税基优惠对企业创新质量的影响，进行现象呈现。在进一步研究中，一是对高新技术企业和非高新技术企业进行异质性检验，实现现象细分。二是考察创新投入的中介作用，进行现象剖析。三是考察盈余管理的调节效应，进行现象定位。四是探讨研发费用加计扣除税基优惠对企业创新质量的作用传递，考察对企业价值的影响，完成现象延伸。

第七章为税率优惠与企业创新质量提升的实证分析：基于高新技术企业税率优惠视角。借助我国高新技术企业的样本数据和第五章构建的创新质量的综合指标体系，从“数量”和“结构”两个视角分析税率优惠对高新技术企业创新质量的影响，进行现象呈现。在进一步研究中，一是区分市场化进程的高低进行异质性检验，实现现象细分。二是考察了创新投入的中介作用，进行现象剖析。三是分析寻租的调节效应，实现现象定位。四是探讨高新技术企业税率优惠对创新质量的作用传递，考察对企业价值的影响，完成现象延伸。

第八章为研究结论与启示。一是对全文的主要研究结论进行了总结归纳，梳理出税收优惠对企业创新质量影响的三个特点。二是从“完善税收优惠的制度体系和优化企业创新意识”两个方面提出了改进建议。

本书由郑婷婷、王虹共同完成。第一章至第三章、第五章由郑婷婷、王虹共同完成，第四章、第六章至第八章由郑婷婷完成。

由衷感谢为本研究提供意见和帮助的干胜道教授、程宏伟教授、刘用明教授、罗宏教授、步丹璐教授、万旭仙博士和杨薇博士！感谢四川大学出版社曾鑫编辑对本书出版所给予的帮助与指导！

目　录

第一章 导 论

第一节 研究背景

技术创新被西方“古典经济学理论”和“内生经济增长理论”视为推动经济增长的决定性因素（Solow，1956；Romer，1987；Lucas，1988；Romer，1990）。是经济全球化背景下增强国际竞争力，助力世界经济发展的重要力量（石俊国，吴非，侯泽敏，2014；江小涓，2004）。但是由于创新的高风险、高投入，以及后续被模仿或被抄袭的风险，企业的创新投入和创新产出与政府期望会存在偏差。促进企业增加研发投入、改善创新不足的一个有效途径是制定税收干预政策（Greenwald，Stiglitz，1986）。后续的实证研究也表明，税收优惠政策的透明度高，可预期性强，是政府鼓励企业开展创新的重要政策形式，可以激励企业提高研发投入（Hall，1993；Hall，Van Reenen，2000；Bloom，Griffith，Van Reenen，2002；Koga，2003）。

多年来，我国在促进创新方面制定并实施了多元化的税收优惠政策，旨在激励企业加大创新力度，实现产业转型升级。不可否认，近年来税收优惠政策在促进我国企业创新数量方面发挥了积极作用。2008—2020 年，我国研发经费投入总量由 4616.02 亿元上升到 24393.11 亿元，研发经费投入强度（研发经费占 GDP 的比重）由 1.54%上升到 2.40%；专利申请授权数由 411982 件增加到 3639268 件，增长率为 783.36%。① 根据世界知识产权组织（WIPO）发布的《2022 年全球创新指数报告》，中国上升至全球第 11 位，连续十年稳步提升。

然而，在当今经济“结构性”减速的“新常态”背景下（李扬，2016），

① 数据来源：全国科技经费投入统计公报和国家统计局年度数据。

税收优惠对企业创新的激励作用不能仅满足于数量增长，关键在于强化对企业创新质量的精准引导，助力我国经济实现高质量发展。现实是，我国创新数量与创新结构发展不平衡，2008—2020年，发明专利申请授权数由93706件上升到了530127件，增值率为465.73%，但其占比反而由22.75%下降到了14.57%；且创新质量是否得到实质性提升值得反思。而且，企业可能会为了迎合政策门槛，进行研发操纵，开展策略创新（黎文靖，郑曼妮，2016；杨国超，等，2017），进而威胁创新质量。那么，税收优惠作为重要的政策工具，能否促进企业创新质量提升？是本书思考的起点。

广义财务管理理论结构以财务管理环境为起点，宏观经济政策被看作重要的外部环境（王化成，张伟华，佟岩，2011），必然影响微观企业行为。因而有必要打破“就财务论财务”的固有研究范式，从多学科视角来丰富企业财务管理的内容（王卫星，2016）。研究宏观经济政策与微观企业行为的互动作用能拓宽会计与财务研究的新领域（姜国华，饶品贵，2011）。税收政策立足于宏观层面，作用于微观领域（李万福，杜静，2016），税收优惠与企业创新的关系是会计与财务领域研究的重点。相关研究结论可分为两类：一类认为税收优惠对研发投入具有显著激励作用（Guceri，Irem，2018；Hall，1993；戴晨，刘怡，2008；李丽青，2007），同时亦能促进企业创新产出（Czarnitzki，Hanel，Rosa，2011；储德银，纪凡，杨珊，2017）；享受税收优惠较多的企业往往拥有更多的专利和新产品（张信东，贺亚楠，马小美，2014）。另一类认为税收优惠对企业创新是一种有条件的、差异化的激励，这种激励作用具有门限效应，在最优的政策力度门限区间内才能促进企业研发投入（冯海红，曲婉，李铭禄，2015）；同时，外部融资约束、产品市场竞争程度和外部市场化进程等制度环境因素也会影响激励效应的显著性（刘放，杨筝，杨曦，2016）。此外，这种激励效应还存在产权异质性（水会莉，韩庆兰，2016）和产业异质性（李香菊，杨欢，2019）。不难发现，现有研究在探讨了税收优惠对创新活动的影响后并未对创新质量的提升进行甄别，并且多从“量”上来阐释税收优惠与企业创新的关系。然而，盲目崇拜创新投入数量可能导致“研发扭曲”（鲍宗客，朱魏巍，2017；余泳泽，张先轸，2015），部分企业会为了“寻扶持”而美化创新数量。创新产出在数量上的“扭曲”，难以全面衡量创新活动状况（Dosi，Marengo，Pasquali，2006；Hall，Harhoff，2012；黎文靖，郑曼妮，2016），对创新质量的促进作用有限。

企业创新质量提升的最终目的是服务于经济发展，经济增长质量包括经济数量增长和经济结构优化（卡马耶夫，1983；任保平，2012；程虹，李丹丹，

2014)。Watts，Zimmerman（1990）回顾和阐述实证会计思想的发端和方法技术特征，发现经济学的理论方法和基本命题可用来解决会计问题。基于此，本书借鉴经济增长质量的理论思想，将创新数量增长和创新结构优化作为企业创新质量提升的两条重要途径，从“数量”和“结构”两个维度来研究税收优惠与企业创新质量提升的关系。考虑到税收优惠的实施必然导致当期财政收入的减少，进而加大当期或未来的财政压力。[①] 里根总统借鉴“拉弗曲线”的思想（刘玉书，2020），通过“减税”复苏美国经济的经验启示我们：要缓解税收优惠与财政压力的矛盾，关键是增强税收优惠对企业创新的杠杆效应，利用创新对经济的驱动作用来扩大税基，进而反哺国家财政，实现政府与企业之间的双赢。要实现这一目标，笼统探讨税收优惠对企业创新质量的作用不足以评价具体税收优惠政策的实施效力，因此需要深入到税收优惠的政策内部，进行针对性研究。故本书将整体税收优惠强度、税基与税率两种税收优惠方式一并纳入实证研究的框架，在税收优惠方式的选取上，将率先被写入《中华人民共和国企业所得税法》（中华人民共和国主席令第六十三号）的研发费用加计扣除和高新技术企业享受的税率优惠分别作为税基优惠和税率优惠的代表性政策，多角度研究税收优惠与创新质量的关系，为促进企业创新质量提升，推动经济高质量发展提供经验依据。

第二节 研究意义

一、理论意义

技术创新是我国重要的战略举措之一，企业是技术创新的重要主体，企业技术创新的过程中会出现市场失灵，单纯依靠市场的力量难以实现资源的有效配置。如何科学运用宏观税收优惠政策对企业创新过程中的市场失灵进行有效调控，提升企业的创新质量，以达到增强企业核心竞争力、激发市场活力的预期目标是理论界亟须研究的问题，本书在此方面作了一些探讨，理论意义主要体现在以下两个方面。

① 中国税务报，2016 年 5 月 4 日第 B01 版。

1. 分析税收优惠缓解创新过程中市场失灵的作用机理，丰富了相关理论研究。企业创新具有公共物品的属性，往往存在外部性、信息不对称等市场失灵现象，导致市场对企业创新资源的配置难以达到帕累托最优。本书从经济和财务两个视角进行创新和税收优惠的理论分析，并重点围绕创新过程中的"市场失灵"阐述两者的理论联系，分析了税收优惠缓解企业创新的"外部性"、企业创新的"信息不对称"和企业创新的"风险性"三种市场失灵表现的作用机理，进一步丰富了税收优惠影响企业创新的理论研究。

2. 从"质量"视角和"结构"维度，拓展和补充税收优惠与企业创新领域的研究文献。现有研究主要侧重于从"数量"视角来探讨税收优惠与企业创新投入和企业创新产出的关系，较少涉及"质量"的甄别和创新"结构"的优化。然而，盲目崇拜创新数量可能导致"研发扭曲"（鲍宗客，朱魏巍，2017；余泳泽，张先轸，2015）。本书将税收优惠与企业创新的研究视角拓展到创新质量上，从"数量"和"结构"两个维度，来解读税收优惠对企业创新质量的作用，为评价宏观税收优惠政策的效用提供了新的思路，对已有"数量"视角的研究文献进行了拓展和有益补充。

二、现实意义

近些年来，我国相继出台了一系列促进企业创新的税收优惠政策，这些税收优惠政策是否达到了预期效果，在带来企业创新数量和创新规模明显增长的同时是否促进了创新质量的实质性提升？本书试图对此进行深入探索，相关现实意义主要在以下两个方面有所体现。

1. 为税收优惠政策的评估与优化提供了更为合理的经验依据。本书从"数量"和"结构"两个方面揭示了税收优惠与企业创新质量提升的关系，为企业创新质量的甄别和税收优惠政策的绩效评估提供了新的思路。同时，为了优化税收优惠的内部制度设计，增强税收优惠的杠杆效应，本书将整体税收优惠强度和不同税收优惠方式一并纳入研究框架。探讨了研发费用加计扣除税基优惠和高新技术企业税率优惠两种不同税收优惠方式与企业创新质量提升的关系，为新一轮减税降费制度改革和税收优惠政策的优化提供了更为合理的经验依据。

2. 为企业规范自身行为，促进创新质量提升和创新成果转化提供了思路。本书验证了"盈余管理"对研发费用加计扣除税基优惠和企业创新质量的负向调节作用，也发现"寻租"会对税率优惠和高新技术企业创新质量的关系产生干扰效应。这一结论可提醒企业规范创新活动中的财务会计行为，树立正确的创新观念，借助正规手段来提升创质量。同时，本书还发现企业在将创新质量转化为企业价值提升方面还不够充分，这一发现有助于引导企业反思创新的效果，加强创新成果向核心竞争力和新的经济增长点方面转化。

第三节 基础概念

一、税收优惠

钟大能（2002）认为税收优惠政策是政府介入经济运行过程以修正市场失灵，进而解决资源有效配置的主要政策工具，是政府通过法律的形式，将一部分按标准税制应收的税款无偿折让给纳税人，借助该种特定的税收照顾来实现特定的社会目标和经济目标。朱承斌（2005）认为税收优惠政策是政府对社会经济进行调控的重要手段，给予符合特定条件的特定纳税人的激励性或照顾性优惠，这种激励性和照顾性的优惠往往是基于一定的政治、经济和社会发展目标。同时，税收优惠政策也是国家促进和扶持经济发展的一种特殊支出，通过采取与现行基本税制结构相背离的税收制度给予纳税人的各种优惠性税收待遇，从而达到降低特定纳税人税负以及对其经济活动进行补贴的目的（柳光强，2016）。因此，税收优惠政策是为了实现政府战略目标而做出的特定制度安排，将原本属于政府的收益让利给特定纳税主体，以实现政府对宏观经济运行的调控作用。

税收优惠作为税收调控宏观经济的特殊政策工具，能够发挥弥补市场失灵的功效，一般具有两大特点，一是政府是实施税收优惠政策的主体，实施的目的在于促进国家经济、政治、文化等的全方位发展；二是纳税人是税收优惠的客体，负有纳税义务是其享受税收优惠政策的必要前提。从税收优惠的方式来看，可大致分为如下几种：第一种是直接对应纳税额进行减免，如减免税、退税、税收抵免、税收饶让等；第二种是给予低于基准税率的较低税率即税率优惠；第三种是对应纳税所得额进行减免，也就是我们所说的税基式优惠，比如税前扣除、盈亏互抵、纳税豁免等；第四种是将纳税义务延后，如加速折旧，延期纳税等。前两种税收优惠方式也被称为直接优惠，后两种税收优惠方式也被称为间接优惠。

技术创新是我国目前重要的战略举措之一，为了鼓励企业开展创新，政府通过特定的制度安排对纳税主体的各项创新行为给予优惠性税收待遇，以达到激发市场主体创新活力的目的。税收优惠政策对于企业研发创新活动的影响主要通过两种途径：一是通过税收优惠直接调节企业的可支配现金收入，引导企业进行更多的创新投入，如研发费用加计扣除政策；二是通过税收优惠的政策倾斜，向社会充分表达政府对于企业开展创新活动的支持态度，对于科技产业的发展产生导向作用，从而借助市场机制的基础性调节作用，使更多的资源向研发创新领域汇集，如对高新技术企业享受的税率优惠政策。因此，本书将基于税收优惠的基本政策内涵和优惠形式，进一步从整体税收优惠强度、税基优惠和税率优惠三个层面研究税收优惠与企业创新质量提升的关系。

二、创新质量

创新质量本身是一个多元概念，其内涵和外延较为丰富，从不同的角度进行解读，往往得出不同的观点。对创新质量的界定，理论界和实务界也一直没有形成统一标准。比较有代表性的有两种观点：

1. 以 Haner（2002）为代表的综合创新质量观。Haner（2002）对创新质量和质量创新进行比较分析研究，首次提出了创新质量的综合定义，认为创新质量是组织内部三个不同领域的集中体现，它包括新的产品，工艺或管理模式的质量。Prajogo（2006）将创新质量定义为过程质量，认为创新质量是以从产品到服务再到运作的全过程质量体现。杨立国、缪小明、曾又其（2007）认为创新质量具有动态特征，是企业经营绩效在每个子领域的总合，包括产品或服务的质量、运作的过程质量，以及经营管理质量三个方面。杨幽红（2013）认为创新质量是一种大的质量观念，不仅包括内部质量管理而且包括外部信息的交换，反映了创新所提供的产品、服务和方法等满足消费者需求的一种程度。在实证研究中，有学者也从整个创新过程的角度构建创新质量的综合性指标。马永红、张景明、王展昭（2014）从创新过程质量、创新产出质量和创新经济效益质量 3 个方面构建了创新质量的综合指标，发现我国高新技术产业的创新质量普遍不高，且空间差异明显，东部地区的创新质量明显强于其他三个地区，且差距逐渐扩大。刘伟丽、林玮菡（2018）从创新投入产出效率和创新收入成本效益两个方面构建综合指标，发现我国四大区域创新质量发展不平衡，基本呈现“东强，中西东北弱”的态势。

2. 产出创新质量观，即认为创新的过程质量主要集中体现在创新的产出成果上，侧重以创新的专利产出来衡量创新质量。在国外的研究中，Lerner（1994）以专利的 IPC 分类号数量（仅使用前 4 位数）组作为专利保护宽度的替代变量，并验证了其有效性。Lanjouw（2004）使用专利权利要求数、前向和后向引用数量、同族专利数量等多个指标来反映专利质量，发现其与公司股票市场价值显著正相关。发明专利的产出数量及产出结构是衡量原始创新能力和专利综合实力的核心指标（刘凤朝，沈能，2006），我国大部分研究将发明专利作为高质量的专利产出，用来衡量创新质量。张古鹏、陈向东、杜华东（2011）以发明专利与申请专利的比值来表示创新质量。张古鹏、陈向东（2011），高林、贺京同、那艺（2014）将发明专利的授权量、授权率和专利长度一同纳入创新质量的指标框架。许昊、万迪昉、徐晋（2017），蔡绍洪、俞立平（2017）以发明专利的申请受理数和申请授权数来衡量企业创新质量。

本书认为对创新质量的界定应回归创新驱动经济发展的本质属性。首先，从理论上看，熊彼特在最早提出创新理论时认为创新能够为经济增长注入新的活力，是经济增长的动力源泉，“古典经济学理论”和“内生经济增长理论”也将创新视为推动经济增长的决定性因素（Solow，1956；Romer，1987）。其次，结合我国的基本国情，要适应和引领新经济发展常态，经济增长的动力源泉必须从要素驱动、投资驱动、出口驱动转向创新驱动（张来武，2011；庞瑞芝，范玉，李杨，2014），以创新驱动重构经济增长动力，促进经济增长质量提升（白俊红，王林东，2016）。经济增长质量可以理解为物质生产资源变化过程的总和，包括产品数量增长和社会经济结构调整（卡马耶夫，1983），数量增长和结构优化是经济增长质量的两个重要维度（任保平，2012；程虹，李丹丹，2014）。

考虑到创新质量的本质属性是驱动经济发展，创新质量提升的提升最终目的是促进经济质量。本书尝试借鉴经济增长质量的内涵，结合产出创新质量观的思想，将创新数量增长和创新结构优化作为提升企业创新质量的两条重要途径，围绕高质量发明专利产出，把衡量实证性创新活动的发明专利申请数（黎文靖，郑曼妮，2016）、衡量创新产出水平的发明专利授权数（张古鹏，陈向东，2011）、反映负向专利价值的发明专利撤回和驳回数（高林，贺京同，那艺，2014）以及评价企业综合创新实力的有效专利数一并纳入创新质量的衡量范畴，运用熵值法从“数量”和“结构”两个维度构建创新质量的综合指标体系。

第四节　研究思路与研究方法

一、研究思路

（一）基本思路

本书严格遵循“提出问题—分析问题—解决问题”的一般研究范式，基本研究思路如下所示。

1. 通过分析研究背景来提出问题。基于我国开展技术创新的迫切需要和税收优惠扶持企业创新的必要性、企业创新过程中的负面因素（创新数量与结构失衡、研发操纵）来阐述相关研究背景，提出本书要研究的核心问题，即税收优惠能否促进企业创新质量提升。

2. 从理论和现实角度来分析问题。（1）进行现有研究的文献回顾，提炼研究基础，梳理研究不足，为后续实证研究提供思路。（2）从经济和财务两个视角进行创新和税收优惠的理论分析，并重点围绕创新过程中的“市场失灵”来阐述两者的理论联系，为后续实证研究奠定理论基础。（3）对创新相关税收优惠政策的发展沿革进行梳理，从“数量”和“结构”两个视角分析创新现状。（4）总结税收优惠政策和创新活动存在的不足，为后续的实证研究奠定现实基础。

3. 通过实证研究来解决问题。在实证研究部分，围绕“数量”和“结构”两个维度，区分“税收优惠强度—税基优惠—税率优惠”三个层次，按照“作用效果（现象呈现）—作用差异（现象细分）—作用机制（现象剖析）—作用环境（现象定位）—作用传递（现象延伸）”的研究思路，来检验税收优惠与企业创新质量提升的关系。（1）通过基准回归模型分析作用效果，进行现象呈现。（2）以异质性检验对比作用差异，实现现象细分。（3）构建中介效应模型，考察创新投入的中介作用，分析作用机制，进行现象剖析。（4）分别考察市场化进程、盈余管理和寻租对税收优惠强度、税基优惠和税率优惠的调节效应，探讨作用环境，完成现象定位。（5）进一步探讨税收优惠对企业创新质量的作用能否传递到企业价值上，研究作用传递，实现现象延伸。（6）基于实证研究结论，从完善税收优惠的制度体系建设和优化企业创新意识两个方面提出政策建议。

全书的技术路线与逻辑框架如图 1.1 所示。

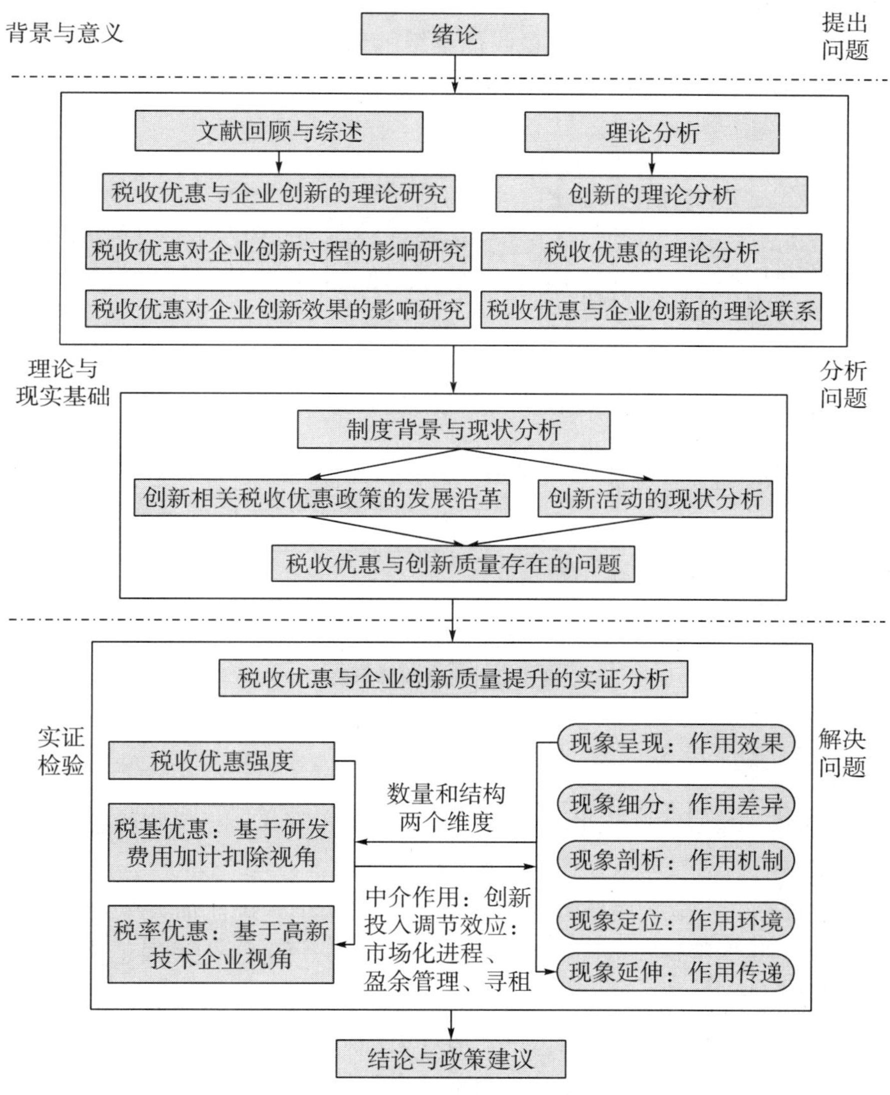

图 1.1　技术路线与逻辑框架

（二）理论推导思路

（1）从经济和财务两个视角对创新进行理论分析，说明不管从宏观经济视角还是微观企业视角，要发挥创新对经济的驱动作用，都离不开政府宏观经济政策的支持。(2) 从经济理论视角说明税收优惠是宏观经济政策的重要组成部分，从财务理论视角分析了税收优惠对微观企业的作用路径。(3) 利用市场失灵理论，揭示了创新过程中的三种主要市场失灵表现，即“外部性”“风险性”和“信息不对称”。(4) 分析了税收优惠缓解创新过程中这三种主要市场失灵表现的作用机理。全书的理论推导思路如图 1.2 所示。

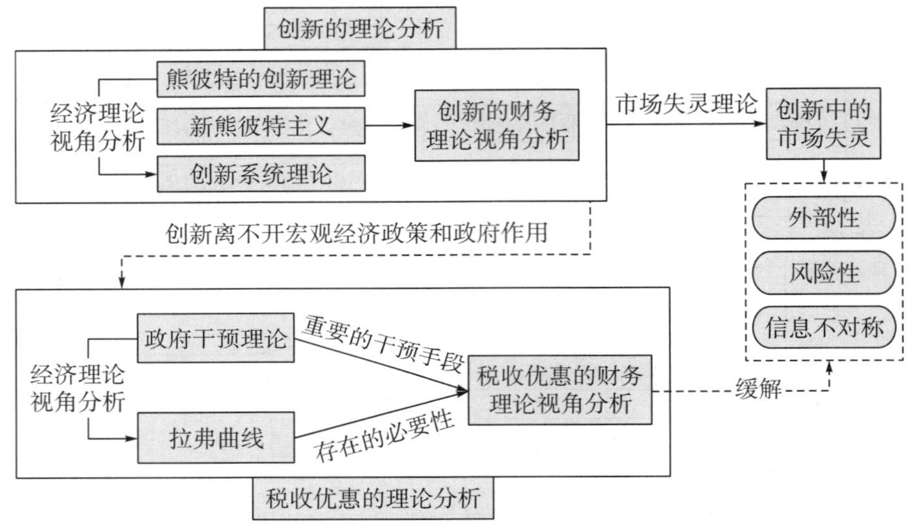

图 1.2　理论推导思路

（三）实证框架的设计思路

1. 考虑到增强税收优惠政策杠杆效应的现实需要，将税收优惠强度以及税基和税率两种税收优惠方式一并纳入研究框架。

税收优惠的实施必然导致当期财政收入的减少，进而加大政府的财政压力。例如，2021 年我国累计新增减税降费约 1.1 万亿元。① 里根总统借鉴“拉弗曲线”的思想（刘玉书，2020），通过“减税”复苏美国经济的经验启示我们：要缓解税收优惠与财政压力的矛盾，关键是增强税收优惠对企业创新的杠杆效应，利用创新对经济的驱动作用来扩大税基，进而反哺国家财政，实现政府与企业之间的双赢。然而，笼统研究整体税收优惠强度对企业创新的作用，不足以准确评价具体税收优惠政策的实施效力，对完善税收优惠的制度设计、

① 中国政府网：http://www.gov.cn/xinwen/2022-01/27/content_5670654.htm。

增强税收优惠的杠杆效应作用有限，难以实现这一“双赢”目标。因而必须从政策内部入手，关注税基和税率两种不同税收优惠方式对企业创新的引导作用，以便对税收优惠制度进行针对性的完善和优化，切实提高税收优惠的杠杆效应。

2. 将研发费用加计扣除和高新技术企业税率优惠分别作为税基和税率优惠的代表性政策，主要是基于以下考虑。

（1）研发费用加计扣除和高新技术企业税率优惠是扶持创新的标志性税收政策。高新技术企业税率优惠是改革开放以来，我国最早推出的扶持企业创新的税收优惠政策。研发费用加计扣除自 1996 年诞生以来，一直沿用至今。且在 2008 年企业所得税改革过程中，这两项税收优惠政策率先被写入了《中华人民共和国企业所得税法》，是我国创新相关税收优惠政策首次以法律形式呈现，体现了其在扶持企业创新过程中的重要地位。

（2）研发费用加计扣除和高新技术企业税率优惠对企业创新的作用方式具有代表性。研发费用加计扣除是普适性的优惠政策，侧重对创新过程的前端激励。其直接作用对象是企业的研发费用，通过加计扣除的政策设定来增加企业的可支配收入，激励企业进行创新投入，进而间接影响创新产出的数量和质量。高新技术企业税率优惠是专属性的优惠政策，体现的是从“过程引导”到“前端激励”的作用方式。首先，企业需满足以高新技术企业认定为代表的特殊条件后，才能享受该项税率优惠，这体现对企业创新过程的一种引导，即激励企业满足相关认定标准。其次，企业满足认定后，享受的低税率能够直接降低税负，增加企业现金流，进而激励企业再次加大创新。两种政策的作用方式各有优缺点：研发费用加计扣除的作用方式简便，操作性强，但对企业创新的引导作用可能有限。高新技术企业税率优惠具有较强的引导功能，但如果高新技术企业认定标准设计不合理、认定程序执行不到位，对企业创新的“引导”可能变成“误导”。因而有必要对这两种税收优惠方式与企业创新质量的作用关系进行更加细致的研究。

（3）根据政策对象和政策特点灵活确定异质性分组变量和调节变量。在选取异质性变量时，因税收优惠强度和税基优惠的政策对象是所有企业，故根据技术密集程度区分为高新技术企业和非高新技术企业两个样本组；而税率优惠的政策对象主要为高新技术企业，故根据外部市场化进程进行异质性分组。

在选取调节变量时，税收优惠强度是从整体上衡量税收优惠的力度，未细化到具体政策，故以较为宏观的外部市场化进程作为调节变量；而享受税基和税率优惠需满足相关条件，给企业预留了一定的操作空间，故根据两种政策的特点分别以“盈余管理”和“寻租”作为调节变量。

3. 需要说明的是在第五章至第七章实证分析数据的选取上，考虑到2018年来我国税制改革力度较大，国地税合并、增值税改革、个税改革、环保税开征等各项税制改革政策并驾齐驱，整个税收制度环境处于调整期，呈现出波动变化的新局面。并且本书在进行现象延伸考察税收优惠对企业创新质量的作用能否传递到企业价值时，需采用初始样本下一期的数据。因此，为确保实证分析数据的稳定性，同时基于数据的可获得性，本书以新的企业所得税法实施以后，2008—2017年中国A股上市企业数据为初始样本。

二、研究方法

本书采取定性研究与定量分析相结合，规范分析与实证研究相补充的研究方法，对税收优惠与企业创新质量提升的关系展开研究，力图使本书的研究更加系统、全面和深入。书中主要运用的研究方法如下：

1. 文献研究法。(1) 通过知网、万方、Web of Science、EBSCO等数据库检索国内外文献，从税收优惠与企业创新的理论研究、税收优惠对企业创新过程的影响研究、税收优惠对企业创新效果的影响研究三个方面，对已有的研究成果进行系统性归纳、梳理和总结，找出现有研究可以借鉴之处和存在的不足，明确跟进和深化的研究方向。(2) 在已有研究的基础上，形成基本的研究思路，构建理论分析框架，并借鉴已有研究成果对实证分析变量进行严密的设定和测度。

2. 理论分析与现状分析相结合。(1) 在理论分析部分，首先借助熊彼特的创新理论、新熊彼特主义和创新系统理论对创新进行经济视角的理论分析，围绕企业投资理论和广义财务管理理论结构对创新进行财务视角的理论分析。接着借助政府干预理论和拉弗曲线对税收优惠进行经济视角的理论分析，并基于委托代理理论从财务视角阐述了税收优惠的基本作用路径。最后重点围绕市场失灵，从企业创新的“外部性”“信息不对称”和“风险性”三个方面分析了税收优惠与企业创新的理论关系。(2) 在现状分析部分，首先，基于不同税收优惠方式分析创新相关税收优惠的发展沿革和政策特点；其次，结合有关数据从“数量”和“结构”两方面分析我国整体层面、规模以上工业企业和高新技术企业的创新活动发展现状；最后，总结税收优惠的制度缺陷与创新发展存在的不足。

3. 统计分析法。首先，根据论文的研究目的，借助国泰安数据库

(CSMAR)、国家统计局等数据平台，归纳提炼样本数据；其次，借鉴已有的研究结论，合理选取研究指标，构建多元回归模型、中介效应模型、熵值法综合评价模型等概念模型；最后，借助 Stata16.0 等数据分析软件，对样本数据进行描述性统计分析、多重共线性检验、多元回归分析等一系列相关检验，从而得出更加直观、更具有说服力的研究结论。

三、主要创新点

（一）借助经济学的理论解读税收优惠与企业创新的内在联系

Watts，Zimmerman（1990）回顾和阐述实证会计思想的发端和方法技术特征，发现经济学的理论方法和基本命题可用来解决会计问题。本书首先从经济理论视角、财务理论视角对创新和税收优惠进行理论分析，发现要发挥创新的驱动作用，离不开税收优惠这一宏观经济政策的支持。然后借助市场失灵理论，分析了创新过程中的“外部性”“信息不对称”和“风险性”三种市场失灵现象，并重点解读了税收优惠缓解企业创新三种市场失灵表现的作用机理。

（二）将研究视角转换到创新质量上，将研究维度延伸到结构方面

已有的研究多从“数量”上考察税收优惠与企业创新投入和创新产出之间的关系，很少关注创新质量的甄别和创新结构的优化。然而，我国创新数量与创新结构发展不平衡，创新质量是否得到实质性提升值得反思，本书因此将研究维度延伸到创新质量上。因企业创新质量提升的最终目的是服务于经济发展，故借鉴经济增长质量理论把数量增长和结构优化作为两个重要维度的思想，从“数量”和“结构”两个视角研究税收优惠对企业创新质量的作用效果、作用差异、作用机制、作用环境和作用传递，为新一轮税制改革提供更为全面、合理的经验依据。

（三）将整体税收优惠强度和不同税收优惠方式一并纳入研究框架

已有研究多是考察整体税收优惠强度对企业创新的影响，虽然近两年也有少量研究关注到了不同税收优惠方式对企业创新投入的作用，但还未探讨其对企业创新质量的影响。考虑到增强税收优惠杠杆效应来缓解减税与财政压力的

现实需要，笼统探讨税收优惠对企业创新质量的作用不足以评价具体税收优惠政策的实施效力，因此需要深入到税收优惠的政策内部，进行针对性的研究。因此本书将整体税收优惠强度和不同税收优惠方式一并纳入实证研究框架，在税收优惠方式的选取上，将率先被写入《中华人民共和国企业所得税法》（中华人民共和国主席令第六十三号）的研发费用加计扣除和高新技术企业税率优惠分别作为税基优惠和税率优惠的代表性政策，多角度研究税收优惠与创新质量的关系，为促进企业创新质量提升，推动经济高质量发展提供经验依据。

（四）在税率优惠与企业创新质量的关系中引入寻租因素

已有研究虽然研究了寻租对企业创新的影响，但较少关注寻租在税收优惠与企业创新关系中的作用。高新技术企业的认定过程容易存在寻租空间，寻租可能降低企业利用正规税收手段促进创新的积极性。本书在税率优惠与企业创新质量的关系中引入寻租因素，考察寻租对两者关系的调节效应，有助于完善高新技术企业的认定办法，规范高新技术企业的认定过程，为税率优惠营造良好的制度环境。

第二章　文献回顾与评述

第一节　税收优惠与企业创新的理论研究

税收优惠与企业创新的理论研究侧重于讨论税收优惠影响企业创新的必要性，大部分研究从创新自身的经济特性来分析政府扶持政策与企业创新的理论联系，Nelson 与 Phelps（1966）认为技术创新具备公共物品的特征，使得企业创新活动所带来私人收益小于社会收益，即创新过程中存在市场失灵，当市场上大部分创新主体都受到市场失灵的影响时，已不能通过私人谈判来解决问题，需要政府通过“有形的手”进行干预。Delong，Lawrence（1991）认为企业创新存在正外部性特征，政府出面对其进行纠正和干预是完全有必要的。David，Hall，与 Toole（2000）认为创新过程中存在不确定性和信息不对称等问题，需要政府采取税收优惠或财政补贴等宏观措施来支持企业的创新活动。戴晨、刘怡（2008）认为企业的 R&D 投入对经济发展尤为重要，但因其具有的正外部性、高成本性、高风险性等特征，仅仅依靠市场的力量无法激励企业开展有效的创新活动，因而需要依靠政府力量进行干预和调控，其中税收优惠是较为有效的调控措施。李丽青（2008）认为 R&D 投入具有高风险性、不确定性以及成果的外溢性，这会提高企业研发投入的成本和风险，为了降低这一成本和风险，政府有必要采取税收优惠和直接财政补贴等措施来激励企业创新。王春元、叶伟巍（2018）认为企业创新的长期性和不确定性会导致其面临融资约束的难题，税收优惠能在一定程度上突破企业融资约束的瓶颈，从而促进企业的创新行为。

也有研究采用不同的方法构建理论模型分析了税收优惠与企业创新之间的内在联系和作用原理，胡卫、熊鸿军（2005）从会计角度分析了税收优惠政策对企业创新投入的刺激原理。夏杰长、尚铁力（2006）围绕创新的不确定性、溢出效应和外部性特征，利用创新生产函数，分析了税收优惠与创新的理论关系。邵诚、王胜光（2010）采用结构方程模型，结合路径分析和因子分析两种多元统计方法，探讨了税收优惠对企业创新的作用路径。华海岭、吴和成（2013）运用生产函数构建了研究开发费用加计扣除减免税和高新技术企业减免税对发明专利数和新产品销售收入的影响模型。张信东、贺亚楠、马小美（2014）采用倾向得分匹配法构建计量模型来研究税收优惠与企业创新产出数量之间的关系。王玺、张嘉怡（2015）将企业研发投入和实际产出的作用机制引入到税收优惠对企业研发创新的影响模型中，结合 Romer 和 Jones 提出的技术生产函数以及 Nick Bloom 构建的研发投入函数，来构建税收优惠对企业研发创新的基本作用效果模型。吴松彬、黄惠丹、张凯（2019）利用柯布—道格拉斯生产函数形式，构建了 15%税率式优惠政策和研发费用加计扣除税基式优惠政策对 R&D 创新激励的影响模型。

第二节　税收优惠对企业创新过程的影响研究

企业的技术创新是一个系统工程，包括从市场调研、产品构想到研究开发、产品设计再到成果转化、创新产出的一系列经济过程。从技术整合的角度，可将创新过程分为产品开发、产品试制和产品生产三个阶段；申长江、王玲、雷家骕（2008）从生产的视角认为企业技术创新过程大致可分为技术研发阶段、产品开发阶段和取得财务绩效阶段；张嵎喆、蒋云飞（2010），寇明婷等（2014）从技术创新对整个宏观经济的影响效应出发，认为企业创新是从初始技术创新投入到中间技术创新产出，再到最终市场环境效应的过程。傅利平、李小静（2014）从投入和产出两个角度研究了政府补贴对企业创新过程的信号传递效应；李常洪等（2013），程曦、蔡秀云（2017）从创新投入和创新产出两个方面分析了税收优惠政策对企业创新的影响。褚淑贞、都兰娜（2017）认为创新投入和创新产出是企业创新过程中的核心环节，创新投入通过影响创新产出进而最终作用于企业创新绩效。可见对于企业创新的整个过程而言，创新投入和创新产出是决定创新效果的关键要素，因此，本书主要从创新投入和创新产出两个方面来梳理税收优惠对企业创新过程的影响研究。

一、税收优惠与创新投入

（一）税收优惠对企业创新投入的激励作用显著

国内外学者在税收优惠与企业创新投入方面做的实证研究较多，国外对税收优惠政策与创新投入的研究起步较早。Mansfield（1986），Hall（1993）和Bloom，Griffith，Van Reenen（2002）的研究表明研发投入的税收成本弹性为负，即税收优惠政策有利于促进企业增加研发投入；且税收优惠政策的长期激励效果更加显著，税收优惠政策的连续性和稳定性会对其实施效果产生影响（Bronwyn，1993）。Koga（2003）认为税收优惠主要是通过降低研发成本，鼓励企业加大研发投入，从而对企业创新产生激励作用。Wu（2005）的研究表明，税收优惠能够调节企业推行技术创新的市场机制，有助于降低研发成本。Harris，Li，Trainor（2009）从区域性税收优惠政策角度出发，研究了经济落后地区税收政策工具实现研发资本积累的可行性。Baghana，Mohnen（2009）和Castellacci，Lie（2015）发现税收优惠政策对小公司、低技术行业研发投入的激励效应更为显著。Czarnitzki，Hanel，Rosa（2011）以加拿大3562家企业为样本，发现那些享受了政府税收减免的企业能够加大创新投入，并研发出较多在市场上获得尊重的产品。Chiang，Lee，Anandarajan（2012）的研究表明税收优惠能够对企业创新产生显著激励，并且在不同的生命周期激励效应的程度不同，当企业处于停滞阶段时激励效应最大，处于成长阶段时激励效应最小。Kasahara，Shimotsu，Suzuki（2014）分析了日本2003年研发税收政策改革对企业研发投入的影响，结果显示该项改革使得企业当年的平均研发支出增加了3.0%～3.4%。Andrew，Finley（2015）研究了简化信贷（Alternative Simplified Credit）的税收优惠对企业研发投入的影响，结果表明简化信贷的税收抵免对研发投入具有显著正面影响，与简化信贷相关的税收减少1美元，就会增加2.26美元的研发支出。Rao（2016）利用美国国税局从企业纳税申报单中获得的机密数据，分析了1981—1991年美国联邦研发税收抵免的影响，结果显示税收抵免使研发用户成本降低10%，进而使公司的研发强度（R&D支出与销售的比率）在短期内增加了19.8%。Minniti，Venturini（2017）以熊彼特的增长理论为基础，实证检验了公共财政政策对企业研发投入的影响，结果表明研发税收减免增加10%可使劳动生产率的增长率每年提高0.4%。Guceri，Irem（2018）评估了税收优惠政策对研发投入和研发人员的效应，结果表明：税收优惠有助于提高公司层面的研发支出，且减税带来的研发人数增加又会产生额外的研发效应。Holtzman（2018）认为税收抵免是美国主要的经济激励措施，旨在鼓励美国的制造业创新，税收抵免可以大大直接减少所得税负担，鼓励企业增加科技创新投资。

随着我国创新激励体系的建立，尤其是2008年企业所得税改革之后，国内对税收优惠政策与企业创新投入的研究也逐渐兴起。戴晨、刘怡（2008）的研究认为税收优惠属于WTO提倡的“绿箱补贴”，能够对企业R&D经费投入产生显著激励作用，应该作为政府激励企业创新的首要政策措施。王苍峰（2009）通过实证研究发现税收减免对于内资企业研发投资具有明显促进作用，且企业规模越大促进作用也越明显。王俊（2011）的研究发现2006年以来我国R&D税收优惠强度上升幅度较大，并且对R&D支出的激励效应显著，且在高新技术企业中激励效应更加明显。杨杨、曹玲燕、杜剑（2013）利用创业板的数据进行实证研究表明，税收优惠政策能够明显促进创业板上市公司加大创新研发投入，高新技术企业相比非高新技术企业而言更具有创新活力，且上市公司规模越大，税收优惠对创新投入的激励作用越大。谢香兵（2016）以我国2007—2012年的A股上市公司为样本，研究发现公司实际企业所得税税率与研发支出呈显著负相关性，2008年的企业所得税改革促进了研发支出强度的提高；与国有企业相比，民营企业的研发支出强度更大，税收负担与研发支出的弹性也更强。

（二）税收优惠对企业创新投入的激励作用有限

上述研究主要证实了税收优惠对企业创新投入的激励作用，但也有国内外研究对于政府税收优惠政策对企业研发创新投入的实际有效性产生了怀疑，认为税收优惠对企业创新投入的激励作用有限。Carpenter，Petersen（2002）的研究表明当企业无法依赖内部资金时，较低的流动性会阻碍企业进行研发投资，抑制企业创新。Kaplan（2001）的研究表明税收优惠对企业创新投入的刺激作用不明显；Fabiani，Sbragia（2014）认为财政政策虽然能够促进企业进行创新投入，但税收优惠政策的实施存在一定难度，低于政府预期。张嘉怡（2016）认为财税激励政策会对企业研发投入产生替代效应（Substitution Effect）或挤出效应（Crowding Out Effect）。夏杰长、尚铁力（2006）的研究发现因为我国税收环境与税制设计的缺陷，尽管理论分析表明税收优惠对于创新投入的影响显著，但实证研究认为这种激励效应是有限的。李丽青（2007）基于103家企业的调查数据，研究发现1元的税收减免只能带来0.104元的研发投入增加，即现行税收优惠政策对虽然对企业研发投入具有正向影响，但税制不协调等缺陷导致税收优惠的激励效果并不明显。邵诚、王胜光（2010）运用结构方程模型进行研究，发现税收优惠政策在当期导致的税收损失大于带来的新增研发投入金额。江希和、王水娟（2015）运用随机效用模型，基于对江苏省的 128 家样本企业的问卷调查数据进行实证检验，发现研发费用税前扣除的新政策对企业研发投入虽然具有正面影响，但影响程度并不大。王春元、叶伟巍（2018）基于融资约束的视角，运用粗糙精确匹配法的双重差分模型，发现融资约束的负效应会抵消甚至超过税收优惠对企业创新的正向促进作用，使得税收优惠政策难以产生预期的积极效果。

（三）税收优惠对创新投入的影响是多元化的

然而，有不少研究认为税收优惠与企业创新投入的关系不能单纯地以激励作用显著或不显著来论，税收优惠对创新投入的作用往往是多元化的。该影响很可能是非线性的，存在合理的影响区间；也可能是有条件的，会受到外部经济市场环境的影响；并且也容易表现出企业异质性，同时不同形式的税收优惠政策产生的作用也不尽相同。

夏力（2012）认为只有在制度环境较好的地区和高管没有政治联系的企业，税收优惠政策才能对技术创新有显著的促进作用。冯海红、曲婉、李铭禄（2015）以 2000—2012 年我国 28 个制造行业大中型工业企业的面板数据进行回归分析，发现税收优惠政策对企业创新投入具有门限效应，在最优的政策力度门限区间内，税收优惠政策能够促进企业进行研发投入，当政策力度小于第一门限值时促进作用较为微弱，大于第二门限值则产生反向效果。朱永明等（2019）的研究表明税收优惠政策只能在一定门槛范围内促进企业的创新效率提升；在研发阶段，税收优惠强度高于 7.79%时能够对企业创新绩效产生激励效应，在价值实现阶段，税收优惠强度高于 5.64%，低于 9.36 时能对企业创新绩效产生有效激励。同时，有研究表明税收优惠对企业创新投入的影响受到外部制度环境的影响，刘放、杨筝、杨曦（2016）在考虑外部制度环境的影响下实证检验了税收优惠对创新投入的影响，发现税收优惠政策整体上有助于激励企业进行创新投入；融资约束程度越强，产品市场竞争越强，地区市场化进程越高，这种激励效果越显著。

不少研究认为税收优惠与企业创新投入的关系表现出明显的异质性。首先，税收优惠对创新投入的影响表现出明显的产权异质性，郝颖、刘星（2010）的研究表明，企业 R&D 投资不仅对市场化进程高低反应敏感，且敏感性差异内生于企业的产权特征之中。Anming Zhang，Yimin Zhang，Ronald Zhao（2003）研究了不同产权制度企业的研发投入状况，发现国有企业的研发投入效率最低。水会莉、韩庆兰（2016）以中国制造业上市公司 2011—2013 年的数据为样本，发现税收优惠政策对企业创新投入的激励效应主要体现在民营企业中，对国有企业创新投入的激励作用不显著。其次，税收优惠对创新投入的作用也存在产业异质性，李香菊、杨欢（2019）以 2007—2016 年中国战略性新兴产业 A 股上市公司数据为研究样本，发现税收优惠对于八大战略性新兴产业企业创新投入的影响存在显著差异，对于新一代信息技术、高端装备制造业、节能环保等产业研发投入产生显著激励作用，但对新能源产业的创新投入却具有抑制效应。程曦、蔡秀云（2017）的研究还发现税收优惠与企业创新投入的关系在不同技术密集程度的企业中表现出明显异质性，流转税优惠仅对除去属于非高新技术行业企业组以外其他组别的创新投入产生显著激励效应。

此外，近年来不少学者开始探讨不同税收优惠方式与企业创新投入的关系。吴祖光、万迪昉、王文虎（2017）的研究表明相对于加计扣除和投资抵税优惠方式，创新产品收入减税优惠方式在激励企业创新投入方面更加有效；程瑶、闫慧慧（2018）采用倾向得分法，发现研发费用加计扣除、研发费用加计扣除与税率优惠并用、税率优惠三种优惠方式，激励效应依次递减。吴松彬、黄惠丹、张凯（2019）重点对比了税率优惠和研发费用加计扣除政策对企业创新投入的影响，发现 15%税率优惠与加计扣除政策均能激励企业进行创新投入，且加计扣除激励效果显著优于 15%税率优惠。韩仁月、马海涛（2019）运用双重差分模型比较了三种不同税收优惠方式对企业创新投入的影响，发现研发费用加计扣除、税率优惠、固定资产加速折旧对企业创新投入的激励作用依次减弱，且固定资产加速折旧对企业创新投入的激励效应并不显著；多种税收优惠方式同时实施会造成激励效应的相互抵减。

（四）税收优惠和财政补贴对企业创新投入的比较研究

税收优惠和财政补贴是对企业创新实行财税扶持政策的两种主要形式，不少学者比较了两者与企业创新投入的关系。Minniti，Venturini（2017）的研究表明“财政补贴+税收优惠”的政策组合是 OECD 国家激励企业创新的主流政策取向，王俊（2010）认为单靠政府补贴不能对企业创新产生显著激励，还应该适当增加企业研发创新的税收优惠政策力度。税收优惠和财政补贴在激励企业创新方面各有优缺点，戴晨、刘怡（2008）认为税收优惠与财政补贴相比主要的优点在于覆盖面更广，具有普遍、公平和非歧视的特点，并且能够增强企业自主选择创新活动的空间，能够降低政府失灵的可能性；主要缺点在于反应速度相对较慢，执行成本可能更高。Berube，Mohnen（2009）认为同时享受财政补贴和税收优惠的企业更具有创新积极性。江静（2011）认为财政补贴和税收优惠对不同所有制类型企业创新活动的激励作用存在差异，难以简单地从“促进论”或“抑制论”来衡量，发现政府补贴对内资企业研发投入产生显著激励，但与港台和外商投资企业研发投入负相关，税收优惠对港台企业创新具有显著激励作用。Guellec，Potterie（2000）和李传喜、赵讯（2016）的研究发现，政府补贴和税收优惠在激励企业创新的过程中存在替代效应；而朱平芳，徐伟民（2003）发现税收优惠和财政补贴均对大中型工业企业增加研发投入具有积极作用，并且这两个政策工具之间会产生一种互补效应，且这种效应在税收优惠中表现得更为突出。

然而，就税收优惠与财政补贴的比较效应而言，学界大多数的研究认为与财政补贴政策相比，税收优惠政策依靠市场机制引导企业完善资源配置，营造良好的创新环境，能够在一定程度上避免直接补助产生的新政府失灵，市场经济导向的国家对企业创新活动的激励应以税收政策引导为主，直接财政补助为辅（Griffith，Redding，Van Reenen，2004；Hall，Van Reenen，2000；程华，2006；郭炬、叶阿忠、陈泓，2015）。马玉琪、扈瑞鹏、赵彦云（2016）运用倾向得分匹配法比较分析了税收优惠和财政补贴对中关村高新技术企业创新投入的激励效果，结果显示：税收优惠对企业创新投入产生显著的激励作用；财政补贴虽然也对创新投入有一定的正向影响，但效果不明显，在解决市场失灵的同时产生了一定程度上的政策失灵。陈东、法成迪（2019）和卫舒羽、肖鹏（2021）比较了税收优惠和财政补贴对企业创新投入的影响效果，发现税收优惠与财政补贴均能激励企业加大研发投入，并且税收优惠的激励作用较政府补贴更强，并且政府补贴的创新激励作用会随着税收优惠幅度的增加而提高，税收优惠与财政补贴对国有企业的创新激励作用大于民营企业。

二、税收优惠与创新产出

创新产出是创新活动的结果，也是最能体现创新质量的环节，税收优惠对创新产出的影响直接关系到其与创新质量的关系。与创新投入相比，税收优惠与创新产出的研究起步相对较晚，得出的结论也不尽相同。

（一）税收优惠对创新产出的激励作用显著

Groenewegen，van der Steen（2006）检验了荷兰 WBSO 税收抵免政策的实施效果，发现该政策的实施对于新产品和新服务销售比重等创新产出指标均具有显著的正向激励作用。Czarnitzki，Hanel，Rosa（2011）发现研发税收抵免政策能够有效促进加拿大制造企业的新产品等创新产出。Mahaffy（2013）的研究表明税收优惠能刺激小企业的创新产出，促使小企业降低成本，提高专利产出。国内也有不少研究得出了类似的结论，陈林、朱卫平（2008）构建静态古诺模型，以企业专利申请数作为创新产出的衡量指标，研究发现降低技术品的出口退税率能够对本国的创新产出产生有效激励，进而促进社会福利水平的提高。华海岭、吴和成（2013）将专利数量和企业销售收入同时作为创新产出的衡量指标，并以我国大中型工业企业为样本，测度了创新产出对税收优惠政策的弹性，结果表明：税收优惠政策对创新产出具有显著正向作用，专利数量对研究开发费用加计扣除和高新技术企业税收优惠的弹性分别为 0.40 和 0.45；新产品销售收入对研究开发费用加计扣除和高新技术企业税收优惠的弹性分别为 0.74 和 0.25。陈远燕、何明俊、张鑫（2018）以 2008—2016 年我国高新技术上市公司为研究对象，运用面板泊松分布固定效应模型与面板负二项固定效应模型，比较分析了财政补贴与税收优惠对企业创新产出的影响，发现财政补贴和税收优惠均能显著促进企业专利产出，但税收优惠政策的正向作用更强。Shao Yuchen，Xiao Chengrui（2019）以中国企业的数据为样本，研究证实了企业所得税减免对企业专利产出的积极影响，并且这种积极效应对在东部地区和规模较大的企业中更为显著。陈红、张玉、刘东霞（2019）以实际所得税率来衡量税收优惠强度，以发明专利数、实用新型与外观专利数分别衡量探索性创新和开发性创新，发现税收优惠对开发性和探索性创新均产生显著激励，但这种激励效应在企业不同生命周期阶段存在差异。

（二）税收优惠对创新产出的激励作用存在差异

也有研究表明税收优惠对企业创新产出的作用不能一刀切，对不同性质创新产出的影响往往不同，并且这种影响很可能存在行业、地域，以及不同税收优惠形式、不同影响形式等方面的差异。Cappelen，Raknerud，Rybalka（2012）研究了挪威研发税收抵免政策对专利等创新产出的影响，结果表明该政策对不同创新产出的影响存在差异：即对新工艺有显著影响，对新产品有一定的影响，对专利没有影响。Beck，Lopes－Bento，Schenker－Wicki（2016）

将创新产出分为原发创新（Radical Innovation）与增量创新（Incremental Innovation）两种形式，研究发现财税激励政策对原始创新具有显著的正向影响，但对增量创新没有显著影响。张信东、贺亚楠、马小美（2014）以2008—2011年国家级企业技术中心的上市公司为样本，运用倾向得分匹配方法，研究发现税收优惠对专利产出数、新产品数以及所获得的技术奖励成果数这类创新产出指标具有显著激励作用。程曦、蔡秀云（2017）从所得税优惠和流转税优惠两个维度检验了其对创新产出的影响，研究发现只有流转税优惠对国有企业和非高新技术企业的创新产出具有显著激励效应。储德银、纪凡、杨珊（2017）的研究发现税收优惠对战略性新兴产业专利产出的直接影响和以人力资本为中介的间接影响均为负向作用，但税收优惠以企业创新投入为中介对专利产出产生显著的间接激励效应。

三、税收优惠对企业创新效果的影响研究

研发创新税收优惠政策的最终目的是促进企业将创新成果转化为生产力，进而提高企业的生产效果和宏观经济效益（张信东，贺亚楠，马小美，2014）。创新绩效和创新质量是评价企业创新效果的重要指标，近年来部分研究关注到了税收优惠对企业创新绩效的影响，但对税收优惠与企业创新质量的关系还探讨较少。

（一）税收优惠与创新绩效

Yu（2013）和Beck，Chen，Lin（2016）的研究发现政府扶持政策能够对企业的创新绩效产生显著激励效果。Xu Erming，Xu Kai（2013）的研究表明税收优惠政策通过降低企业的研发费用从而提高企业的创新绩效。周海涛、张振刚（2015）以广东省1002家高新技术企业微观数据为研究样本，研究发现税收优惠属于间接资助方式，其对大型企业创新绩效的影响效应更大。然而，李维安、李浩波、李慧聪（2016）以2009—2013年我国上市民营企业的面板数据为样本，发现税收优惠政策能在一定程度上提升企业的创新绩效，并且创新投入在其中发挥完全中介作用，但激励效果存在异质性，高新技术企业税收优惠在很大程度上成为企业规避税收的“税盾”，并未明显促进创新绩效的提升。王子秀（2018）将创业板上市企业作为研究对象，以“全要素生产率”来衡量企业的创新绩效，发现税收优惠对企业创新绩效具有正向激励作用，且研发投入发挥中介作用。孙莹（2013）通过对我国301家企业问卷调查数据以及

281 家上市公司数据进行实证分析，发现税收激励能够通过影响企业对创新活动的资金与人力投入，进而对创新绩效产生正向激励作用。宋清、杨雪（2021）发现税收优惠对企业创新绩效产生显著正向激励，研发投入发挥部分中介作用，营商环境在直接路径中的调节作用不显著，在中介效应中起正向的调节作用。

也有研究重点比较了财政补贴和税收优惠对企业创新绩效的作用差异，但未得出一致结论。一种观点认为政府补助对创新绩效产生显著激励，而税收优惠不对创新绩效产生显著激励：郑春美、李佩（2015）比较了政府补贴和税收优惠对中小型高新技术企业创新绩效的影响，政府补助能从科技表现专利数和经济表现两方面促进企业价值提升，而税收优惠不仅没有促进企业创新绩效的增加，还会对企业创新的经济表现产生抑制作用；贾春香、王婉莹（2019）的研究也表明，财政补贴对创新绩效产生正向激励作用，税收优惠对创新绩效却是负向阻碍作用。另一种观点则认为财政补贴和税收优惠均有助于提高企业创新绩效：郑智荣（2016）的研究表明，财政补贴对提升企业的创新绩效是直接有效的，税收优惠对提升企业价值是间接有效的。陈红、张玉、刘东霞（2019）分行业讨论了政府补助和税收优惠对不同生命周期阶段企业开发性创新绩效和探索性创新绩效的激励效果，发现政府补助和税收优惠对企业的开发性、探索性创新绩效均有显著激励作用，但存在影响差异：政府补助更有利于激励处于成长期的制造业和服务业企业的开发性创新活动，以及处于成熟期的制造业企业的探索性创新活动；税收优惠更适用于支持处于成熟期的制造业企业的开发性与探索性创新活动。李静怡、王祯阳、武咸云（2020）发现，税收优惠和财政补贴都对制造业企业的创新绩效产生显著影响，研发投入发挥中介作用，但两者的具体作用路径不一致，税收优惠通过与费用化研发投入的交互作用提升企业创新绩效，财政补贴与资本化研发投入融合后对创新绩效产生积极影响。

（二）税收优惠与创新质量

税收优惠对创新投入的激励很大程度上直接反映在创新数量的增加上，但创新数量并不等同于创新质量。高林、贺京同、那艺（2014）以专利知识宽度来测度创新质量，并通过实证研究发现，创新激励对创新数量和创新质量的影响存在显著差异，垄断和产业政策支持对创新数量产生显著正向作用，但对创新质量产生显著负向作用，规模和需求的迅速扩大对创新数量产生显著正向作用，对创新质量的作用不显著。蔡绍洪、俞立平（2017）基于中国高新技术产业的数据，从企业效益的视角构建了创新数量、创新质量的作用机制模型，研究发现企业只有同时做好创新质量与创新数量才能取得较好的创新效果。郝项超、梁琪、李政（2018）采用倾向分数法比较分析了融资和融券两种方式对我国上市企业创新数量和创新质量的影响，发现融券对企业创新数量和质量均产生正面作用，而融资则对企业创新数量和质量均产生负面效应；且在融资交易为主的情况下，融资的负面影响会超过融券的正面影响，进而抑制企业创新。Cockburn，MacGarvie（2009）；Annamaria Conit，Jerry Thursby，Marie Thursby（2013）的研究认为专利数量是反映企业创新质量的一种信号；Comino，Graziano（2015）；Greenberg（2013）的研究表明若专利局放宽专利的授权标准，可能导致低质量的专利占据市场，出现“虚假的创新者”驱逐“真正的创新者”的现象，从而对整个市场的创新质量产生不利影响。

然而，现有探讨税收优惠与企业创新质量关系的文献还相对较少，Kao（2018）以 1997—2007 年美国企业为样本，研究了税收抵免优惠政策与创新质量的关系，并进一步分析了创新质量对企业收益的影响，研究发现税收抵免政策能够促进创新质量的提高，虽然会带来税前利润率的降低，但会提高企业整体的收益率。白旭云、王砚羽、苏欣（2019）以我国 505 家高新技术企业 2011—2013 年的调研数据为样本，研究了税收优惠与创新质量的关系，发现政府的税收优惠政策有利于企业增加高质量的创新产出；但在技术能力比较强的企业中，税收优惠对高质量创新产出的激励作用越弱；并且政府的研发补贴对企业的创新质量产生挤出作用。丁方飞、谢昊翔（2021）以创业板上市公司为样本，比较了税收优惠和财政补贴对企业创新质量的影响，发现财政补贴和税收优惠政策均能提高企业研发投入，但只有财政补贴能显著促进企业高质量创新，税收优惠反而抑制了企业高质量创新。陈志勇、张春雨、陈思霞（2022）发现减税对企业高质量创新产生正向作用，并且这种激励效益在非制造、规模较大以及存续时间较长企业中更为显著。马红、侯贵生（2022）研究了税收优惠对制造业创新质量的影响，发现税收优惠对制造业创新质量产生正向激励，但显著性成都低于创新投入，供给侧结构性改革在能在税收优惠与创新质量之间发挥正向调节作用。

四、述评

通过梳理发现，国内外现有研究税收优惠与企业创新的研究成果丰富。首先，在税收优惠与企业创新投入方面的研究较为成熟，既考察了税收优惠政策本身对创新投入的作用，也考虑到了各种内外部因素的影响和调节效应。同时对税收优惠与财政直接补贴的作用进行了对比，对不同税收优惠形式的影响差异也进行了研究。其次，税收优惠与创新产出方面的研究逐渐兴起，现有文献在检验税收优惠政策对创新产出的直接效应外，也考虑了这种影响的差异性，便于更加全面地认识税收激励政策对创新成果产出的作用。第三，税收优惠对企业创新效果的影响研究开始受到关注，且大多数研究侧重于借助发明专利等数量指标从创新绩效的角度来评价税收优惠的激励效果，并与政府补助的作用进行对比。

然而，现有研究在取得丰富成果的同时还存在以下不足。

1. 侧重于阐释税收优惠与企业创新投入的关系，忽视对创新质量的甄别。然而创新投入的增长并不足以作为企业创新成效的评判标准，它有可能是企业为了迎合政策门槛、骗取政策支持而营造的创新假象（杨国超、刘静、廉鹏、芮萌，2017）。创新质量才是创新投入与企业价值之间的重要桥梁，只有高质量的创新活动才能转化为企业的核心竞争力，从而驱动我国经济实现高质量发展。

2. 多从“数量”上来探讨税收优惠对企业创新的影响，对创新结构的优化关注较少。然而，盲目崇拜创新数量，可能导致“研发扭曲”现象（鲍宗客、朱魏巍，2017；余泳泽、张先轸，2015），进而引发企业的策略性创新行为。只有实现创新数量和创新结构的平衡发展才能促进企业创新质量的实质性提升。

3. 侧重将税收优惠作为一个整体来研究其与企业创新的关系，对不同税收优惠方式的关注不够。难以通过内部制度设计来发挥税收优惠的杠杆效应，实现对企业创新的精准引导。近两年虽有部分研究关注到了不同税收优惠方式对企业创新投入的作用差异，但并未探讨其对企业创新质量的影响，不利于增强标志性税收优惠政策的效用。

基于此，本书将税收优惠与企业创新的研究视角延伸到创新质量的提升上，考虑到企业创新质量提升的最终目的是服务于经济发展，故借鉴经济增长质量包括经济数量增长和经济结构优化这一基本命题（任保平，2012；程虹、李丹丹，2014），从“数量”和“结构”两个视角揭示税收优惠与企业创新质量提升的关系。首先，从理论上剖析税收优惠与企业创新的联系。接着对创新相关税收优惠政策进行梳理，并从数量和结构两个方面呈现我国创新发展的现状与不足，为后续研究搭建理论与现实基础。然后通过实证研究分别探讨税收优惠强度以及税基与税率两种不同税收优惠方式与企业创新质量提升的关系。

最后，结合本书的研究结论，为进一步推进我国税制改革，增强税收优惠政策对企业创新的杠杆效应，促进经济高质量发展提出改进建议。

第三章　理论分析

第一节　创新的理论分析

一、创新的经济理论视角分析

（一）熊彼特的创新理论

1921年约瑟夫·阿洛伊斯·熊彼特（Joseph Alois Schumpeter）在《经济发展理论》（Theory of Economic Development）一书中最早提出了创新的概念，认为创新的实质是建立一种新的生产函数，把从来没有的生产要素和生产条件引进生产体系，实现对生产要素和生产条件的新组合（胡波，2004）。熊彼特以创新理论来解释资本主义的本质，认为经济发展的实质就是资本主义社会不断地实现这种“新组合”，资本主义的经济发展就是这种不断创新的结果，这种“新组合”的目的在于最大限度地获取超额利润，与资本主义的特征相吻合。这种创新组合一般包括五个方面（蔡德发，2012），（1）生产一种新的产品，这种产品可能是以前市面上重来没有出现过的，消费者不曾使用过的，也可能是某种已经存在的产品的功能或特性的创新，这种创新一般被称作产品的创新；（2）在生产的过程中采用了一种新的生产方法或生产工艺和生产技术，这种方法的创新一般不需要建立在科学研究的基础上，主要是从生产制造部门的实践中形成的，也被称为工艺的创新；（3）开辟一个新的产品销售市场，即某种产品从未涉足的市场领域即市场的创新；（4）获得新的原材料供应来源，不论这种供应来源是过去没注意到的还是新创造出来的，这种创新也被称为资源配置的创新；（5）诞生一种新的组织，比如形成一种垄断或寡头地位，又被称为组织的创新。

熊彼特认为创新具有推陈出新的功能，是淘汰旧的、创造新的生产关系和市场结构的过程；在这个新旧更替的环境中，会带动企业之间的竞争，有的企业借助创新实现了跨越式发展，有的企业则可能因为跟不上技术浪潮的步伐而被淘汰出局；也正是因为企业之间这种创新竞争的存在，才促进了人类生活和文明的进步，推动了经济的发展。熊彼特的创新理论主要有六个方面的基本观点：（1）创新是内生于生产过程中的，创新不能通过外部力量予以强加，而是由内而外的自我革新，是从创新主体内部散发出来的能量。（2）创新能带来革命性的变化，也就是说创新带来的改变往往是根本性的，这种革命性的特征也决定了创新的风险性和复杂性。（3）创新同时意味着毁灭，这里主要是在新组合诞生以后对旧组合的毁灭，并且新组合可能不一定由原来控制旧组合的那一批人去执行，因而还可能会带来对旧的生产方式的毁灭。（4）创新必须要能创造出新的价值，熊彼特认为，先有发明，后有创新，发明是发现新的工艺和新的方法，而创新是对新的工艺和新的方法进行运用，这种新的运用必须促进经济发展才能立足。（5）创新是经济发展的本质规律，熊彼特认为经济增长和经济发展是两个不同层次的概念，经济增长主要表现为人口和资本的增长，而经济发展必然伴随着生活、生产方式的进步和市场经济结构的更新，也就是说发展的过程必然伴随创新。（6）创新的主体是“企业家”，企业家的核心职能并不在于经营管理而是实现创新，通过创新增强企业的核心实力，促进企业实现可持续发展，所以熊彼特认为“新组合”的实现就是“企业”的形成，因此要形成企业必然离不开企业家这一核心主体。

熊彼特认为创新理论是经济发展理论体系的关键所在，创新是经济增长的动力源泉，通过创新可以为经济发展注入新的能源，通过生产方式和生产要素的不断进化，新的社会关系和市场经济结构的不断产生，进而形成一种新的生产模式。熊彼特所说的“创新”不仅涉及技术层面，也涉及经济体制和经济结构层面的变革，因此熊彼特的创新理论对西方经济学的许多流派产生了重大影响。

（二）新熊彼特主义

新熊彼特主义的技术创新观不是熊彼特创新理论的一般演绎和简单推导，而是在熊彼特的创新理论中引入微观经济学的思想和研究方法，提出新的技术创新理念和思维，形成技术创新理论；并对技术创新的概念、内容、类型等进行界定，使技术创新理论更加细化和深入；另外还对技术创新理论的对象、任务等进行了初步探讨，从而增强了该项理论的实践性和应用价值。

新熊彼特主义主要有两个分支，一个分支是以门施为代表的周期理论，这一理论立足经济发展的周期性特征，提出了技术创新的前提、环境及长波变动模式，认为经济的周期性波动是技术创新的重要外部环境，技术创新理论不能忽视这一重要外部因素，技术创新理论必须基于经济的周期波动这一外部前提来探讨。门施认为经济衰退和经济危机会给企业带来外在生存压力，进而迫使企业追求技术创新和技术进步，在经济出现危机时，企业的技术创新可能会进入高潮，使得大批量的技术创新不断涌现，进而促进经济的发展和复苏（于鹏，2016）。另一个分支则是以弗里曼等为代表的新熊彼特主义者，与周期理论相同的是，弗里曼也将技术创新作为经济增长的主要动力，但他们不同意周期理论所提出的经济萧条和经济危机促发企业创新的论点，他们将政府的科技政策纳入技术创新理论的研究框架。强调了政府的科技政策对技术创新的引导作用，强调技术创新对就业的影响，在原有创新理论的基础上引入了宏观视角和宏观政策工具。并且认为政府的科技政策应该涵盖三个方面，（1）扶持和鼓励技术创新的发明创新；（2）推动技术创新的传播和应用；（3）改善对外国先进技术的进口。

弗里曼的技术创新观在微观创新中引入了政府这一宏观因素，进一步扩大了熊彼特创新理论的边界，认为企业创新会经历一个过程（如图 3.1 所示），在这个过程中，首先将科技政策作为技术创新流程的源头和基础，认为科技政策的出现会影响企业管理者的战略决策，促进企业开展创新活动、增加创新投入。然后企业在开展创新的过程中会形成新的技术和方法进而获得新的生产模式。接着企业这种新的生产模式能够促进自身生产力和竞争力的提升，进而提升市场占有率和市场份额，引发市场结构的变革。最后企业在市场中地位的变化会带来超额利润，这一从创新中获得的回报既是对政府科技政策的响应，也会促进企业开展下一轮技术创新，从而形成一种经济发展的良性循环。弗里曼的这一技术创新模式也为后续国家创新系统理论的诞生奠定了基础。

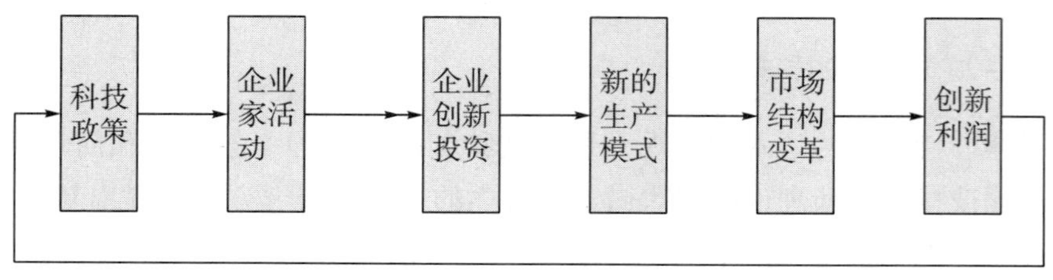

图 3.1　弗里曼的技术创新模式

（三）创新系统理论

创新系统理论是创新理论与系统理论的结合，可以分为国家创新系统（NIS）学派和区域创新系统（RIS）学派。

国家创新系统理论（NIS）是在弗里曼技术创新政策体系的研究下提出的，Lundvall，Joseph，Chaminade（2009）和Nelson，Rosenberg（1993）对此进行了更加深入的研究，推动了国家创新系统理论NIS在实践中的应用。Lundvall，Joseph，Chaminade（2009）认为国家创新系统包括了制度、经济结构等宏观因素，能够决定技术创新的方向和速度。制度是国家创新系统研究中的一个重要方面，也对后续区域创新系统（RIS）的研究产生了重要影响。创新系统的方法能够吸引政策制定者，它为理解经济发展和各种支持技术变革提供了一种新的框架。国家创新系统（NIS）的视角超越了对创新活动本身的研究，认为一切企业活动都不可避免地会受到国家宏观经济政策和市场环境、市场规律等因素的影响（Phene，Fladmoelindquist，2006）。综合来看，国家创新系统（NIS）是一个国家内各个相关部门和组织机构间相互作用而形成的推动创新网络，在这个网络体系中，构成要素多样，互动关系紧密（周海涛，2016）。国家创新体系的具体概念框架如图3.2所示。

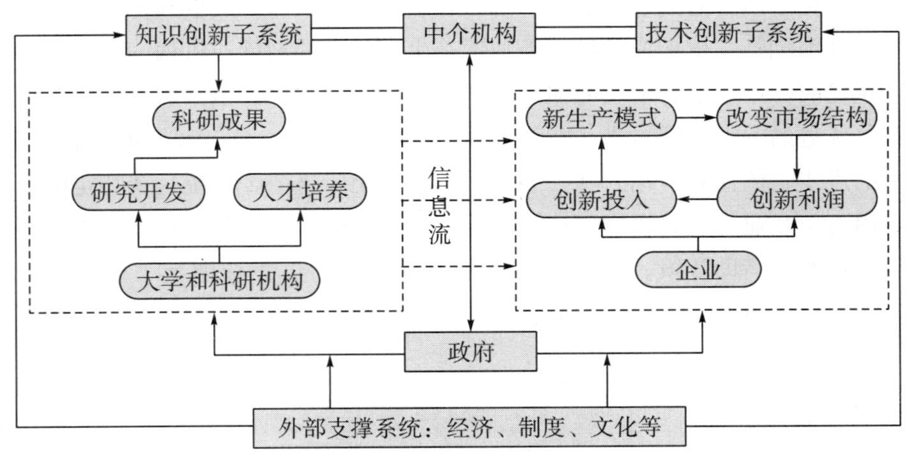

图3.2 国家创新体系概念（NIS）框架

资料来源：薛捷．基于知识和交互式学习的区域创新系统研究［M］．北京：人民出版社，2009.

从国家创新体系的概念框架可以看出，创新活动的行为主体是企业和科研机构等，企业侧重技术创新，科研机构侧重知识创新。政府作为宏观主体，则发挥着科技、经济、产业、财政和税收等各项创新政策的输送功能。外部支撑系统是基本背景，为孕育创新活动提供经济、制度、文化等条件。在这一创新体系中，各创新活动行为主体之间会形成一种内部运行机制，创新的信息流资源通过这一机制在创新行为主体之间流动，从而保证创新体系的正常运转。

区域创新系统理论（RIS）是从更加微观的视角来研究创新系统理论的产物。Cooke（1998）最早提出了区域创新系统理论，他认为区域创新体系的形成首先要具有区域特征，即企业、高校、科研机构等要具备地理上的相互联系，其次要符合创新性，要具备创新的条件和能力。Autio（2013）认为区域创新系统（RIS）是一种社会系统，在这个社会系统中的子系统均具有同样的背景，并且满足在系统之间和系统内部各要素的相互影响下能够促进创新资源的流动。Buesa，Heijs，Baumert（2010）认为在区域创新体系（RIS）中，企业、公共部门、基础设施和创新环境均扮演着重要角色，其中企业是创新活动的重要主体，公共部门是创新资助和创新政策的重要来源。在国内研究中，冯之浚（1999）的研究表明一定地理范围内的政府、企业、高校、研究机构和中介机构构成的创新体系可定义为区域创新系统。黄鲁成（2000）认为区域创新体系是在特定的经济区域内，各种与创新相联系的主体要素、非主体要素以及协调各要素之间的关系网络，其中主体要素主要指创新的机构和组织，非主体要素主要指创新所需的各项资源。柳卸林（2003）认为区域创新体系是一个地区内，各类创新主体形成的推动新技术产生和使用的制度或机构网络；并且不同区域之间价值观念、消费习惯以及产业因素等的差异，是区域创新的获得核心竞争优势的关键。邹再进（2006）认为区域创新系统是一种能够推动知识、技术的进步、传播和应用的社会经济网络巨系统，这个巨系统是在特定的行政区域内，由企业、科研机构、地方政府等创新主体，依靠各种资本、人才等各项创新资源，借助政策、基础设施等创新条件，通过各种创新手段建立起来的。区域创新体系的具体概念框架如图 3.3 所示。

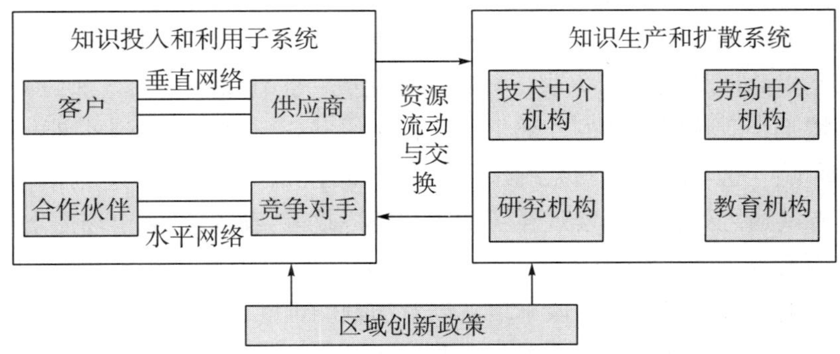

图 3.3 区域创新体系概念（RIS）框架

资料来源：薛捷．基于知识和交互式学习的区域创新系统研究［M］．北京：人民出版社，2009.

从区域创新体系（RIS ）的概念框架来看，其与国家创新体系的基本原理是一致的，是在国家创新体系框架的基础上加入了一定的地域空间和开放边界，鼓励区域内的企业充分利用当地的社会关系和创新资源等来增强区域的创新能力和竞争力，是立足于区域政策、制度、经济和文化背景下的一种创新体系。

近二十年来，创新系统理论被广泛地用来研究国家、区域和部门层面的创新活动，此外，发达和发展中国家的政策制定者也把这一理论框架运用到了公共政策效用的评估领域（Padilla－Perez，Ramon，Gaudin，Yannick，2014）。不管是国家创新系统还是区域创新系统，都强调了创新过程中各类组织的相互影响和交互作用，都体现了政府在创新体系中的重要性。税收是政府重要的宏观调控手段，创新系统理论可为研究宏观税收优惠政策与企业创新行为之间的影响关系奠定理论基础。

二、创新的财务理论视角分析

从企业投资理论的角度来看，创新属于企业的投资行为。由于创新项目的投资周期长、高风险和信息不对称等特点，导致企业的创新投资往往会面临融资约束的问题（Hall，Lerner，2010；鞠晓生、卢荻、虞义华，2013）。企业的创新项目需要持续不断的资金投入，其自身的现金流一般难以满足创新需求，就需要依赖外部融资。但企业的研发创新属于商业机密一般不会披露，外部投资者很难获得与创新相关的详细信息，存在严重的信息不对称问题，进而增加了企业创新的外部融资难度。

广义的财务管理理论结构以财务管理环境为起点，财务管理中的一切理论问题都是由此展开的（王化成，1998；王化成、张伟华、佟岩，2011）。宏观经济环境是企业赖以生存的外部土壤，企业的财务行为必然受到外部宏观经济政策的影响。这与上述创新系统理论强调外部经济、制度等环境支撑和政府的作用具有共通之处。外部宏观经济环境和经济政策会通过影响市场需求进而影响企业的投资行为（Korajczyk，Levy，2003；Kahle，Stulz，2013），因而可以考虑借助宏观经济政策手段来缓解创新的融资难题。钟凯等（2017）基于融资约束的视角研究宏观经济政策与企业创新投资的关系，发现财政补贴可为企业创新提供重要的融资支持，因而需要更加重视财政政策对企业创新投资的支撑效应，提高财政资金的配置效率。

可见，从财务管理理论的视角来看，企业创新离不开宏观经济政策的扶持。税收优惠是宏观财政政策的重要组成部分，不仅可以直接通过减税增加企业的可支配收入，缓解外部融资难题，还能通过政策信号的传递和直接给予创新投资税收优惠，鼓励更多的风险投资者支持企业创新。

第二节　税收优惠的理论分析

一、税收优惠的经济理论视角分析

（一）政府干预理论

在政府干预理论提出之前，古典经济学的自由放任主义占主导地位，比较有代表性的是亚当·斯密（A. Smith）。亚当斯密在《国富论》中提出了“看不见的手”理论，认为市场应在资源配置起主导作用，政府应尽量减少对市场的干预，任由市场通过自身机制进行调节。大卫·李嘉图（David Ricardo）继承了亚当·斯密的自由主义思想，认为政府应尽量减少对市场的干预，给市场自由发挥调节作用的空间，主要发挥为市场营造环境的作用。

随着自然垄断、外部性、公共物品等市场缺陷的凸显，市场失灵和政府干预理论逐渐兴起。著名的福利经济学家庇古（A. C. Pigau）通过对市场缺陷进行深入分析后，把企业经济活动产生的外部性划分为正负两种，也叫做外部经济和外部不经济。1929—1933年爆发的经济危机，进一步暴露了市场自我调节的缺陷，针对此情况，凯恩斯在1936年发表的《就业、利息与货币通论》一书中提出了政府干预理论，即与自由主义“看不见的手”相对应的“看得见的手”理论，主张在利用市场机制配置资源的过程中也需要政府干预，通过政府干预的宏观经济措施来实现充分就业和经济增长（Keynes，1936）。西蒙（Kuznets Simon）、劳伦斯·克莱恩（Lawrence R. Klein）等经济学家通过计量模型对凯恩斯的乘数原理进行了补充和完善，A. W. Phillips（1958）研究物价上涨率与失业率之间存在交互关系来说明政府干预的必要性，并在此基础上逐步形成了财政政策和金融政策两种政府进行宏观干预的基本方式。20世纪70年代兴起了新凯恩斯主义，主要代表人物有曼昆（N. G. Mankiw）、斯蒂格利茨（J. E. Stiglitz）和伯南克（Ben S. Bernanke）等。新凯恩斯主义以不完全竞争、不完善市场、不对称信息和粘性价格为基本理论，继承了原凯恩斯主义的基本信条，在“劳动市场上经常存在超额劳动供给”“经济中存在着显著的周期性波动”“经济政策在绝大多数年份是重要”三个命题上与原凯恩斯主义保持一致。新凯恩斯主义主张采用灵活多变的财政和货币政策，财政和货币政策的组合要同时考虑短期和长期的效应，既要注重政策微调在短期内的作用，又要重视结构性政策调整对经济产生的长期效果（李小静，2014）。

政府干预理论的演变表明，成功的市场经济既离不开市场这只“无形的手”在资源配置中发挥的基础性作用，也需要政府作为“有形的手”来弥补市场在配置资源时出现的缺陷，需要市场和政府之间保持一种协作和平衡关系。市场在进行资源配置的过程中会存在“市场失灵”，但是政府在执行宏观调控进行市场干预时也可能存在“政府失灵”，所以政府和市场必须共同存在、相互配合、互相补充。

税收优惠是政府干预市场的重要手段之一，政府作为政策主体，发挥“发生器”的作用，主要任务是制定和实施税收优惠政策，从而激发企业的创新动力；企业作为技术创新的客体，扮演“接收器”的角色，利用税收优惠增强自身创新实力。

（二）拉弗曲线

“拉弗曲线”最早是由亚瑟·拉弗在1974年12月与朋友聚餐并讨论财政和税收问题时提出的（刘玉书，2010）。拉弗曲线的原理并不复杂，认为税率的高低除了直接影响税收收入外，还会间接影响经济产出，即税基（余萍，2018）。如图 3.4 所示，税率与税收收入的关系是一条抛物线，当税率由零开始增长，税收收入也会随之增长；当税率上升到一定程度的时候，税收收入会达到最大值，这时候如果继续提高税率，税收收入会随之下降（布莱恩·里丁，2017）。因为高税率抑制了人们的经济活动，降低了税基。

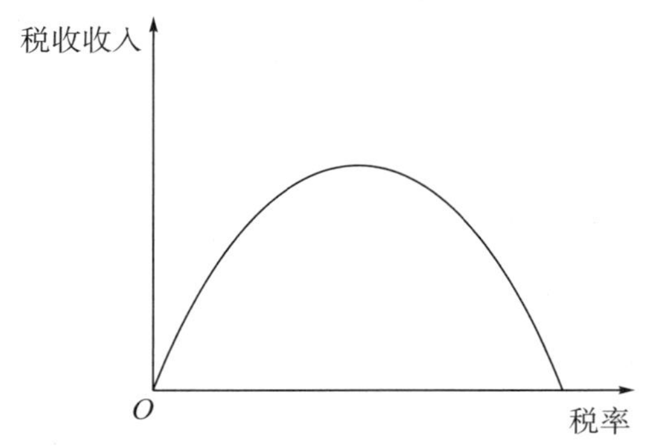

图 3.4 拉弗曲线

“拉弗曲线”的思想被美国总统里根所采用，用于进行大规模的税制改革，在个人所得税、资本利得税和企业所得税方面推出了一系列优惠政策。在里根执政的 8 年里，除 1982 年税收收入有下滑外，其他每年税收收入均呈增长趋势（刘玉书，2020）。

也就是说，根据“拉弗曲线”的原理来看，采取税收优惠政策来促进经济发展是很有必要的。实施税收优惠虽然短期内是政府让利给纳税者，但长期来看税收优惠可以刺激经济活动，扩大税基，进而带来国家税收收入的增长，实现企业和政府的双赢。这也与我国采取一系列税收优惠政策来促进企业创新，进行“放水养鱼”的观念不谋而合。

二、税收优惠的财务理论视角分析

从财务理论的视角来看，税收优惠政策的实施会带来企业税后收益变化，直接影响其现金流，现金流的改变又会影响企业对经济行为的选择和判断。但由于现代企业两权分离导致的委托代理问题（Jensen，Meckling，1976），企业股东和管理者对享受税收优惠政策后的经济行为决策可能存在分歧，例如股东可能会出于企业长远发展的角度要求管理层顺应政策导向；但管理层可能会采取短视行为，通过盈余管理等手段，操纵企业的现金流，谋取个人利益。所以委托代理问题的存在可能导致税收优惠对企业的作用产生“良性循环”和“恶性循环”两条路径。这两条路径的基本前提是一致的，即税收优惠政策的实施一方面会引起企业税后收益的增加，另一方面又会给国家财政带来压力。要缓解税收优惠与财政压力之间的矛盾，关键在于企业享受税收优惠后做出的经济行为选择，这一行为选择受到企业内部委托代理问题的影响，也是两条作用路径的分界点。税收优惠对企业的作用路径如图 3.5 所示。

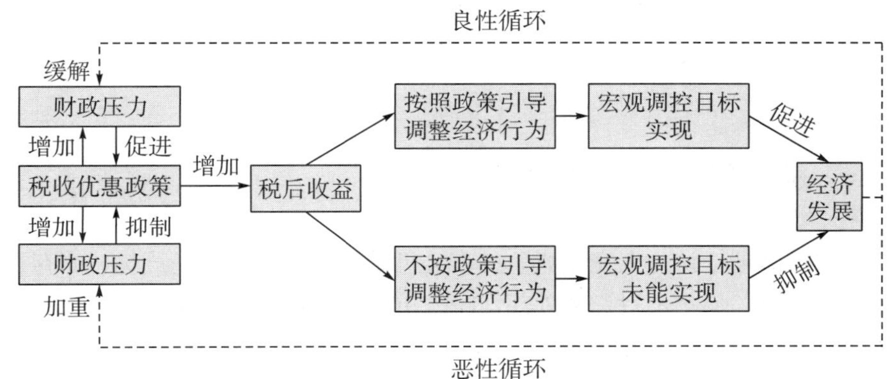

图 3.5　税收优惠的基本作用路径

在“良性循环”的作用路径中，企业按照国家政策的引导来调整经济行为。比如企业在享受了创新激励的税收优惠后，通过开展实质性的创新活动来促进企业创新成果的转化，提高核心竞争力，实现了绩效增长。促进税收优惠的宏观调控目标实现，进而促进市场经济的发展，市场经济发展又会带动整体税收收入的提高，缓解税收优惠带来的财政压力。国家财政压力得到缓解便会催生新一轮税收优惠政策，最终形成宏观税收优惠政策与市场经济之间的良性循环。

在“恶性循环”的作用路径下，企业未能按照国家政策的引导来调整经济行为。同样以企业创新为例，不少企业为了满足政策门槛，进行虚假创新，目的只是为了牟取政策扶持而并未致力于开展实质性的创新活动，以至于不能实现企业价值的提升。这会导致税收优惠难以达到预期政策效果，不能实现宏观调控的目标，市场经济的发展便会受到阻碍，国家的财政压力进一步加重，进而制约新一轮税收优惠政策的实施，使税收优惠政策与市场经济之间形成一种恶性循环。

上述税收优惠的“良性循环”和“恶性循环”两种作用路径主要取决于企业的经济行为选择，企业的经济行为选择在很大程度上又受到内部委托代理问题的影响。因此本书在实证研究中结合税收优惠的政策特点，考虑到了“盈余管理”这类与委托代理问题有关的调节因素，为促进形成税收优惠对企业的“良性循环”作用机制，加强税收优惠对企业创新质量提升的精准引导提供参考。

第三节　税收优惠与企业创新的理论联系

一、企业创新中的市场失灵

公共产品理论认为在完全竞争的市场机制下会呈现帕累托最优，当存在市场竞争不完全、信息不对称和外部性时，市场不能达到帕累托最优状态，就需要政府进行干预（Greenwald，Stiglitz，1986）。新古典经济学认为完全竞争市场能够在自发运行的过程中通过自身力量的调节实现资源的有效配置。在完全竞争市场中，资源的有效配置可以由市场进行自动调节，但完全竞争市场有很多限定条件，是基于信息完全对称、不存在委托代理问题、无交易成本的理想假设下的。然而，现实的市场机制无法达到最优的资源配置，市场无法有效率地分配产品和劳务，即存在“市场失灵”。所谓“市场失灵”就是市场机制充分发挥作用的情况下不能实现资源有效配置的一系列状况，其典型特征是经济活动对社会整体的边际效应与对私人部门的边际效应不相等。“市场失灵”现象主要表现在五个方面：一是，市场中存在着不完全竞争或垄断现象，并且仅靠市场自身的调节无法消除这种现象；二是，由于存在外部性特征，市场活动可能带来外溢效果；三是，市场机制不能完全满足公共物品的供给；四是，存在市场信息不对称性，从而导致经济活动和经济交易的不确定性；五是，市场自身不能公平地进行收入分配。

不少研究表明，技术创新过程中存在市场失灵现象。最早将市场失灵理论应用到技术创新领域的是纳尔森（Nelson）和阿罗（Arrow），他们认为技术创新收益的外部性、创新过程中的不可分割性和创新结果的不确定性是导致市场失灵的根源所在，技术创新的市场失灵会导致创新投入低于社会最优水平，从而对社会福利造成损失（Arrow，1962；Stiglitz，1989）。Hall（2002）和刘放、杨筝、杨曦（2016）认为创新活动存在市场失灵的原因主要包括创新的外部性、产出的不确定性和知识商业化过程长。Mansfield 等（1977）和 Jones，Williams（1998）的研究发现研发创新的社会收益高于私人收益，社会最优的研发投入大于实际研发投入，存在正外部性。Nanda，Rhodes-Kropf（2013）认为创新具有较强的不确定性，创新成果申请了专利只是完成了开发的第一步，创新成果转化为经济价值的过程中存在不确定因素。李汇东、唐跃军、左晶晶（2013）认为创新行为很容易被模仿，创新优势可能不存在，从而使得创新的私人收益小于社会收益，表现出外部性特征。此外，不仅创新的正外部性和不确定性会导致市场失灵，创新的高投入、高风险性也会造成企业创新投入不足，影响企业创新的积极性（Scherer，1965；Himmelberg，Petersen，1994；Eberhart，2008）。与一般的经济行为相比，技术创新活动所固有的特性使其在市场失灵环境中表现得较为突出，创新活动的商业化花费时间长，最终成果的效益难以保证，使得创新者很难在短期获得回报，资金市场的信息不对称程度加重。正是由于市场失灵问题的存在，为政府通过税收手段介入技术创新活动提供了合理的理论依据。

结合上述研究进一步具体分析企业技术创新的几种市场失灵表现：

1. 技术创新的外部性特征。马歇尔（Marshal）最早提出了“外部性”的经济理论，庇古（Pigou）进一步丰富了马歇尔提出的外部性理论，将外部性分为正外部性（外部经济）和负外部性（外部不经济）两种形式，正外部性是指是某个经济行为个体的活动使他人或社会受益，而受益者无须花费代价，其特征是私人边际收益小于社会边际收益或私人边际成本大于社会边际成本；负外部性是指某个经济行为个体的活动使他人或社会受损，而造成负外部性的人却没有为此承担成本，其特征是私人边际收益大于社会边际收益或私人边际成本小于社会边际成本。具体到企业技术创新过程中，曼斯非尔德的研究表明，技术创新的平均社会收益为 56%，而平均私人收益为 25%，私人收益低于社会收益（顾瑞兰，2003）。可见技术创新具有明显的正外部性特征，主要原因是因为技术的外溢性，由于市场中的信息传播成本很低和创新的公共品特性，创新者很难对创新的成果（新技术、新方法、新工艺）等进行独占，导致技术创新容易被市场上其他竞争者模仿，获得新技术的企业越来越多，进而带来整个社会的技术变革，使得技术创新的社会收益大于私人收益。然而，技术创新外部性的存在很可能会降低企业开展技术创新的动力和积极性，因为率先开展创新的企业需要承受较高的研发成本和研发风险，但却不能获得与其研发投资相称的收益和回报，反而会出现其他潜在竞争者“搭便车”的现象。要缓解技术创新过程种的外部性，就需要政府进行干预，政府通过税收优惠政策可以弥补企业创新中的“溢出效应”和“搭便车”所导致的收益损失，使创新过程中的资源配置更加有效。

2. 技术创新的信息不对称特征。信息不对称理论最早源于Akerlof在1970年《次品问题》中针对二手车市场交易提出的“信息市场”概念（许玲玲，2016）。信息不对称是指在市场经济活动中，不同主体对信息的了解程度存在差异，当对信息掌握较为全面的一方和对信息掌握不充分的一方之间发生交易时，可能因为对信息的了解程度不同而做出不同的判断，使得两方不能顺利完成交易。技术创新的研发周期往往较长，要研发出具有市场竞争力的新技术所需要的资金投入也较大，单纯依靠企业自身的现金流一般难以支撑整个创新过程，就需要从外部寻求资金支持。但是很多企业为了降低技术外溢性引起的正外部性带来的损失，在未获得新技术的专利资格之前很可能会对研发的过程、思路、进度等关键信息进行严格保密。但这种严格保密是一把双刃剑，虽然避免了潜在竞争者的模仿，降低了外部性带来的损失，但也会增加企业与外部投资者之间的信息不对称问题，使外部投资者降低或拒绝投资，导致企业创新陷入资金困难，还可能导致创新失败，无法获得预期收益，也无法增强企业自身的创新实力，不利于我国创新驱动战略的顺利推行。因此，政府的干预措施就显得尤为必要，政府实行的研发补贴和税收优惠政策一方面可以直接缓解企业的资金压力，激发企业的研发热情；另一方面还可以释放国家激励科技创新的信号，减少外部投资者因为信息不对称带来的顾虑，使企业创新更容易获得外部融资。

3. 技术创新的风险性特征。风险通常被称为损失的概率，在很大程度上是由于一些不确定因素导致的。企业的研发创新活动存在资金、研发人员、市场环境等诸多不确定性，这些不确定性使得企业创新的成果和收益难以保证。在资金风险方面，企业创新所需要的资金量往往较大，且需要进行持续投入，要求企业有一定的资金实力予以支持，若在某个环节资金链出现问题就很可能导致创新活动的中止，前期投入也成为了成本，从而给企业带来巨大损失。研发人员的风险性主要体现在两方面，一是人员的技术不能满足创新的需要，以致创新成果不符合预期；二是研发人员将创新信息泄露，造成潜在竞争者的模仿，进而给企业带来损失。市场环境风险所涉及的种类较多，如整个国家的外部经济环境、金融环境、制度环境、文化环境等的变化给企业创新造成的冲击，并且这类风险属于系统风险，具有不可分散的特点，一旦出现，依靠企业自身的力量往往难以应对。因此政府的各项政策调控对企业的研发活动顺利开展至关重要，政府的宏观政策激励一方面可以释放出市场的变化信号，使企业的研发活动更具有前瞻性；另一方面可以通过宏观调控来降低市场风险对企业的影响，帮助企业度过难关。

一、税收优惠缓解企业创新中“市场失灵”的作用机理

（一）税收优惠与企业创新的基本关系链

从宏观经济学的角度来看，政府干预理论认为市场的自动调节不可能达到充分就业，因而需要政府发挥“看得见的手”的作用，对经济活动进行全面干预，进而弥补私人投资的不足。政府干预是弥补市场失灵的重要手段，可以解决信息不对称、道德风险和外部性等问题（茅铭晨，2007）。创新活动中的“市场失灵”是政府干预企业创新的理论依据，企业创新活动具备外部性、信息不对称性以及风险性特征，政府的干预就有很大的必要性和必然性。税收优惠作为政府干预经济的重要手段，可以通过“减税让利”，将原本应当直接上缴财政的部分资金留给企业，鼓励企业加速技术进步和新产品的开发，进而强化企业的“造血”功能。

从微观财务管理的角度来看，广义财务管理理论结构以财务管理环境为起点，宏观经济政策是外部环境的重要组成部分（王化成、张伟华、佟岩，2011）。税收优惠立足于宏观层面，作用于微观市场主体，是宏观经济政策的重要手段，必然影响企业行为。创新属于企业的投资行为，根据企业投资行为理论，企业投资可能会面临融资约束和市场不确定性等问题（干胜道，2014）。税收优惠不仅可以直接增加企业的可支配现金，还可以向市场传递出政府扶持企业创新的信号，缓解创新过程中的融资约束和不确定性。

根据新熊彼特主义的技术创新观，技术创新最终是要带来新的生产模式和市场结构的变革，从而起到促进经济发展的作用，这与税收优惠基本作用路径相吻合。税收优惠政策存在“良性循环”和“恶性循环”两条作用路径，那么要缓解企业创新过程中的市场失灵，就需要遵循税收优惠的良性作用机制。

在税收优惠政策的良性作用机制下，它通过对企业研发活动、人力资本和研发产出的扶持，缓解创新过程中的市场失灵，进而促进创新投入和成果转化，达到增强企业核心竞争力、实现企业自身经济效益最大化的微观目标。然后，企业微观经济效益的增长会带来宏观社会效益的最大化，进而促进国家经济的增长和可持续发展。同时，宏观经济的发展有助于政府通过税收的增长充实国家财政收入、实现政府自身政治晋升、政权合法性等政治利益最大化。这

样，为了促进整个国民经济的持续发展和政治利益的实现，政府利用税收优惠扶持企业进行研发创新，企业的研发创新又会反过来促进政府的兴盛，由此形成了政府、企业以及经济增长之间的作用链条，如图 3.6 所示。

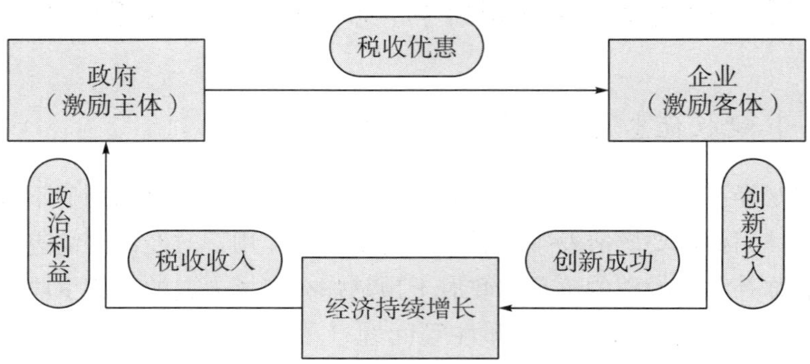

图 3.6 税收优惠与企业创新的基本关系链

创新系统理论将政府和创新主体企业一并纳入创新体系，结合税收优惠与企业创新的基本关系链来看，在这个创新体系中政府可通过税收优惠等手段向企业发送激励信号，这一激励信号的目的是要帮助企业克服创新过程中的市场失灵，促进企业创新成果，进而推动宏观经济发展。可见，市场失灵是联系税收优惠与企业创新的核心变量，下面进一步探讨税收优惠对企业创新的“外部性”“信息不对称”和“风险性”三种市场失灵表现的作用机理来说明税收优惠如何缓解企业创新中的市场失灵。

（二）税收优惠缓解企业创新“外部性”的作用机理

根据庇古的外部性理论，外部性是由社会边际净产值与私人边际净产值的差异构成的，即社会成本不等于私人成本、社会收益不等于私人收益，以至于难以实现资源配置的帕累托最优（林成，2007）。由于技术存在外溢性，在没有政府干预情况下，市场均衡难以达到社会最优状态。同理，企业技术创新过程中存在明显的正外部性，使得研发投入的私人边际收益小于社会边际收益，即产生了溢出收益。这部分溢出收益由没有主动开展技术创新的企业获得，使率先开展创新的企业动力不足，导致创新的社会供给小于社会需求的问题，进而带来社会效率和福利水平的损失，需要通过政府的介入来改善。税收优惠的透明度高、可预期性强，是政府干预技术创新外部性的常用手段（Bloom，Griffith，Van Reenen，2002；Finley，Lusch，2015），通过税收优惠可以促进创新企业的技术外溢内部化，使企业开展创新的经济行为和通过创新获得的经济收益能够匹配，从而实现企业创新过程中的帕累托最优（阙善栋，刘海峰，2007）。

因一般意义上很少考虑技术创新的负外部性，如对环境的影响和资源的破坏等，这里主要分析税收优惠与企业技术创新正外部性的理论关系。如图3.7所示，横轴Q为企业开展技术创新的数量，纵轴P为企业技术创新的投入成本，MC为边际成本，MPB和MSB分别表示私人边际收益和社会边际收益。假定不考虑负的外部性，即私人边际成本等于社会边际成本。

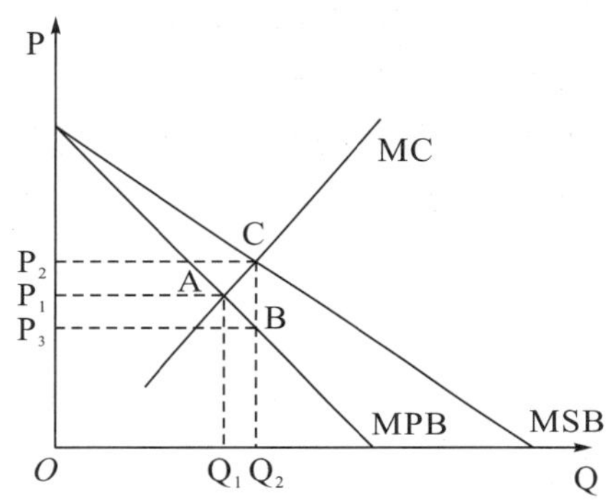

图3.7 税收优惠对企业创新“外部性”的作用机理

在没有采取税收优惠政策的情况下，企业开展技术创新的均衡点为A（P_1，Q_1）点，此时企业愿意提供的研发数量为Q_1，但社会福利最大化的均衡点为边际成本MC和社会边际收益MSB相交的C（P_2，Q_2）点上，且Q_2大于Q_1，说明企业所提供的研发创新数量不能满足社会需求，创新供给低于创新需求，未能实现资源的有效配置。为了实现帕累托最优，政府实施税收优惠政策，即对单位研发创新活动给予P_2P_3的税收优惠，鼓励企业将研发数量增加到Q_2，达到新的均衡点B（P_3，Q_2）。因而，从理论上说政府给予税收优惠的最优数量为图中P_2P_3CB的面积，该区域反映了政府对企业技术创新税收优惠的合理范围。但是在实践中往往难以准确地判定企业创新的技术外溢程度和相应的税收优惠边界，因而需要通过实证研究来检验现有税收优惠对企业创新效果和创新质量的作用。

（三）税收优惠缓解企业创新“信息不对称”和“风险性”的作用机理

企业技术创新的“信息不对称”主要是指与外部投资者之间的信息不对称，外部投资者难以获得关于企业创新的详细信息，最直接的后果是导致研发资金不足。研发创新活动的周期往往较长，企业与外界投资者信息不对称会降低投资者的信心，增加外部筹资的难度（Stiglitz，Weiss，1981；Gharbi，2014）。同时，技术创新的高投入、高转换成本和复杂性增加了研发创新的“风险性”特征（Tassey，2014；Eberhart，2008；Clarysse，2009），使研发收益难以得到保证，从而对企业的资金实力提出了更高的要求。企业技术创新的“信息不对称”和“风险性”导致创新的投入、产出及科技成果的转化和未来收益整个流程和周期都具有较大的不确定性（Gilbert，Newbery，1982）。税收优惠政策可以直接降低企业的研发投入成本，增加研发创新收益，也可以向社会传递创新信号，营造社会支持企业创新的氛围，缓解企业创新过程中由于“信息不对称”和“风险性”导致的不确定问题。借鉴周宇（2017）的做法通过税收优惠与“创新生产函数”的关系来分析相关作用原理（如图 3.8 所示）。

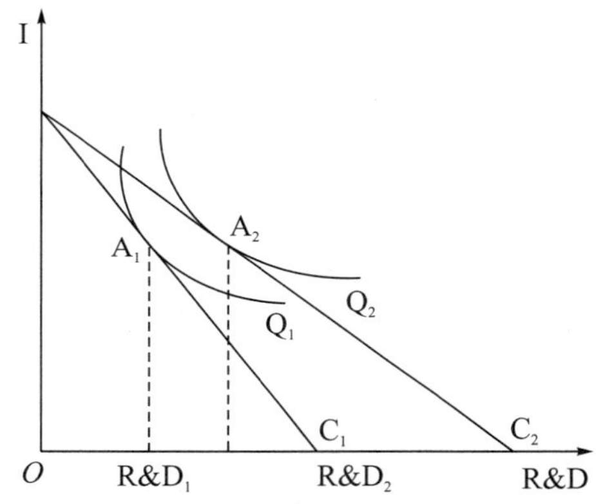

图 3.8　税收优惠对企业创新“信息不对称”和“风险性”的作用机理

根据“创新生产函数”，将研发投入作为衡量企业技术创新活动的指标，利用比较静态来分析税收优惠政策与企业技术创新的理论关系（如图 3.7 所示）。横坐标 R&D 表示研发投入，纵坐标 I 表示企业资本要素投入。在企业没有得到税收优惠扶持时，等成本线为 C_1，等产量线为 Q_1，企业利润最大化的生产要素组织为 A_1点，此时的研发投入数量为 $R\&D_1$。在政府对企业技术创新实施税收优惠政策后，一方面，向外部投资者传达了政府扶持创新、认可创新的信号，减少了技术创新过程中企业与外界投资者的信息不对称问题，增强了投资者对企业创新的信心，帮助企业获得更多的外部创新融资（Feldman，Kelley，2006；Kleer，2010；Meuleman，Maeseneire，2012）。另一方面，税收优惠将原本属于政府的收益让利给企业，可以直接降低企业的研发投入成本，缓解创新过程中的资金短缺风险，降低企业内部研发资金的投入压力，从而增强企业的创新动力。故在企业享受税收优惠后，单位研发投入的成本降低，等成本线由 C_1 移动到 C_2，此时的等产量线为 Q_2，新的利润最大化均衡点为 A_2，研发投入数量增加到 $R\&D_2$。说明，税收优惠政策有助于降低企业的研发成本，克服创新过程中的融资约束，缓解企业技术创新的信息不对称和风险性引发的融资约束和资金不足问题。

第四章　制度背景与现状分析

在对税收优惠与企业创新质量提升的关系进行实证分析之前，有必要从宏观层面了解我国税收优惠政策的制度环境和创新现状，分析现状中存在的问题。本节从分析创新相关税收优惠政策的发展沿革和特点着手，并借助创新投入和创新专利产出数量的描述性统计，从“数量”和“结构”两个视角，对我国总体层面、规模以上工业企业、高新技术企业创新活动的发展现状进行分析。最后对创新相关税收优惠政策的制度缺陷和创新活动发展过程中存在的问题进行梳理总结，为后续开展税收优惠与企业创新质量提升的实证研究奠定现实基础。

第一节　创新相关税收优惠政策的发展沿革

一、第一阶段：1978—1993 年

自 1978 年我国实施改革开放政策到 1994 年分税制改革之前，我国税收制度的建设还处于探索和尝试阶段。1981 年财政部发布的《关于对新产品实行减税免税照顾问题的通知》，是创新有关税收优惠政策的起点。1978—1993 年，我国激励创新的税收优惠政策主要以税率优惠和直接减免税这两种较为简便的形式为主。

（一）税率优惠

税率优惠政策中比较有代表性的是规定符合条件的外商投资企业和高新技术企业可享受较低的所得税税率。在外商投资方面，1986 年 10 月国务院发布

的《关于鼓励外商投资的规定》（国发〔1986〕95 号）以及 1988 年 6 月财政部发布的《关于沿海经济开放区鼓励外商投资减征、免征企业所得税和工商统一税的暂行规定》（财税字〔1988〕91 号）均对符合条件的外资企业给予了所得税优惠政策，即规定外商在沿海经济开放区投资开办的生产性企业，在以下三种情况下可减按 15%的税率征收企业所得税：一是属于技术密集、知识密集型项目；二是外商投资金额超过 0.3 亿美元且回收投资时间较长的项目；三是属于能源、交通、港口建设的项目。在高新技术企业方面，1988 年我国首先在北京试点了新技术企业的有关税收优惠政策，国务院批准的《北京市新技术产业开发试验区暂行条例》（国函〔1988〕74 号），规定对试验区的新技术企业可减按 15%的税率征收企业所得税，对于企业出口产品的产值达到当年总产值 40%以上的，经税务部门核定，可减按 10%的税率征收。为了应对世界科学技术的不断变化，实现科技强国，1991 年我国在 1988 年对试验区新技术企业实施税收优惠政策的基础上，设立了首批国家高新技术产业开发区，发布了《国务院关于批准国家高新技术产业开发区和有关政策规定的通知》（国发〔1991〕12 号）文件，以及《国家高新技术产业开发区高新技术企业认定条件和办法》等配套文件，这里首次提出了“高新技术企业”的概念，是我国高新技术产业税收优惠制度的雏形。文件明确规定对在高新技术产业开发区内被认定的高新技术企业，仍可享受 15%或 10%的税率优惠，享受 10%税率优惠的企业同样需要满足出口产品的产值达到当年总产值 70%以上的限制条件。

（二）直接减免

比较有代表性的直接减免税收优惠政策体现在支持技术转让和技术服务方面，最初的税收优惠对象只针对科研单位，如《对科学技术研究机构收入征税的暂行规定》（［86］财税字第 081 号）规定对科研单位的技术转让、技术咨询、技术服务、技术培训、技术承包、技术出口等收入和所得，暂免征营业税和所得税，后来《关于对各企事业单位转让技术成果的收入免征营业税的通知》（财税字〔1986〕第 041 号），将技术成果转让免征营业税的税收优惠政策扩大到了所有市场主体。

1978—1993 年，我国创新相关税收优惠政策还处于摸索阶段，基于当时改革开放发展战略的需要和技术落后的基本国情，优惠的对象主要是外商投资企业和高新技术企业，优惠针对的行为主要在技术转让与服务方面，优惠的措施多以直接进行税收减免或降低企业所得税税率这类操作相对简便的直接方式为主。整体来看，这个阶段的税收优惠政策还不够系统，也缺乏一定的灵活性和多元性。

二、第二阶段：1994—2007 年

从 1994 年我国推行大规模的税制改革开始，创新相关税收优惠政策实现了跨越式发展，带来了两个标志性转变，一是实现了高新技术企业税收优惠从“区域式”向“产业式”的延伸；二是研发费用加计扣除税基优惠政策的诞生。

（一）高新技术企业税收优惠从“区域式”向“产业式”延伸

1991 年发布的《国家高新技术产业开发区税收政策的规定》，规定以登记注册地作为享受优惠税率的评判标准，体现了我国对高新技术产业发展给予“区域式税收优惠”的特点。在 1994 年税制改革的过程中，财政部和国家税务总局联合发布的《关于企业所得税若干优惠政策的通知》（财税字〔1994〕1 号），继续规定对国务院批准的高新技术产业开发区内的高新技术企业可享受 15%的优惠税率，并且新办的高新技术企业在投产的前两年可免征企业所得税，但该项政策规定还未跳出“区域式”优惠的圈子，优惠的对象是产业开发区内的高新企业。

从 2000 年开始，为了推进新技术产业的发展，避免“区域式税收优惠”导致的避税空间，更有效的提高税收优惠政策对企业创新的促进作用，创新相关税收优惠政策逐步从“区域式优惠”转向“产业式优惠”，在软件和集成电路行业表现较为突出。财政部、国家税务总局和海关总署联合发布了《关于鼓励软件产业和集成电路产业发展有关税收政策问题的通知》（财税〔2000〕25 号），明确了超额增值税即征即退、新办软件企业“两免三减半”、集成电路设备加速折旧、集成电路有关部件关税减免等税收优惠政策。2002 年，财政部、国家税务总局又发布了《财政部关于部分集成电路生产企业进口自用生产性原材料、消耗品税收政策的通知》（财税〔2002〕136 号）规定对符合条件的集成电路企业进口自用生产性原材料、消耗品等免征关税和进口环节增值税。

（二）研发费用加计扣除税基优惠政策的诞生

1996 年为了积极推进经济增长方式的转变，财政部、国家税务总局发布的《关于促进企业技术进步有关财务税收问题的通知》（财工字〔1996〕041 号）规定企业研究开发新产品、新技术、新工艺所发生的各项费用在满足 10%以上的增长幅度时，可按实际发生额的 50%抵扣当期应纳税所得额。这

标志着研发费用加计扣除税收优惠政策的诞生，是沿用至今的激励企业创新的代表性税收优惠政策。体现了创新相关税收优惠政策由直接优惠手段向间接优惠手段的扩展，也是税率优惠等方式向税基优惠的延伸，丰富了创新相关税收优惠政策的体系。此后，财政部、国家税务总局又发布了《企业技术开发费税前扣除管理办法》（国税发〔1999〕49 号）等一系列文件对技术开发费用的具体扣除细节和相关税务审核程序等进行了明确。

在研发费用加计扣除政策实施初期，享受主体只有国有、集体工业企业，后续为进一步扩大技术开发费用的受益范围，《关于扩大企业技术开发费加计扣除政策适用范围的通知》（财税〔2003〕244 号）规定财务核算制度健全的所有工业企业均可享受研发费用加计扣除税收优惠。2006 年，《关于企业技术创新有关企业所得税优惠政策的通知》（财税〔2006〕88 号）取消了“纳税人技术开发费比上年增长达到 10%以上”才能享受加计扣除的限制条款，再一次扩大了加计扣除政策的适用范围，标志着沿用至今的研发费用加计扣除政策正式确立，该项政策的受益面广，是我国促进企业创新的代表性税收优惠政策。

1994—2007 年，是我国创新相关税收优惠政策的逐渐兴起阶段，税收优惠的方式不断丰富，从直接减免和税率优惠向技术开发费用税前加计扣除税基优惠等间接优惠方式延伸；税收优惠的对象从高新技术企业开发区这类区域性优惠向软件和集成电路等产业性优惠转变；税收优惠的种类从以所得税为主向增值税、营业税和关税等方面扩展。

三、第三阶段：2008 年以后

2008 年 1 月 1 日，我国开始实施的《中华人民共和国企业所得税法》，将内资企业和外商投资企业的企业所得税基准税率统一为 25%。此外，国家重点扶持的高新技术企业 15%的税率优惠和企业研发费用加计扣除两项较为有代表性的创新扶持税收优惠政策被列入新版《企业所得税法》，是我国创新相关税收优惠政策首次以法律形式呈现，体现了税收优惠政策在扶持企业创新过程中的重要性。

通过对国家税务总局发布的《“大众创业 万众创新”税收优惠政策指引》进行梳理，发现 2008 年税制改革至今我国已形成了涵盖企业初创阶段、成长阶段和成熟阶段整个生命周期的创新相关税收优惠政策体系。

（一）企业初期的主要税收优惠

1. 小规模纳税人增值税优惠，近几年小规模纳税人免征增值税的月销售额标准不断提高，从营改增初期的月销售额不超过 3 万，提高到了 2019 年 1 月至 2021 年 2 月的 10 万，后续又提高到了 2021 年 4 月至 2022 年 12 月的 15 万。同时，自 2022 年 4 月 1 日至 2022 年 12 月 31 日，增值税小规模纳税人适用 3%征收率的应税销售收入，免征增值税；适用 3%预征率的预缴增值税项目，暂停预缴增值税。

2. 小微企业的企业所得税减免。2021 年 1 月 1 日至 2022 年 12 月 31 日，对小型微利企业年应纳税所得额不超过 100 万元的部分，减按 12.5%计入应纳税所得额，按 20%的税率缴纳企业所得税；年应纳税所得额超过 100 万元但不超过 300 万元的部分，减按 25%计入应纳税所得额，按 20%的税率缴纳企业所得税。

3. 创投企业税收税收优惠。(1) 创业投资企业对未上市中小高新技术企业投资额（满 2 年/24 个月）的 70%在股权持有满 2 年的当年可抵扣应纳税所得额，当年不足抵扣的，可以在以后纳税年度结转抵扣。(2) 公司制创业投资企业、有限合伙制创业投资企业合伙人、天使投资人采取股权投资方式直接投科技型企业满 2 年（24 个月）的，可以按照对初创科技型企业投资额的 70%抵扣法人合伙人从合伙创投企业分得的所得，当年不足抵扣的，可以在以后纳税年度结转抵扣。

（二）企业成长期的主要税收优惠

税收优惠的方式相对多样化，主要包括研发费用加计扣除税基优惠、固定资产加速的递延纳税和技术成果转化的减免税。

1. 生产、生活性服务业增值税加计抵减政策。2019 年 4 月 1 日至 2019 年 9 月 31 日，生活性服务业按照当期可抵扣进项税额加计 10%，抵减应纳税额；2019 年 10 月 1 日至 2022 年 12 月 31 日，加计比例提高到 15%。

2. 研发费用加计扣除。企业所得税法和《关于完善研究开发费用税前加计扣除政策的通知》（财税〔2015〕119 号）文件规定企业开展研发活动中实际发生的研发费用，未形成无形资产的在据实扣除的基础上可加计 50%在企业所得税前扣除，形成无形资产的，按照无形资产成本的 150%在税前摊销。2018 年，《关于提高研究开发费用税前加计扣除比例的通知》（财税〔2018〕99 号）首次将研发费用加计扣除的比例从 50%提高到了 75%，形成无形资产的摊销比例相应的由150%提高到175%。《财政部 税务总局关于进一步完善研发费用税前加计扣除政策的公告》（2021年第13号）将制造业研发费用加计扣除比例从75%提高到100%。《财政部 税务总局 科技部关于进一步提高科技型中小企业研发费用税前加计扣除比例的公告》（2022年第16号）将中小型科技企业的研发费用加计扣除比例提高到100%。《关于加大支持科技创新税前扣除力度的公告》（财政部 税务总局 科技部公告2022年第28号）将现行适用研发费用税前加计扣除比例75%的企业，在2022年10月1日至2022年12月31日期间，税前加计扣除比例提高至100%。

3. 固定资产加速折旧政策。首先，《关于设备、器具扣除有关企业所得税政策的通知》（财税〔2018〕54号）将新购进的专门用于研发的仪器、设备一次性计入成本费用在计算应纳税所得额时扣除的单位价值限额从2014年的100万元，提高到了500万元，超过单位价值的可缩短折旧年限或采取加速折旧。但最低折旧年限不得低于规定折旧年限的60%。其次，进一步放宽了缩短折旧年限和采取加速折旧的适用范围，《关于扩大固定资产加速折旧优惠政策适用范围的公告》（财政部 税务总局公告2019年第66号）将由六个重点行业和四个重点[①]领域享受的对新购进的固定资产可选择缩短折旧年限或采取加速折旧的优惠扩大到所有行业。同时，进一步加大对高新技术企业购置设备、器具的税前扣除，《财政部 税务总局 科技部关于加大支持科技创新税前扣除力度的公告》（2022年第28号）对高新技术企业在2022年10月1日至2022年12月31日期间新购置的设备、器具，允许当年一次性全额在计算应纳税所得额时扣除，并允许在税前实行100%加计扣除。

4. 科技成果转化税收优惠。首先是免征增值税优惠，《关于全面推开营业税改征增值税试点的通知》（财税〔2016〕36号）规定纳税人提供技术转让、技术开发和与之相关的技术咨询、技术服务免征增值税。其次是所得税优惠，《关于许可使用权技术转让所得企业所得税有关问题的公告》（国家税务总局公告2015年第82号）将500万元作为技术转让收入是否征收企业所得税的界限，不超过500万元的部分，予以免征；超过500万元的部分，可以减半征收。最后还有个人所得税优惠，如个人所得税法对省级人民政府、国务院部委、中国人民解放军军以上单位，以及外国组织、国际组织颁发的科学、技术

① 六个重点行业是指生物药品制造业，专用设备制造业，铁路、船舶、航空航天和其他运输设备制造业，计算机、通信和其他电子设备制造业，仪器仪表制造业，信息传输、软件和信息技术服务业六个行业。四个重点领域是指轻工、纺织、机械、汽车领域。

方面的奖金免征个税。《关于股权奖励和转增股本个人所得税征管问题的公告》（国家税务总局公告 2015 年第 80 号）对高新技术企业转化科技成果，给予本企业相关技术人员的股权奖励，个人一次缴纳税款有困难的可以在不超过 5 个公历年度内分期缴纳。

（三）企业成熟期的主要税收优惠

税率优惠方面，最核心的政策是企业所得税法和《高新技术企业认定管理办法》（国科发火〔2016〕32 号）规定国家重点扶持的高新技术企业可以享受 15%的企业所得税优惠税率，这也是从改革开放以来沿用至今的扶持新技术产业的标志性税收优惠政策。享受这一税收优惠的关键是符合高新技术企业的认定，2016 对高新技术企业的认定办法和认定管理工作指引均进行了调整，其中新修订的认定办法在 2008 年的基础上放宽了多项认定条件。一是，对取得核心技术取消了“近三年”的时间限制以及“独占许可方式”的获取方式限制；二是，将科技人员的占比从 30%调整为 10%，并且不对学历进行限制；三是，降低了研发费用的占比要求，将最近一年销售收入小于 5000 万元的比例从 6%降低为 5%，其他两档不作变动；四是，将高新技术产品或者服务占企业同期总收入的比例放宽到近一年。2016 年新修订的认定工作指引在 2008 年的基础上进行了完善，例如对知识产权采取分类评价的方式，将发明、植物新物种等认定为 I 类专利，将实用新型和外观设计等认定为 II 类专利；并且还丰富了业创新能力的评价指标，将以定量评价为主转变为定量与定性相结合的评价方式 。可见新的高新技术企业认定办法和认定管理工作指引旨在增强优惠力度，丰富认定评价形式，让更多的科技企业能够有机会享受国家税收优惠，激发他们的创新热情。此外，国家对软件企业和集成电路企业给予了更大力度的税率优惠，《关于软件和集成电路产业企业所得税优惠政策有关问题的通知》（财税〔2016〕49 号）规定符合条件的国家规划布局内的重点软件企业和国家规划布局内的集成电路设计企业，如果当年没有享受免税优惠，可以享受 10%的企业所得税税率。

税基优惠方面，一是，采取减半征收的形式，如《关于集成电路设计和软件产业企业所得税政策的公告》（财政部 税务总局公告 2019 年第 68 号）规定符合条件的集成电路设计企业和软件企业，自获利年度起可享受“两免三减半”的税收优惠，即前两年免税，第三至五年按法定税率享受减半征收的优惠；集成电路企业还可以根据集成电路线的不同宽度相应的享受有关免征和减征的规定。二是，缩短折旧年限，《关于进一步鼓励软件产业和集成电路产业发展企业所得税政策的通知》（财税〔2012〕27 号）规定企业外购的符合固定资产或无形资产确认条件的软件可将折旧或摊销年限最短缩为 2 年，集成电路生产企业的生产设备折旧年限可最短缩为 3 年。三是，以亏损结转的形式降低纳税基数，《关于延长高新技术企业和科技型中小企业亏损结转年限的通知》（财税〔2018〕76 号）规定从 2018 年 1 月 1 日起，当年具备高新技术企业或科技型中小企业资格的，其具备资格年度之前 5 年内发生的尚未弥补完的亏损，准予结转的年限由 5 年延长为 10 年。

除了上述较为有代表性的税率和税基优惠外，在增值税方面还颁布了一些优惠政策，如增值税暂行条例实施细则规定，自 2011 年 11 月 1 日起，满足国家批准的集成电路重大项目这一条件的企业，其因购进设备而形成的增值税期末留抵税额可以准予退还；《关于深化增值税改革有关政策的公告》（财政部、税务总局、海关总署公告 2019 年第 39 号）还规定增值税一般纳税人销售其自行开发生产的软件产品，按规定税率征收增值税后，其增值税实际税负超过 3％的部分可以享受即征即退。

四、创新相关税收优惠政策的特点

（一）以所得税为主，流转税为辅

从上述税收优惠政策的发展沿革来看，虽然支持创新的税收优惠政策涉及所得税、增值税、营业税、关税等多个税种，但所得税从改革开放以来一直是政府鼓励企业创新的重要抓手，是应用面积最广、存在时间最长的税收优惠政策。率先被写入《企业所得税法》的高新技术企业税率优惠和研发费用加计扣除政策均属于所得税的范畴。现行创新税收优惠政策体系中，在企业初创阶段，为鼓励对中小高新技术企业的投资，给予了投资额抵免应纳税所得额的优惠。在企业成长阶段，通过研发费用加计扣除和固定资产加速折旧两项优惠政策来降低企业所得税应纳税额，鼓励企业进行创新的资金投入和设备投资。在企业成熟阶段，对高新技术企业、软件企业和集成电路企业以所得税的税率优惠为主要优惠形式。因而，无论从政策的数量还是政策的涉及范围来看，所得税是我国创新相关税收优惠政策的核心主体。

（二）以直接优惠方式和间接优惠方式相结合

在税收优惠方式上，对创新主体的税收激励既有以税率优惠、超额返还、定期减免等手段为代表的直接优惠，又有以研发费用加计扣除、固定资产加速折旧等为代表的间接优惠。与间接税收优惠方式相比，直接优惠注重结果导向，对企业创新的过程引导和激励相对较少，对税收征管的要求也更低，是通过直接将政府的利益让渡给企业的形式给予税收优惠。在我国现行的创新相关税收优惠体系中，企业成长阶段侧重间接税收优惠方式，主要通过研发费用的加计扣除和固定资产的加速折旧两项间接税收优惠政策来对企业创新投入活动进行引导。在企业初创和成熟期主要侧重于直接抵免应纳税所得额、所得税税率优惠、降低增值税税率、超额返还、减免与减半征收相结合的直接税收优惠形式。

（三）表现出一定的产业性特征

我国现行的创新相关税收优惠政策已经摆脱了初期的区域性税收优惠政策特点，表现出一定的产业性特点。一是，在企业成熟阶段对以软件产业、集成电路产业为代表的高新技术产业给予税率优惠。二是，在 2019 年之前，在企业成长阶段对生物药品制造业，专用设备制造业等六个行业以及轻工、纺织、机械、汽车四个领域重点行业给予了固定资产加速折旧的政策优惠。这类带有产业性特征的税收优惠体现了我国经济发展的导向性特点，可以避免区域性税收优惠政策的带来的“税收洼地”现象。从 2019 年 1 月 1 日起，将对六个行业和四个重点领域的固定资产加速折旧优惠扩大到了全国范围，在一定程度上降低了成长期企业税收优惠政策的产业行特征，但成熟期企业税收优惠政策的产业性特征一直较为明显，相关税收优惠政策向高新技术企业有明显倾斜。

（四）税基优惠和税率优惠方式占主导地位

从 1978 年改革开放初期对高新技术企业给予税率优惠，到 1994 年分税制改革以后研发费用加计扣除政策的诞生，相比直接减免和递延纳税这两种税收优惠方式而言，税率优惠和税基优惠一直在创新相关税收优惠政策中占据重要地位，率先被写入了企业所得税法。在现行的税收优惠体系中，从上文梳理的企业整个生命周期扶持创新的税收优惠政策来看，企业初创期和成长期都主要以税基优惠方式为主，侧重对企业创新的前端激励。虽然在企业成长期也有以固定资产加速折旧为代表的延期纳税优惠，但就政策历年来的适用广度和深度来看，研发费用加计扣除对企业创新的影响更为直接。在企业的成熟阶段，税率优惠占据重要地位，且主要集中在高新技术企业中，对软件和集成电路行业又有多项具体规定。这一税率优惠政策体现了对创新综合实力和成果的判定，因而高新技术企业的认定办法和认定管理就显得尤为关键。可见，税基优惠和税率优惠是创新相关税收优惠政策的主要表现形式，其中又以研发费用加计扣除和高新技术企业享受的税率优惠最为典型。

第二节　创新活动的现状分析

一、创新投入的现状分析

（一）总体情况

根据国家统计局数据显示，2008 年至 2020 年，全国总体 R&D 经费支出数量总额增长明显，研发投入强度逐年提高。R&D 经费支出总额由 4616.02 亿元增加到 24393.11 亿元，增长率为 428.44%。R&D 经费支出占国内生产总值 GDP 的比重逐年提升，由 1.54%增加到 2.40%（详见图 4.1）。

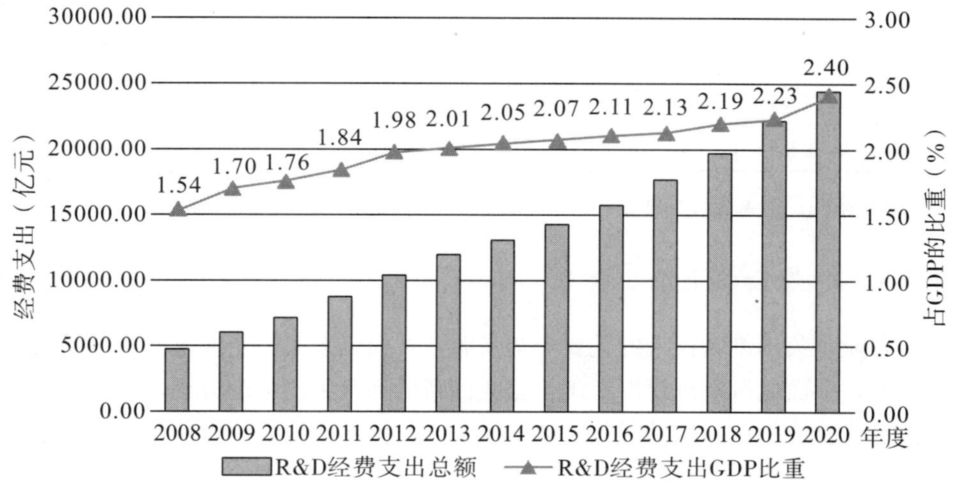

图 4.1　全国 R&D 经费支出与占 GDP 的比重

数据来源：2008—2020 年《全国科技经费投入公报》

R&D 经费支出资金主要来源于政府、企业和其他方面，从资金结构来看，2008 年至 2020 年，政府性资金的占比基本保持在 20%左右，2020 年占比为 19.78%，较 2008 年的 23.59%略有降低；企业资金的比重均保持在 70%以上，且占比由 2008 年的 71.74%提高到了 2020 年的 77.46%，是全国 R&D 的经费支出资金的主要来源，企业在创新活动中的主体地位也越发明显（详见表 4.1）。

表 4.1　全国 R&D 经费支出资金来源结构

统计年度	R&D 经费支出（亿元）	政府资金		企业资金		其他资金	
		金额（亿元）	占比	金额（亿元）	占比	金额（亿元）	占比
2008	4616.02	1088.89	23.59%	3311.52	71.74%	215.61	4.67%
2009	5902.11	1358.27	23.01%	4162.72	70.53%	381.12	6.46%
2010	7063.00	1696.30	24.02%	5063.14	71.69%	303.56	4.30%
2011	8687.00	1882.97	21.68%	6420.64	73.91%	383.39	4.41%
2012	10298.41	2221.39	21.57%	7625.02	74.04%	452.00	4.39%
2013	11846.60	2500.58	21.11%	8837.70	74.60%	508.32	4.29%
2014	13015.63	2636.08	20.25%	9816.51	75.42%	563.04	4.33%
2015	14169.88	3013.20	21.26%	10588.58	74.73%	568.10	4.01%
2016	15676.75	3140.81	20.03%	11923.54	76.06%	612.40	3.91%
2017	17606.13	3487.45	19.81%	13464.94	76.48%	653.74	3.71%
2018	19677.93	3978.64	20.22%	15079.30	76.63%	619.99	3.15%
2019	22143.60	4537.30	20.49%	16887.15	76.26%	719.15	3.25%
2020	24393.11	4825.56	19.78%	18895.03	77.46%	672.52	2.76%

数据来源：国家统计局网站：http://www.stats.gov.cn/。

（二）规模以上工业企业

企业是我国创新投入的重要资金来源，规模以上工业企业是技术创新的核心主体，下面通过对规模以上工业企业创新活动有关指标的分析，进一步反映我国工业企业的创新活动现状。创新活动的发展除了依托于企业自身内部因素外，还受到外部市场环境、经济环境等各方面因素的影响，受我国经济发展区域性特征的影响，创新质量的发展亦表现出明显的发展不平衡特征。张古鹏，陈向东，杜华东（2011）的研究发现我国东、中、西部地区创新质量的差异呈收敛趋势，东部地区在研发投入和外商引进上有显著优势，其创新质量与中、西部地区相比有明显优势。马永红、张景明、王展昭（2014）；刘伟丽、林玮菡（2018）的研究也表明我国创新质量的空间差异明显，四大区域企业创新质量发展均不平衡，基本呈现“东强，中西东北弱”的特点。国家统计调查从2011年1月起，将纳入规模以上工业统计范围的工业企业起点标准从年主营业务收入500万元提高到2000万元。故为保持数据统计口径一致，下文主要对2011年至2020年规模以上工业企业的创新活动数据进行统计分析，并对不同区域的数据进行对比。

根据表4.2的数据，从数量上看，2011年至2020年我国规模以上工业企业R&D经费支出从5993.81亿元增加到15271.29亿元，增长率为154.78%。其中，东部地区由4100.56亿元增加到9968.42亿元，增长率为143.10%；中部地区由935.66亿元增加到3102.69亿元，增长率为231.60%；西部地区由550.21增加到1709.75元，增长率为210.74%；东北地区由407.38亿元增加到490.43亿元，增长率为20.39%。从图4.2来看，除东北地区2015的R&D经费支出略有降低外，其他三个区域的R&D经费支出增长明显，且均实现了逐年增长。

表4.2 规模以上工业企业R&D经费支出情况

年度	东部地区		中部地区		西部地区		东北地区		合计（亿元）
	金额（亿元）	占比	金额（亿元）	占比	金额（亿元）	占比	金额（亿元）	占比	
2011	4100.56	68.41%	935.66	15.61%	550.21	9.18%	407.38	6.80%	5993.81
2012	4921.16	68.35%	1149.00	15.96%	689.08	9.57%	440.51	6.12%	7199.75
2013	5653.39	67.96%	1359.68	16.35%	807.35	9.71%	497.98	5.99%	8318.40
2014	6288.20	67.95%	1548.12	16.73%	919.18	9.93%	498.76	5.39%	9254.26
2015	6887.37	68.78%	1699.18	16.97%	1011.32	10.10%	416.07	4.15%	10013.94
2016	7484.39	68.38%	1896.93	17.33%	1141.92	10.43%	421.42	3.85%	10944.66
2017	8150.20	67.85%	2173.00	18.09%	1257.23	10.47%	432.53	3.60%	12012.96
2018	8697.68	67.14%	2467.49	19.05%	1370.98	10.58%	418.67	3.23%	12954.82
2019	9143.37	65.44%	2823.21	20.21%	1554.38	11.13%	450.14	3.22%	13971.10
2020	9968.42	65.28%	3102.69	20.32%	1709.75	11.20%	490.43	3.21%	15271.29

数据来源：国泰安（CSMAR）数据库

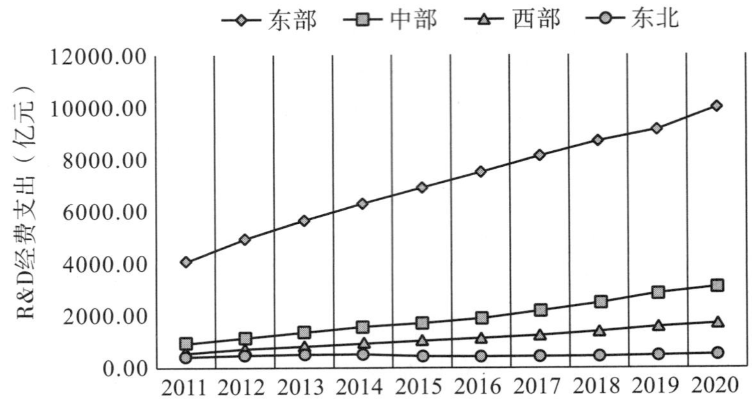

图 4.2　规模以上工业企业 R&D 经费支出变动情况

结合表 4.2 和图 4.3，从四个区域 R&D 经费支出的结构来看，2011 年至 2020 年东部地区 R&D 经费支出一直处于绝对优势，占比一直保持在 65%以上；中部和西部地区的 R&D 经费支出增长较快，但由于基数较小，占比提升不明显；东北地区的 R&D 经费支出一直最弱，且与其他三个区域的差距在逐步扩大。所以企业创新投入区域间发展不平衡的现象一直存在，各区域 R&D 经费支出结构未得到显著优化和调整，“东强，中西东北弱”的特征明显。

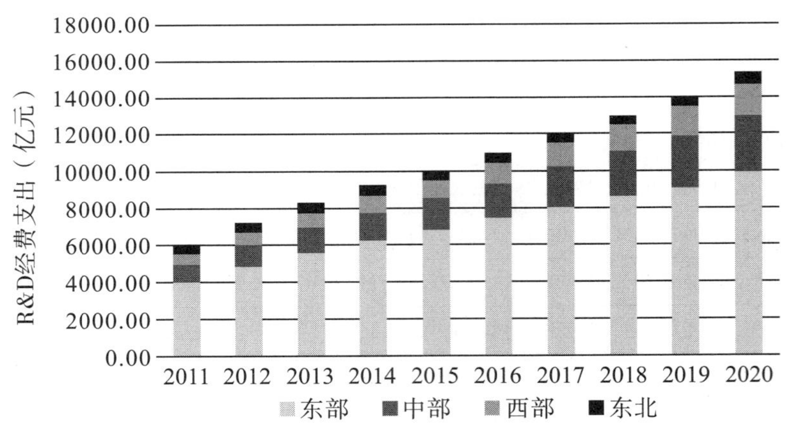

图 4.3　规模以上工业企业 R&D 经费支出结构

（三）规模以上高新技术企业

高新技术企业通常被看作是技术创新的中坚力量，是指在《国家重点支持的高新技术领域》内，持续进行研究开发与技术成果转化，形成企业核心自主知识产权，并以此为基础开展经营活动，在内地（不包括港澳台地区）注册的居民企业。①

如表 4.3 和图 4.4 所示，2011 年至 2020 年，从数量上看规模以上高新技术企业 R&D 经费支出金额由 1440.91 亿元增加到了 4649.09 亿元，增长率为 222.65%，保持了逐年增长的趋势，但增长速度波动较大，从 2011 年的 20.33%下降到了 2019 年的 6.88%，2020 年又提升到了 22.22%。

从结构上来说，规模以上高新技术企业 R&D 经费支出占整个规模以上工业企业 R&D 经费支出的比重一直保持在 20%－30%之间，仅由 2011 年的 24.04%上升到 2020 年的 30.44%，在一定程度上说明近年来给予高新技术企业的诸多政策支持未能有效引导高新技术企业的研发创新活动实现突破式发展。

表 4.3 规模以上高新技术企业 R&D 经费支出情况

年度	R&D 经费支出金额（亿元）	占规模以上工业企业支出的比重
2011	1440.91	24.04%
2012	1733.81	24.08%
2013	2034.34	24.46%
2014	2274.27	24.58%
2015	2626.66	26.23%
2016	2915.75	26.64%
2017	3182.57	26.49%
2018	3559.12	27.47%
2019	3803.96	27.23%
2020	4649.09	30.44%

数据来源：国家统计局网站 http://www.stats.gov.cn/。

① 《高新技术企业认定管理办法》(国科发火〔2016〕32 号)。

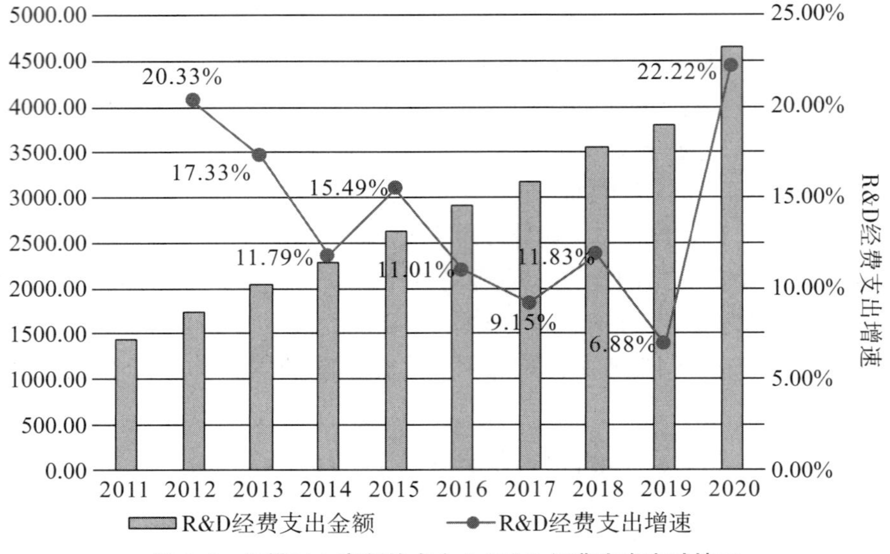

图 4.4　规模以上高新技术企业 R&D 经费支出变动情况

二、创新产出的现状分析

要发挥创新对经济的驱动作用，不仅要增加 R&D 经费投入，为开展创新活动提供经费保障，更要促进创新成果的转化，培养企业形成核心竞争力，为经济的可持续发展创造条件。专利是科技创新最主要、最直接的成果产出之一（张古鹏、陈向东，2011）。下面主要借助我国科技创新的专利数据对创新产出现状进行分析。

（一）总体情况

如表 4.4 和图 4.5 所示，从数量上来看，2008 年至 2020 年，我国科技创新专利申请数从 828328 件增加到了 5194154 件，增长率为 527.06%，除在 2014 年略有降低外，其他年度均保持上升趋势。发明专利申请数从 289838 件增加到了 1497159 件，增长率为 416.55%，2008 年至 2018 年逐年上涨，2019 年略有降低。

从结构上看，2008 年至 2020 年，高质量的发明专利申请数占专利申请总数的比重由 34.99%下降至 28.82%，创新产出的结构并未得到优化。说明从数量上看我国创新产出的成效明显，专利申请总数和高质量的发明专利申请数都得到了显著提升，有助于实现科技成果的转化。但从结构上看，高质量发明专利的产出数量占比较低，一直保持在30%左右，且10年来并未得到明显改善，2019—2020年还有所降低。可见，我国创新数量与创新结构的平衡发展值得关注，创新质量是否得到实质性提升是值得深入研究的问题。

表 4.4　全国科技创新专利申请数的结构变动情况

统计年度	专利申请数（件）	发明专利申请数（件）	发明专利申请数占比
2008	828328	289838	34.99%
2009	976686	314573	32.21%
2010	1222286	391177	32.00%
2011	1633347	526412	32.23%
2012	2050649	652777	31.83%
2013	2377061	825136	34.71%
2014	2361243	928177	39.31%
2015	2798500	1101864	39.37%
2016	3464824	1338503	38.63%
2017	3697845	1381594	37.36%
2018	4323112	1542002	35.67%
2019	4380468	1400661	31.98%
2020	5194154	1497159	28.82%

数据来源：国家统计局网站 http://www.stats.gov.cn/。

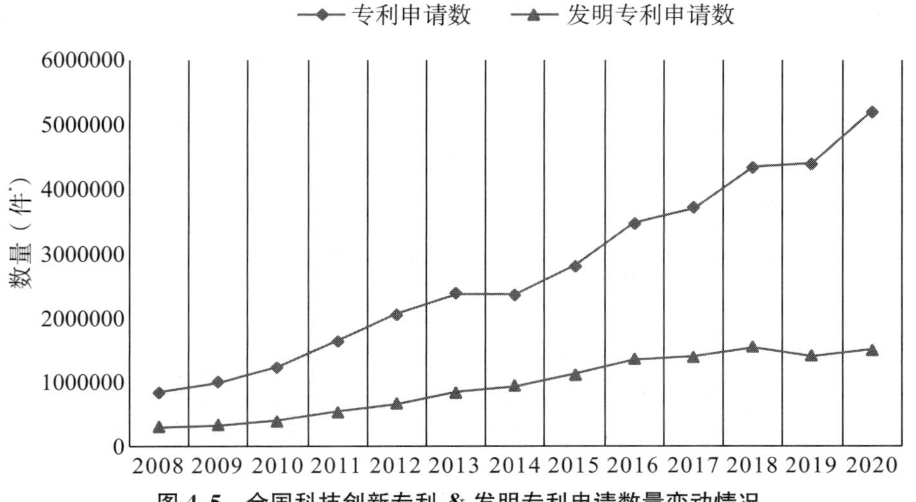

图 4.5　全国科技创新专利 & 发明专利申请数量变动情况

（二）规模以上工业企业

与上文工业企业创新投入的现状分析保持一致，这里对我国 2011 年至 2020 年规模以上工业企业科技创新的专利产出情况进行分析，同时基于我国创新质量区域发展不平衡的情况，对东部、中部、西部和东北四个区域的专利产出数据进行对比分析。

如图 4.6 和图 4.7 所示，从数量上看，我国四个区域的专利申请总数和发明专利申请数均保持上升趋势，且发明专利申请数与专利申请总数的变动情况基本一致，均呈现明显的“东强，中西东北弱”的特征，说明东部地区在创新成果的转化方面也遥遥领先于其他三个区域，区域间的创新产出发展不平衡的现象并未得到明显改善。

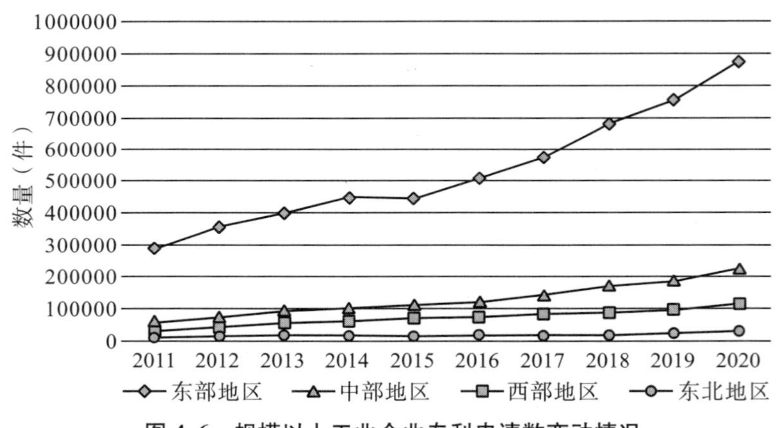

图 4.6　规模以上工业企业专利申请数变动情况

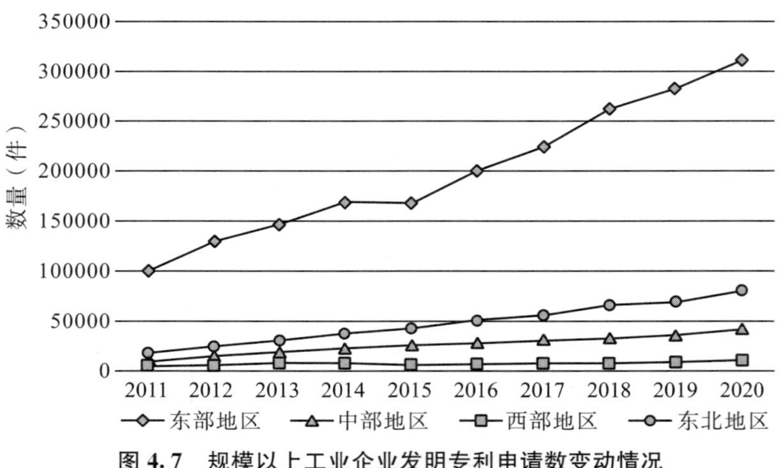

图 4.7　规模以上工业企业发明专利申请数变动情况

如表 4.5 所示，从结构上看，四个区域高质量的发明专利申请数占专利申请总数的比重差异不大，大多都在 30%到 40%之间，即便是在创新数量上享有绝对优势的东部地区，其在高质量的创新产出上也并无突出表现。说明我国创新质量整体水平不高，四个区域高质量的创新产出水平均较低，均存在创新数量和创新结构发展不平衡的现象，创新规模和数量一直处于领先地位的东部地区也未能实现创新结构的优化升级。

表 4.5 规模以上工业企业发明专利申请数及占比情况

年度	东部地区		中部地区		西部地区		东北地区	
	数量（件）	占比	数量（件）	占比	数量（件）	占比	数量（件）	占比
2011	101267	35.31%	18687	32.61%	10045	34.90%	4844	36.68%
2012	129584	36.38%	25256	33.79%	14960	34.63%	6367	40.19%
2013	146574	36.89%	31523	34.63%	19169	35.41%	7880	42.76%
2014	169431	37.82%	38870	37.72%	23574	38.78%	8050	42.97%
2015	168392	38.01%	43860	39.97%	26766	37.85%	6670	44.28%
2016	200073	39.64%	51467	42.38%	27955	38.45%	7492	45.43%
2017	224494	39.07%	56935	39.92%	31324	38.20%	7873	44.02%
2018	262802	38.55%	67093	39.40%	33703	38.88%	7971	42.90%
2019	282794	37.55%	69742	37.50%	36825	38.30%	9441	38.55%
2020	310691	35.45%	80957	36.08%	42755	37.84%	11666	38.59%

注：数据来源于国泰安（CSMAR）数据库，表中的占比是指发明专利申请数占当年专利申请总数的比重。

（三）规模以上高新技术企业

如表 4.6 和图 4.8 所示，从数量上看，高新技术企业专利申请数和发明专利申请数增长明显，专利申请总数从 2011 年的 101267 件增加到了 2020 年的 348522 件，增长率为 244.16%，发明专利申请总数从 2011 年的 54224 件增加到了 2020 年的 174641 件，增长率为 222.07%，低于专利申请总数的增长率。

从结构上来看，一方面规模以上高新技术企业专利申请总数占整个规模以上工业企业的比重在 20%到 30%之间，与 R&D 经费支出的情况基本一致。但发明专利申请数的占比相对较高，大体保持在 30%到 40%之间，说明高新技术企业创新产出的质量高于工业企业的平均水平，在创新基础上具有一定优势。另一方面规模以上高新技术企业发明专利申请数占专利申请总数的比重保持在50%以上，明显高于全国和规模以上工业企业的平均水平，但2011年至2020年这一比例并无明显提升，反而略有降低。说明高新技术企业虽然具有相对较好的创新基础，在创新产出质量和产出结构上具有一定优势，但近几年来在创新结构的优化方面仍然是止步不前，无明显突破。

表4.6 规模以上高新技术企业专利与发明专利申请数及占比

年度	专利申请数		发明专利申请数		占比3
	数量（件）	占比1	数量（件）	占比2	
2011	101267	26.23%	54224	40.21%	53.55%
2012	127821	26.09%	66870	37.96%	52.32%
2013	143005	25.49%	74059	36.10%	51.79%
2014	166709	26.44%	87620	36.52%	52.56%
2015	158463	24.82%	88294	35.94%	55.72%
2016	185913	25.99%	101835	35.48%	54.78%
2017	223932	27.41%	118099	36.83%	52.74%
2018	264736	27.65%	137633	37.04%	51.99%
2019	302459	28.54%	162472	40.74%	53.72%
2020	348522	28.02%	174641	39.15%	50.11%

注：数据来源于国家统计局网站 http://www.stats.gov.cn/。占比1=规模以上高新技术企业专利申请数/规模以上工业企业专利申请数，占比2=规模以上高新技术企业发明专利申请数/规模以上工业企业发明专利申请数；占比3=规模以上高新技术企业发明专利申请数/规模以上高新技术企业专利申请数。

图 4.8　规模以上高新技术企业专利 & 发明专利申请数变动情况

第三节　税收优惠政策与创新活动存在的问题

一、税收优惠的制度缺陷

（一）侧重对创新的数量激励，忽视对创新质量的引导

从现有创新相关税收优惠政策的框架来看，在企业初创阶段，税收优惠主要体现在对中小高新技术企业、中小科技型企业投资额的数量激励方面。在企业成长阶段，最有代表性的研发费用加计扣除以研发费用的支出数量为激励对象，并未区分研发支出是用于开展哪一种类型和层次的新技术或新产品。在企业成熟阶段，需要满足一定的认定条件之后才能享受高新技术企业的税率优惠，但《高新技术企业认定管理工作指引》（2008 年版和 2016 年版）都较为注重研发费用投入，研发专利产出、研发新产品销售收入等数量指标。对企业整个生命周期的创新激励均体现出明显的数量特征，忽略了税收优惠对创新结构和创新质量的调节和引导。

（二）注重提高税收优惠强度，忽视税制的结构化安排

从创新相关税收优惠政策的发展沿革来看，随着国家对技术创新的重视和

国民经济对创新驱动的依赖，扶持创新的税收支持力度明显加大，已经形成了涵盖企业整个生命周期的税收优惠体系。然而，在整体税收优惠强度明显提升的同时，对税制结构的调整有所忽视。首先，一直将企业所得税作为主要优惠税种，侧重创新的前端激励，未能充分利用增值税、个人所得税等税种发挥对创新成果产出和创新成果转化的过程激励，缺乏多元化的税制安排，难以发挥税收优惠的杠杆效应。其次，税制设计未体现层次性，大多税收优惠政策是一刀切的管理模式，未能针对外部市场化进程和企业内部自身性质进行差异化的税制设计，不利于调动不同市场主体的创新潜能。

（三）标志性税收优惠方式的精细化设计不够

从前面对创新相关税收优惠政策的特点分析来看，税基优惠和税率优惠是激励创新的主要税收优惠形式，研发费用加计扣除和高新技术企业税率优惠分别是税基优惠和税率优惠的代表性政策，但这两项政策的精细化设计不够。首先，研发费用加计扣除的制度设计过于粗放，主要针对企业创新投入端的研发支出数量给予固定比例的加计扣除优惠，并未区分这一创新投入适是于高质量还是低质量的创新活动，难以体现对创新质量的引导。其次，因高新技术企业的认定标准不够全面，过分关注企业创新的数量指标，未将创新结构和创新质量的评价指标纳入考核范围，容易导致企业过分追求创新数量的短视行为，难以保证享受税率优惠的高新技术企业的创新实力和创新水平。

二、创新活动的发展不足

（一）创新数量与创新结构发展不平衡，创新质量整体偏低

2008 年至 2018 年，我国创新规模迅速扩张，R&D 创新投入增长超过 3 倍，专利产出的增长超过 4 倍。然而，发明专利作为高质量的创新产出，数量上虽然也保持逐年增长，申请数的总体占比却一直低于 40%，即便是市场化进程较高的东部地区也不例外，且 10 年来并未改善。说明我国创新数量迅速发展的同时，创新结构却止步不前，未得到优化，创新质量难以取得实证性提升。

（二）区域间的创新发展不平衡

正如已有很多研究所反映的那样，我国创新活动呈现“东强，中西东北

弱”的特点。东部地区的市场化进程水平较高，外部经济、金融环境相对完善，无论是在R&D创新投入数量、专利产出数量还是高质量的发明专利产出数量上都较其他三个区域具有明显优势。且近年来这种创新数量区域发展不平衡的现象并未改善，中部、西部和东北三个区域的创新实力没能得到相对提升。

（三）高新技术企业的优势作用不明显

高新技术企业作为企业创新的核心力量，享受的各类税收优惠和政策扶持较多，但其创新投入和创新产出的发展并不突出，创新投入和专利产出占规模以上工业企业的比重一直维持在20%至30%之间，且创新投入的增速明显放缓。虽然在高新技术企业中，高质量发明专利申请数的占比高于全国平均水平，达到了50%左右，但近年来基本维持在这个水平，并未取得进展和突破。说明高新技术企业在企业创新中的优势作用并未得到充分体现，其创新水平和创新质量的发展值得关注。

第四节 本章小结

本章是对我国创新相关税收优惠政策的制度背景和创新活动的发展现状进行分析。

首先，在制度背景方面，对改革开放以来创新相关税收优惠政策进行了梳理，将其分为三个阶段：

第一阶段是1978—1993年，即创新相关税收优惠政策的探索与尝试阶段。这个阶段主要是对外商投资和高新技术企业给予税率优惠、对科技成果转化减免税等直接税收优惠，优惠方式和优惠主体都较为单一。

第二阶段是1994—2007年，即创新相关税收优惠政策的复兴与蓬勃发展阶段。这个阶段税收优惠的方式实现了从直接优惠向间接优惠的延伸，沿用至今的研发费用加计扣除政策诞生。并且实现了区域性税收优惠向产业性税收优惠的转变，政策倾向从高新技术开发区向包含软件和集成电路在内的高新技术产业转变，此外税收优惠的种类从所得税向增值税、关税等税种扩展。

第三阶段是2008年以后，即创新相关税收优惠政策的优化与完善阶段。这一阶段形成了涵盖了企业初创阶段、企业成长阶段、企业成熟阶段整个生命周期的创新相关税收优惠政策体系。该政策体系以所得税为主、流转税为辅，以直接优惠方式和间接优惠方式相结合，表现出一定的产业倾向性，对以软件行业和集成电路行业为代表的高新技术企业给予了较大的支持。并且主要以税基和税率两种优惠方式为主导，其中研发费用加计扣除和高新技术企业税率优惠是标志性政策。

其次，在创新活动的发展现状方面，从数量上来看，我国整体层面和规模以上工业企业的 R&D 经费支出、专利产出均得到了显著提升。从结构上看，一是 R&D 经费支出和专利产出在我国各区域间的发展不平衡，一直表现出明显的“东强，中西东北弱”的特点。二是，创新产出的质量普遍不高，高质量发明专利申请数的比重基本保持在 30%～40%左右，且近年来并未改善。三是，高新技术企业的优势不明显，虽然 R&D 经费支出和专利产出逐年增长，但增速明显放缓。其创新产出的质量相对较高，发明专利申请数占比基本保持在 50%左右，但近年来也无明显提升。

最后，总结制度缺陷与创新不足。税收优惠的制度缺陷主要表现在三个方面：一是，侧重对创新的数量激励，忽视对创新质量的引导。二是，注重提高税收优惠强度，忽视税制的结构化安排。三是，标志性税收优惠方式的精细化设计不够。创新活动的发展不足也主要表现在三个方面：一是，创新数量与创新结构发展不平衡，创新质量整体偏低。二是，区域间的创新发展不平衡。三是，高新技术企业的优势作用不明显。可见，税收优惠的制度缺陷与创新发展的不足是有必然联系的，这为后续从“数量”和“结构”两个角度，细分税收优惠强度以及税基与税率两种不同税收优惠方式来实证研究税收优惠与企业创新质量的关系奠定了现实基础。

第五章　税收优惠强度与企业创新质量提升

第一节　引　言

近年来，我们实施的创新驱动战略取得了显著成效，根据世界知识产权组织与合作伙伴在印度新德里发布的2019年全球创新指数（Global Innovation Index，GII），中国排在第14位，比2018年上升了三个位次，连续第四年保持上升势头，首次超过了日本，成为排行榜前20名中唯一的发展中经济体。我国技术创新的发展离不开税收优惠政策的支持，据《工业企业科技活动统计年鉴2016》显示：2011年至2015年，我国高新技术企业减免税分别为539.6亿元、527.5亿元、585.5亿元、613.1亿元、702.3亿元，而研发费用加计扣除减免税分别为252.4亿元、298.5亿元、333.7亿元、449.3亿元。根据《"大众创业 万众创新"税收优惠政策指引汇编》(2019年6月修订)，我国针对创新创业陆续推出了89项税收优惠政策，大部分政策为2013年以后推出，税收优惠强度明显提升。

然而，前面第四章我国创新活动的发展现状进行分析发现，R&D经费投入和各项专利产出的数量增长显著，但创新质量的提升并不明显。高质量发明专利的占比较低，且近年来并无明显改善，我国还存在创新质量偏低，创新数量和创新结构发展不平衡的现象。如前面第二章文献回顾所述现有研究主要侧重于探讨税收优惠强度与创新投入和创新产出的关系，很少对创新质量进行甄别。少量关注到了创新质量的研究也多从"数量"视角进行分析（陈红、张玉、刘东霞，2019；刘督、万迪昉、吴祖光，2016），未考虑到我国创新数量与创新结构发展不平衡的现状。基于我国创新活动的现状和现有研究的不足，本章从"数量"和"结构"两个视角对税收优惠强度与企业创新质量的关系进行深入研究。并基于技术密集程度对高新技术企业和非高新技术企业进行异质性检验。然后，分析税收优惠强度对企业创新质量的作用机制和作用环境，考察创新投入的中介作用和市场化进程的调节效应。最后，将企业价值纳入研究框架，考察税收优惠强度对企业创新质量的作用能否延伸到企业价值上。

本章的增量贡献主要体现在三个方面：第一，从“质量”视角以及“数量”和“结构”两个维度揭示了税收优惠强度与企业创新之间的作用关系，发现从“数量”上促进创新质量提升的效果较好，从“结构”上优化创新质量的作用有限，这为新一轮减税降费制度改革提供了更为合理的经验依据。第二，深入研究税收优惠强度与企业创新质量的作用机制和作用环境，验证了创新投入的中介作用和市场化进程的调节效应，便于全面解读税收优惠强度与企业创新质量提升的关系。第三，考察了对企业价值的延伸效应，发现高新技术企业在将创新质量内化为企业价值的增长方面弱于非高新技术企业，为制定差异化的税收优惠政策，增强对高新技术企业创新成果转化的引导提供参考。

第二节　理论分析与研究假设

一、理论分析

根据微观经济学理论，技术创新的过程会出现市场失灵，使私人收益低于社会最优水平。单纯依靠市场的力量难以实现创新最优，需通过政策工具予以调控（Klette，Moen，Griliches，2000）。税收优惠的透明度高，可预期性强，寻租风险较低，是许多经济学家所推崇的弥补外部性的有效手段（Bloom，Griffith，Van Reenen，2002；Finley，Lusch，Cook，2015；Chen Lin，Ping Lin，Frank Song，2010），它可以通过弥补私人边际成本，使经济活动满足边际社会成本等于边际社会收益，从而起到矫正市场失灵的功效（阙善栋，刘海峰，2007）。借鉴阙善栋和刘海峰（2007）的研究，我们运用“社会成本－收益分析”法来阐释税收优惠强度对企业创新的影响机理。

如图 5.1 所示 MC 代表企业创新的边际私人成本，MB 代表企业创新的边际私人收益，MB1 代表企业创新的边际社会收益。企业创新具有正外部性特征，边际私人成本等于边际社会成本，边际社会收益 MB1 与边际社会收益 MB 之差为 MEB，即边际外部收益。最初的市场均衡点在 B 点，均衡点的企业创新数量为 Q1，但市场有效率的均衡数量应该在边际社会成本与边际社会收益相等的 Q2 上。由于社会个体对企业创新的需求量 Q1 小于达到社会均衡有效率的需求量 Q2，因此产生了超额负担，效率损失为三角形 ABC。

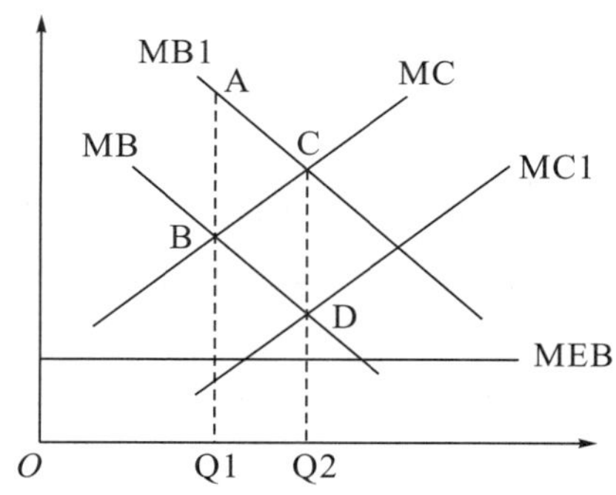

图 5.1 税收优惠强度对企业创新的影响机理

此时，税收优惠强度可以从两个方面影响创新活动：一是，提高税收优惠强度会直接增加企业创新收益，使边际私人收益由 MB 上升至 MB1，新的均衡点位于 C 点，超额负担消失，从而达到资源配置有效率的企业创新数量 Q2。二是，税收优惠强度的提高会间接降低企业的研发投资成本，使其边际生产成本从 MC 下降到 MC1，新的均衡点为 D，同样避免了超额负担，能达到有效均衡。

二、研究假设

从“数量”视角分析，税收优惠政策能够通过降低成本或增加收益来激励企业进行创新投入，进而促进创新产出。税收优惠对创新投入的促进作用得到了国内外学者的广泛认可，Rao，Nirupama（2016）和 Kasahara，Shimotsu，Suzuki（2014）分别以美国和日本企业为样本，验证了税收优惠与研发投入的正相关性；戴晨、刘怡（2008）和马玉琪、扈瑞鹏、赵彦云（2016）的研究发现，税收优惠对企业研发投入的激励作用比财政补贴更强。虽然国内有学者认为税收优惠对创新投入的激励作用是有条件的，需要满足最优的政策力度门限区间（陈红、张玉、刘东霞，2019；冯海红、曲婉、李铭禄，2015），并且在制度环境相对完善的地区激励效应更显著（刘放、杨筝、杨曦，2016；夏力，2012），但从数量上来看，税收优惠对创新投入具有激励作用的基本方向是统一的，只是激励程度不同。同时，税收优惠对创新产出也具有显著激励作用，有助于增加整体的专利数量（储德银、纪凡、杨珊，2017；石绍宾、周根根、秦丽华，2017），并且税收优惠能够促进高质量的创新产出，与发明专利产出数量存在显著正相关性（张信东、贺亚楠、马小美，2014）。创新投入是企业开展创新活动、提高创新质量的基础，创新产出是评价创新质量的关键因素，基于此，提出如下假设。

H5.1：基于数量视角，增加税收优惠强度能够显著促进企业创新质量提升

从“结构”角度来看，若要通过税收优惠政策引导企业优化创新质量的结构指标，需在税制设计上突出高质量创新的地位。我国现行激励企业开展创新的税收优惠主要以企业所得税优惠为主（程瑶、闫慧慧，2018），其中研发费用加计扣除、固定资产加速折旧和高新技术企业15%税率优惠是三种最常见的形式（韩仁月、马海涛，2019）。但这三种政策对高质量创新活动的倾斜不足，仅在高新技术企业的认定标准中对质量较高的发明专利给予了一定的政策鼓励。即《高新技术企业认定管理工作指引》（2008年版）规定1项发明专利等同于6项其他核心自主知识产权，《高新技术企业认定管理工作指引》（2016年版）规定发明专利属于Ⅰ类知识产权，1项及以上可得7～8分，其他知识产权属于Ⅱ类，5项及以上得5～6分。但该项政策倾斜在整个高新技术企业认定标准中的作用有限，高新技术企业的认定标准相对注重研发投入、研发人员比例等数量指标，这在一定程度上诱使一些企业为了获得该项税收优惠，可能会刻意迎合高新技术企业的认定标准，美化创新数量。在获得高新技术企业认定后，并未致力于实际创新活动（程曦、蔡秀云，2017；李维安、李浩波、李慧聪，2017），致使高新技术企业税收优惠政策难以达到预期效果。

通过上述分析可以看出，我国现行税收优惠政策的制度设计难以激励企业加大发明专利的研发比例，优化创新质量结构。基于此，提出如下假设：

H5.2：基于结构视角，增加税收优惠强度不能显著促进企业创新质量提升

第三节　研究设计

一、样本选择与数据来源

基于前面第一章第四节实证框架设计思路部分关于实证分析样本数据选取说明的前提，本章选取2008—2017年沪深两市A股上市企业的数据作为初始样本，按如下原则进行处理：(1) 按照证监会2012版行业分类，剔除金融行业；(2) 剔除ST（包括＊ST）类企业；(3) 剔除数据有缺失的观测值；(4) 借鉴（刘放、杨筝、杨曦，2016）的做法，剔除营业利润小于0的观测值，最终得到3970个观测值。为消除异常值的影响，本书对所有连续变量进行了左右1%的Winsorize缩尾处理，数据处理采用Stata16.0软件。

二、变量定义

1. 被解释变量（创新质量number/structure）。创新质量是一个综合概念，从不同角度分析其内涵和外延，可以得出不同的衡量方式。创新质量提升的最终目的是服务经济发展，本书尝试借鉴经济增长质量的内涵来衡量创新质量。经济增长质量可以理解为物质生产资源变化过程的总和，包括产品数量增长和社会经济结构调整（卡马耶夫，1983），数量增长和结构优化是经济增长质量的两个重要维度（任保平，2012；程虹、李丹丹，2014）。基于此，本书将创新数量增长和创新结构优化作为提升企业创新质量的两条重要途径。围绕高质量发明专利，把衡量实证性创新活动的发明专利申请数（黎文靖、郑曼妮，2016），衡量创新产出水平的发明专利授权数（张古鹏、陈向东，2011），反映负向专利价值的发明专利撤回和驳回数（高林、贺京同、那艺，2014）以及评价企业综合创新实力的有效专利数一并纳入创新质量的衡量范畴，运用熵值法从“数量”和“结构”两个维度构建创新质量的综合指标体系。（详见表5.1）。

首先对熵值法的主要原理和方法步骤进行介绍。

熵值法是一种根据熵值来对指标进行客观赋权的方法，它通过熵值来判断某个指标的离散程度，指标的离散程度越大，该指标对综合评价的影响越大，指标权重就越大。（郭显光，1994）。

利用熵值法进行综合评价的步骤如下。

（1）计算第 j 项指标下第 i 个样本值的比重公式为：$y_{ij}=\frac{x_{ij}}{\sum_{i=1}^{m}x_{ij}}(0\leqslant y_{ij}\leqslant 1)$，其中样本个数为 m，指标个数为 n，由此可以建立数据的比重矩阵 $Y=\{y_{ij}\}_{m*n}$。

（2）计算指标信息熵值 e：

第 j 项指标的信息熵值 $e_j=-K\sum_{i=1}^{m}y_{ij}\ln y_{ij}$，其中，K 为常数，$K=\frac{1}{\ln m}$。

（3）计算信息效用值 d：

第 j 项指标的信息效用值 $d_j=1-e_i$，即信息效用值的大小等于 1 与信息熵之间的差，信息效用值越大，该项指标对综合评价就越重要，权重就越大。

（4）计算评价指标权重：

第 j 项指标的权重 $w_j=\frac{d_j}{\sum_{i=1}^{m}d_j}$，即信息效用值越大，权重越大。

（5）计算样本的综合评价值 U，$U=\sum_{j=1}^{n}y_{ij}w_j$，即为样本的综合指标值。

表 5.1　创新质量综合指标体系

变量类别	变量名称	变量符号	变量描述	影响类型
数量指标 number	发明专利申请数	N_apply	当年发明专利申请数加 1 取对数	+
	发明专利授权数	N_grant	当年发明专利授权数加 1 取对数	+
	发明专利撤回、驳回数	N_WD	当年发明专利撤回、驳回数加 1 取对数	−
	发明专利有效数	N_Valid	当年发明专利有效数加 1 取对数	+

续表

变量类别	变量名称	变量符号	变量描述	影响类型
结构指标 structure	发明专利申请数占比	S_apply	当年发明专利申请数/当年专利申请总数	+
	发明专利授权数占比 1	S_grant1	当年发明专利授权数/当年专利授权总数	+
	发明专利授权数占比 2	S_grant2	当年发明专利授权数/当年发明专利申请数	+
	发明专利撤回、驳回数占比	S_WD	当年发明专利撤回、驳回数/当年发明专利申请数	−
	发明专利有效数占比 1	S_Valid1	当年发明专利有效数/当年专利有效总数	+
	发明专利有效数占比 2	S_Valid2	当年发明专利有效数/当年发明专利申请数	+

注：因样本数据中当年被撤回、驳回的专利均为发明专利，故为消除极端情形的影响，在结构指标时未考虑当年发明专利撤回、驳回数占当年专利撤回、驳回总数的比重。

2. 解释变量（税收优惠强度 PIT）。借鉴程曦、蔡秀云（2017）和陈红、张玉、刘东霞（2019）的做法，用企业所得税的基本税率 25%减去企业所得税费用与利润总额比值的差来衡量，企业所获得的税收优惠强度与该值成正比。

3. 异质性变量（技术密集程度 HTE）。借鉴程曦、蔡秀云（2017）的做法，根据技术密集程度将样本划分为高新技术企业与非高新技术企业。

4. 中介变量（企业创新投入 $R\&D$）。借鉴刘放、杨筝、杨曦（2016）和黄珺、贺国亮（2017）的做法，用企业当年的研发支出占主营业务收入之比来衡量。

5. 调节变量（市场化进程 MP）。借鉴朱永明，贾明娥（2017）的做法，将《中国分省份市场化指数报告（2016）》中披露的连续 5 年排名前四位的江苏、浙江、上海、广东四个省份的上市企业作为市场化进程较高的样本，其余省份的上市企业作为市场化进程较低的样本。

6. 延伸变量（企业价值 $TobinQ$）。借鉴 *Tseng*，Wu（2007）、黎文靖、郑曼妮（2016）和黄珺、贺国亮（2017）的研究，用企业下一期的托宾 Q 值（$TobinQ$）来衡量企业价值。

7. 控制变量。借鉴程曦、蔡秀云（2017）和张帆、张友斗（2018）的做法，将资产负债率 Lev、企业规模 $Size$、盈利能力 $Profit$、资本密集程度

PFA、流动比例 *CR*、企业年龄 *Lnage* 作为控制变量。*Industry* 为行业效应，*Year* 为时间效应。变量定义见表 5.2。

表 5.2　主要变量定义

变量类别	变量名	变量符号	变量描述
被解释变量	创新质量——数量视角	*number*	表 5－1 中通过熵值法计算的综合数量指标
	创新质量——结构视角	*structure*	表 5－1 中通过熵值法计算的综合结构指标
解释变量	税收优惠强度	*PIT*	0.25－（所得税费用/利润总额）
异质性变量	技术密集程度	*HTE*	高新技术企业取值为 1，非高新技术企业取值为 0
中介变量	创新投入	*R&D*	研发支出/主营业务收入
调节变量	市场化进程	*MP*	市场化进程高的 4 个省份的样本取值为 1，其余省份的样本取值为 0
延伸变量	企业价值	*TobinQ*①	市值/企业账面资产
控制变量	企业规模	*Size*	企业资产总额的自然对数
	盈利能力	*Profit*	净利润/营业收入
	资产负债率	*Lev*	负债总额/资产总额
	资本密集程度	*PFA*	固定资产净额/资产总额
	流动比例	*CR*	流动资产/流动负债
	企业年龄	*Lnage*	企业年龄的自然对数
	行业效应	*Industry*	当样本属于该行业时取值 1，否则为 0
	时间效应	*Year*	当样本为该年度时取 1，否则为 0

三、模型设计

本章主要进行 5 个层次的实证研究：一是“现象呈现”，对全样本进行实证研究，从“数量”和“结构”两个维度呈现税收优惠强度对企业创新质量的作用效果，评价提高税收优惠强度能否从整体上促进企业创新质量的平衡发展。二是“现象细分”，根据技术密集程度将样本分为高新技术企业和非高新技术企业，探讨税收优惠强度的作用差异。三是“现象剖析”，剖析税收优惠

① 数据来源：国泰安 CSMAR 数据库

强度对企业创新质量的作用机制，考察创新投入的中介作用。四是“现象定位”，剖析税收优惠强度对企业创新质量的作用环境，考察市场化进程对作用效果的调节效应。五是“现象延伸”，研究税收优惠强度对企业创新质量的作用传递，即税收优惠强度带来的创新质量的提升能否促进企业价值的增长。

为此，本书构建如下模型：

1. 基准回归模型。借鉴胡华夏、洪荭、肖露璐（2017）和程曦、蔡秀云（2017）的研究，构建如下基准回归模型进行上述第一个和第二个层次的研究。模型（5—1）用于检验假设 H5.1，模型（5—2）用于检验假设 H5.2。

$$number_{i,t} = \alpha_0 + \alpha_1 PIT_{i,t} + \alpha_j \sum_j controls + \sum Industry_i + \sum Year_i + \varepsilon_{1i} \tag{5—1}$$

$$structure_{i,t} = \beta_0 + \beta_1 PIT_{i,t} + \beta_j \sum_j controls + \sum Industry_i + \sum Year_i + \varepsilon_{2i} \tag{5—2}$$

2. 中介效应模型。借鉴 Baron RM（1986）和温忠麟等（2004）的研究构建模型（5—3）至模型（5—5）进行上述第三个层次的研究。

$$R\&D_{i,t} = \lambda_0 + \lambda_1 PIT_{i,t} + \lambda_j \sum_j controls + \sum Industry_i + \sum Year_i + \mu_{1i} \tag{5—3}$$

$$number_{i,t} = \vartheta_0 + \vartheta_1 PIT_{i,t} + \vartheta_2 R\&D_{i,t} + \vartheta_j \sum_j controls + \sum Industry_i + \sum Year_i + \mu_{2i} \tag{5—4}$$

$$structure_{i,t} = \eta_0 + \eta_1 PIT_{i,t} + \eta_2 R\&D_{i,t} + \eta_j \sum_j controls + \sum Industry_i + \sum Year_i + \mu_{3i} \tag{5—5}$$

中介效应检验模型的原理为：考虑自变量 X 对因变量 Y 的影响时，如果自变量 X 通过影响变量 Z 来影响 Y，则称 Z 为中介变量。下列方程用来描述3个变量之间的关系。

$$Y = c_1 X + e_1$$

$$Z = aX + e_2$$

$$Y = c_2 X + bZ + e_3$$

首先，检验系数 c_1 是否显著。若 c_1 显著，则说明 X 与 Y 之间存在明显相关性，则继续中介效应检验；若 c_1 不显著，则说明 X 与 Y 之间不存在明显相关性，则停止中介效应检验。

其次，在 c_1 显著的前提下检验 a 和 b 是否显著，验证变量 Z 是否起到了中介作用。若 a 与 b 均显著，说明变量 Z 起到了中介作用，若 a 和 b 其中一个不显著，则必须进行 Sobel 检验。

最后，在 a 与 b 均显著的前提下检验 c_2 是否显著，验证是部分中介效应还是完全中介效应。若 c_2 显著，且其绝对值与 c_1 相比有所下降，则说明是部分中介效应；若 c_2 不显著，则说明是完全中介效应。

根据中介效应模型的原理，当模型（5－1）和模型（5－2）的回归系数显著时，才通过模型（5－3）、模型（5－4）和模型（5－5）对相应的样本组进行中介效应检验。

3. 在考察市场化进程对作用效果的调节效应进行上述第四个层析的研究时，根据市场化进程的高低对初始样本进行分组，并利用模型（5－1）和模型（5－2）对分组样本进行检验。

4. 借鉴 Tseng，Wu（2007），黎文靖、郑曼妮（2016）和黄珺、贺国亮（2017）的研究用企业下一期的托宾 Q 值（$TobinQ$）来衡量企业价值，构建如下模型（5－6）和模型（5－7），对税收优惠强度对企业创新质量产生显著激励效应的样本组作进一步检验，探讨创新质量的提升能否促进企业价值增长，税收优惠强度对企业创新质量的作用能否产生传递效应，进行上述第五个层次的研究。

$$TobinQ_{i,t+1} = \upsilon_0 + \upsilon_1 number_{i,t} + \upsilon_j \sum_j controls + \sum Industry_i + \sum Year_i + \sigma_{1i} \quad (5-6)$$

$$TobinQ_{i,t+1} = \omega_0 + \omega_1 structure_{i,t} + \omega_j \sum_j controls + \sum Industry_i + \sum Year_i + \sigma_{2i} \quad (5-7)$$

第四节　实证过程与结果分析

一、描述性统计、相关性分析与多重共线性检验

（一）描述性统计

表 5.3 报告了全样本主要变量的描述性统计结果。税收优惠强度（PIT）

的均值和中位数分别为 0.086 和 0.101，均大于 0，说明大部分企业都享受了税收优惠，我国的减税措施得到了体现。创新质量数量指标（*number*）的标准差为 0.131，明显低于创新质量结构指标（*structure*）的标准差 0.169，说明与创新质量的数量指标相比，样本内部创新质量的结构水平差异更大，样本间的创新质量结构发展不平衡，税收优惠对创新质量结构指标的影响值得重点关注。

中介变量创新投入（*R&D*）的均值和中位数分别为 0.052 和 0.040，两者差异较小，说明样本内部的数据分布相对均匀，但最大值高达 0.263，最小值仅为 0，说明创新投入两极分化的现象依然存在，创新投入在税收优惠与创新质量之间的能否发挥中介作用有待进一步验证。企业价值（*TobinQ*）的标准差较大为 1.750，最大值为 9.290，最小值为 0.237，说明样本之间的企业价值差异明显，有必要进一步探讨税收优惠对企业创新质量的作用能否传递到企业价值上。

表 5.3 主要变量描述性统计结果

变量	均值	中位数	标准差	最大值	最小值
PIT	0.086	0.101	0.097	0.291	−0.374
number	0.294	0.278	0.131	0.759	0.056
structure	0.227	0.175	0.169	0.710	0.018
R&D	0.052	0.040	0.044	0.263	0.000
TobinQ	2.260	1.750	1.750	9.290	0.237
Lev	0.371	0.352	0.183	0.790	0.049
Size	22.000	21.800	1.120	25.700	20.000
Profit	0.108	0.089	0.083	0.399	0.003
PFA	0.202	0.177	0.128	0.589	0.011
CR	2.880	1.940	2.860	18.600	0.503
Lnage	2.770	2.770	0.305	3.370	2.080

注：描述性统计使用的是进行了左右 1% Winsorize 缩尾处理后的数据。

（二）相关性分析

表 5.4 为主要变量的 Pearson 相关性系数，下三角为创新质量数量视角（*number*）的相关性系数，上三角为创新质量结构视角（*structure*）的相关性

系数，从表 5.4 初步可以看出税收优惠强度与创新质量的数量和结构指标均呈正相关性，相关系数分别为 0.012 和 0.021，但不显著。Pearson 相关性系数只是反应两两变量之间的相关性，需要借助多元回归分析模型作进一步检验。

表 5.4　主要变量的相关性分析结果

	number/structure	*PIT*	*lev*	*Size*	*Profit*	*PFA*	*CR*	*Lnage*
number/structure	1	0.021	−0.134***	−0.083***	0.113***	0.014	0.132***	0.061***
PIT	0.012	1	−0.153***	−0.121***	0.245***	−0.082***	0.071***	−0.089***
Lev	0.227***	−0.153***	1	0.550***	−0.505***	0.148***	−0.572***	0.206***
Size	0.542***	−0.121***	0.550***	1	−0.177***	0.155***	−0.308***	0.189***
Profit	−0.075***	0.245***	−0.505***	−0.177***	1	−0.250***	0.434***	−0.105***
PFA	−0.001	−0.082***	0.148***	0.155***	−0.250***	1	−0.238***	0.086***
CR	−0.133***	0.071***	−0.572***	−0.308***	0.434***	−0.238***	1	−0.126***
Lnage	0.071***	−0.089***	0.206***	0.189***	−0.105***	0.086***	−0.126***	1

（三）多重共线性检验

借鉴胡华夏、洪荭、肖露璐（2017）的研究，利用方差膨胀因子（*VIF*）对解释变量、中介变量和控制变量进行多重共线性检验，当 $0<VIF<10$ 时，说明不存在多重共线性。如表 5.5 的检验结果显示，所有变量的 *VIF* 值均较小，可以认为模型不存在多重共线性问题。

表 5.5　主要变量多重共线性检验结果

变量	均值
R&D	1.32
TobinQ	1.59
Lev	2.65
Size	1.75
Profit	1.64
PFA	1.17
CR	2.01
Lnage	1.07

续表

变量	均值
Mean vif	1.65

注：多重共线性检验使用的是进行了左右1% Winsorize缩尾处理后的数据。

二、税收优惠强度对企业创新质量的作用效果

表5.6报告了全样本中税收优惠强度对企业创新质量的作用效果，回归（1）呈现了数量视角下税收优惠对创新质量提升的影响。结果显示：税收优惠强度（*PIT*）的影响系数为0.084，在1%的水平上显著，说明从数量的视角来看，增加税收优惠强度对创新质量提升具有显著促进作用，假设H5.1得到验证。

如表5.6所示，回归（2）呈现了结构视角下税收优惠强度对创新质量的作用效果，结果显示：税收优惠强度（*PIT*）的影响系数为0.045，在10%的水平上显著。表明从结构的视角来看，增加税收优惠强度对创新质量的提升具有显著促进作用；说明近年来政府支持企业创新的一系列税收优惠政策，整体上起到了促进创新质量数量与结构平衡发展的作用，假设H5.2未得到验证。可能的原因是：第一，企业自身的性质和行为偏好是驱动高质量创新的重要因素（Gondim，Borini，Carneiro－da－Cunha，2017），全样本囊括了不同类型的企业，实现了行为偏好的互补，这在一定程度上增强了税收优惠对创新质量结构指标的影响，故为更加细致地呈现税收优惠与创新质量提升的关系，需基于企业异质性对样本作进一步细分；第二，创新数量和创新质量具有协同作用机制（蔡绍洪、俞立平，2017），当创新质量的数量达到一定规模，创新意愿较强的企业会主动寻求“量变到质变”的创新升级，在后续的研究中将税收优惠与创新质量的作用机制方面作进一步探讨。

对比回归（1）和（2）的结果可以看出，各项控制变量对创新质量的数量指标与结构指标的影响存在明显差异。资产负债率（*Lev*）对创新质量的数量指标产生负向作用，影响系数为－0.062，在1%的水平上显著，但对创新质量的结构指标的负向作用没有通过显著性检验，说明企业的财务压力会对创新数量产生明显抑制作用。企业规模（*Size*）对创新质量的数量指标具有正向作用，影响系数为0.078，在1%的水平上显著，对创新质量的结构指标影响不显著，说明企业规模的扩大能够促进高质量创新数量的增加，但对创新结构的

优化并无明显作用。资本密集程度（*PFA*）与创新质量的数量指标存在显著负相关性，影响系数为−0.033，对创新质量的结构指标影响也不显著，说明资本密集程度越高的企业，受其行业性质的影响，往往缺乏创新动力。流动比例（*CR*）对创新质量的数量指标和结构指标分别产生显著负向作用和显著正向作用，说明资产流动性较高的企业相较于追求创新数量的而言，更愿意致力于优化创新结构。企业年龄（*Lnage*）对创新质量数量指标的影响不显著，但对创新质量结构指标具有显著促进作用，影响系数为0.025，在1%的水平上显著，说明当企业发展到一定阶段，当创新数量的规模积累到一定程度，会主动优化创新结构，逐步实现从“量变”到“质变”的突破。

表5.6 税收优惠强度对企业创新质量的作用效果（现象呈现）

变量	(1) *number*	(2) *structure*
PIT	0.084***	0.045*
	(4.68)	(1.80)
Lev	−0.062***	−0.012
	(−4.12)	(−0.56)
Size	0.078***	−0.001
	(38.17)	(−0.49)
Profit	−0.040	0.003
	(−1.55)	(0.09)
PFA	−0.033**	−0.023
	(−2.09)	(−1.04)
CR	−0.002*	0.005***
	(−1.88)	(4.78)
Lnage	−0.004	0.025***
	(−0.80)	(3.23)
_*cons*	−1.481***	0.311***
	(−21.64)	(3.28)
Year	控制	控制
Industry	控制	控制
N	3970	3970

续表

变量	(1) *number*	(2) *structure*
Adj. R−Square	0.410	0.319

注：括号内的数值是 t 值，***、** 和 * 分别表示 1%、5%和 10%的水平下显著。

三、稳健性检验

为保证基准回归研究结果的可靠性，本书采用如下方法进行稳健性检验。

1. 替换被解释变量。借鉴（黎文靖、郑曼妮，2016）的研究，将反映企业开展实质性创新活动的发明专利申请数（N_apply）和发明专利申请率（S_apply）分别作为创新质量的数量和结构指标，构建如下回归方程（5−8）和（5−9）对全样本基准回归结果进行检验，结果除个别控制变量显著性不一致外，其他检验结果一致，表明本章的主要结论具有稳健性，详见表 5.7。

$$N\_apply_{i,t} = \gamma_0 + \gamma_1 PIT_{i,t} + \gamma_j \sum_j controls + \sum Industry_i + \sum Year_i + \delta_{1i} \quad (5-8)$$

$$S\_apply_{i,t} = \varphi_0 + \varphi_1 PIT_{i,t} + \varphi_j \sum_j controls + \sum Industry_i + \sum Year_i + \delta_{2i} \quad (5-9)$$

表 5.7　税收优惠强度对企业创新质量作用效果的稳健性检验——变量替换

变量	(1) N_apply	(2) S_apply
PIT	0.876***	0.094**
	(5.09)	(2.30)
Lev	−0.364**	0.022
	(−2.53)	(0.63)
Size	0.718***	0.004
	(36.53)	(0.91)

续表

变量	(1) N_apply	(2) S_apply
Profit	0.161	0.126**
	(0.64)	(2.11)
PFA	−0.255*	−0.044
	(−1.66)	(−1.21)
CR	−0.018**	0.008***
	(−2.29)	(4.27)
Lnage	−0.110**	0.031**
	(−2.05)	(2.42)
$\_cons$	−13.274***	0.446***
	(−20.19)	(2.85)
Year	控制	控制
Industry	控制	控制
N	3970	3970
Adj. R−Square	0.388	0.248

注：括号内的数值是 t 值，***、** 和 * 分别表示 1%、5%和 10%的水平下显著。

2. 调整样本时间跨度。2012 年至 2017 年，我国经济增速放缓，经济增长率持续低于 8%[①]，进入了经济新常态，考虑到宏观经济环境对微观企业行为的影响，本书采用 2012 年至 2017 年的样本数据重新对基准回归模型进行检验，结果如表 5.8 所示，除个别控制变量显著性不同外，检验结果与基准回归保持一致，说明本章的主要结论成立。

表 5.8 税收优惠强度对企业创新质量作用效果的稳健性检验——调整样本区间

变量	(1) *number*	(2) *structure*
PIT	0.093***	0.048 *
	(5.09)	(1.95)

① 数据来源于国家统计局 2012—2017 年统计公报：http://www.stats.gov.cn/tjsj/tjgb/ndtjgb/。

续表

变量	(1) *number*	(2) *structure*
Lev	−0.058***	−0.014
	(−3.68)	(−0.65)
Size	0.077***	−0.002
	(36.09)	(−0.76)
Profit	−0.045	0.013
	(−1.62)	(0.35)
PFA	−0.033*	−0.016
	(−1.95)	(−0.70)
CR	−0.001	0.006***
	(−1.39)	(4.59)
Lnage	−0.005	0.020***
	(−0.85)	(2.58)
_cons	−1.462***	0.178*
	(−19.85)	(1.79)
Year	控制	控制
Industry	控制	控制
N	3609	3609
Adj.R−Square	0.389	0.316

注：括号内的数值是 t 值，***、** 和 * 分别表示 1%、5%和 10%的水平下显著。

3. 考虑内生性。税收优惠属于宏观政策变量，优惠力度在很大程度上取决于政府决策，但创新质量是否提升可能会影响企业享受的税收优惠强度。故本章采用两种方法降低内生性影响：

（1）将解释变量税收优惠强度（*PIT*）和财务类控制变量（*Lev*、*Size*、*Profit*、*PFA*、*CR*）均滞后一期，回归结果如表 5.9 所示，检验结果与基准回归保持一致。

表 5.9　税收优惠强度对企业创新质量作用效果的稳健性检验——考虑内生性（一）

变量	(1) *number*	(2) *structure*
PIT	0.080***	0.088***
	(4.54)	(3.68)
Lev	−0.055***	−0.015
	(−3.73)	(−0.73)
Size	0.078***	0.001
	(37.02)	(0.29)
Profit	0.027	−0.033
	(1.25)	(−1.10)
PFA	−0.033**	−0.021
	(−2.03)	(−0.96)
CR	−0.003***	0.005***
	(−4.08)	(4.86)
Lnage	−0.008	0.025***
	(−1.35)	(3.16)
_ *cons*	−1.452***	0.265***
	(−21.13)	(2.83)
Year	控制	控制
Industry	控制	控制
N	3826	3826
Adj.R−Square	0.410	0.320

注：括号内的数值是 t 值，***、** 和 * 分别表示 1%、5%和 10%的水平下显著。

（2）采用工具变量法，将行业内其他企业的税收优惠强度均值作为工具变量，通过 Cragg−Donald Wald F 统计量检验工具变量是否存在弱识别（Weak Identification）问题，结果显示 F 值为 24.68>10，不存在弱识别问题；第二阶段回归结果如表 5.10 所示，创新质量数量指标（*number*）和结构指标（*structure*）的影响系数分别为 0.885 和 0.564，均通过显著性检验，与基准回归结果保持一致。

表 5.10　税收优惠强度对企业创新质量作用效果的稳健性检验——考虑内生性（二）

变量	(1) *number*	(2) *structure*
PIT	0.885***	0.564**
	(4.50)	(2.13)
Lev	−0.089***	−0.071***
	(−4.39)	(−2.86)
Size	0.081***	0.004
	(24.02)	(1.06)
Profit	−0.336***	−0.070
	(−4.85)	(−0.79)
PFA	−0.089***	0.063***
	(−4.69)	(2.77)
CR	0.001	0.005***
	(1.28)	(3.53)
Lnage	0.006	0.058***
	(0.72)	(5.55)
_ *cons*	−1.494***	0.097
	(−16.15)	(0.79)
F 值	24.68	24.68

注：括号内的数值是 *t* 值，***、** 和 * 分别表示 1%、5%和 10%的水平下显著。

第五节　进一步研究

一、税收优惠强度对企业创新质量的作用差异

技术密集程度是影响企业创新意愿和创新偏好的重要因素，根据技术密集程度，可以分为高新技术企业和非高新技术企业（程曦、蔡秀云，2017）。企

业被认定为高新技术企业后享受的优惠政策会对其研发投入和研发产出，特别是实质性创新产生显著激励（雷根强、郭玥，2018）；并且税收优惠政策对我国高技术产业创新效率有显著正向影响（王钊、王良虎，2019）。但也有研究认为，高新技术企业作为驱动经济发展的主体，享受的税收优惠政策较非高新技术企业具有明显优势，但税收优惠对其创新激励的效果并不理想（李维安、李浩波、李慧聪，2016），高新技术企业认定对区域创新绩效的提升作用并不显著（郑烨、阎波，2019）。

基于此，本书根据技术密集程度将全样本细分为高新技术企业（*HTE*＝1）和非高新技术企业（*HTE*＝0），利用模型（5－1）和模型（5－2）进行异质性检验，探究假设 H2 未得到验证的原因，回归结果见表 5.11。

表 5.11　税收优惠强度对企业创新质量的作用差异（现象细分）

变量	高新 （*HTE*＝1）		非高新 （*HTE*＝0）	
	（1） *number*	（2） *structure*	（3） *number*	（4） *structure*
PIT	0.051*	－0.030	0.098***	0.088***
	（1.83）	（－0.77）	（4.19）	（2.73）
Lev	－0.023	0.019	－0.087***	－0.042
	（－1.09）	（0.64）	（－4.04）	（－1.42）
Size	0.074***	－0.005	0.082***	0.001
	（23.94）	（－1.11）	（29.38）	（0.35）
Profit	0.002	－0.021	－0.064*	0.035
	（0.06）	（－0.42）	（－1.72）	（0.68）
PFA	－0.027	－0.043	－0.036	0.007
	（－1.17）	（－1.35）	（－1.56）	（0.21）
CR	－0.001	0.006***	－0.002	0.004*
	（－1.28）	（4.72）	（－1.53）	（1.86）
Lnage	－0.007	－0.003	－0.004	0.050***
	（－0.10）	（－0.31）	（－0.55）	（4.61）
_cons	－1.296***	0.833***	－1.580***	0.098
	（－10.16）	（4.69）	（－18.40）	（0.83）

续表

变量	高新 ($HTE=1$)		非高新 ($HTE=0$)	
	(1) *number*	(2) *structure*	(3) *number*	(4) *structure*
Year	控制	控制	控制	控制
Industry	控制	控制	控制	控制
N	1879	1879	2091	2091
Adj. R-Square	0.366	0.348	0.446	0.311

注：括号内的数值是 t 值，***、** 和 * 分别表示 1%、5%和 10%的水平下显著。

由表 5.11 的回归结果可知，税收优惠强度对企业创新质量的作用效果在高新与非高新技术企业中存在显著差异。在高新技术企业（$HTE=1$）中，税收优惠强度（PIT）对创新质量数量指标（*number*）的影响系数为 0.051，在 10%的水平上显著，但对创新质量结构指标（*structure*）的影响系数未通过显著性检验，说明增加税收优惠强度只从数量的角度促进创新质量提升。可能的原因是：①现有高新技术企业的认定标准主要以“量”为准则（郑烨、阎波，2019），强调创新投入的重要性，对创新质量的关注不够，这可能导致了企业的“数量迎合”式创新行为，不利于创新质量的结构提升；②政策扶持对企业创新的作用具有区间性（任海云、聂景春，2018），随着高新技术企业自身创新基数的增加，税收优惠对其创新质量提升的增量贡献可能较小。

在非高新技术企业（$HTE=0$）中，增加税收优惠强度能从数量和结构两个方面提升创新质量，税收优惠强度（PIT）对创新质量数量指标（*number*）和结构指标（*structure*）的影响系数分别为 0.098 和 0.088，均在 1%的水平上显著，可能的原因是：①非高新技术企业研发实力较弱，但是研发动机不弱（沈鹏远、邹海峰，2018）；高新技术企业获得的减税利益会产生同伴压力（杨明增、张钦成，2019），促使非高新技术企业通过提升创新质量，力争成为高新技术企业。②技术能力差的企业对税收政策的依赖较大（白旭云、王砚羽、苏欣，2019），政策反映更敏感，税收优惠对其的作用更显著。

从表 5.11 的结果来看，基准回归分析中假设 H5.2 未得到验证的主要原因是税收优惠强度对非高新技术企业创新质量结构指标的促进作用更显著，且非高新技术企业的数量较多，拉高了税收优惠强度对创新质量结构指标影响的整体水平。

二、税收优惠强度对企业创新质量的作用机制

根据税收政策对企业创新的影响机理，税收优惠最直接的作用是通过减税让利来降低企业的研发成本，进而促进企业进行创新投入。创新投入具有传导性质，能够在税收优惠与企业创新绩效的关系中发挥完全中介作用（李维安、李浩波、李慧聪，2016）。因此，本书借助模型（5－1）至模型（5－5），进一步剖析税收优惠强度对企业创新质量的作用机制，考察创新投入的中介作用，回归结果见表 5.12、表 5.13 和表 5.14。

表 5.12 税收优惠强度对企业创新质量的作用机制——全样本（现象剖析）

变量	(1) *number*	(2) *structure*	(3) *R&D*	(4) *number*	(5) *structure*
PIT	0.084***	0.045*	0.038***	0.058***	0.013
	(4.68)	(1.80)	(6.22)	(3.29)	(0.55)
R&D				0.699***	0.832***
				(15.12)	(12.90)
Lev	−0.062***	−0.012	−0.014***	−0.052***	0.000
	(−4.12)	(−0.56)	(−2.87)	(−3.54)	(0.02)
Size	0.078***	−0.001	−0.002***	0.080***	0.001
	(38.17)	(−0.49)	(−3.46)	(40.05)	(0.22)
Profit	−0.040	0.003	0.024***	−0.057**	−0.017
	(−1.55)	(0.09)	(2.78)	(−2.26)	(−0.49)
PFA	−0.033**	−0.023	−0.015***	−0.023	−0.011
	(−2.09)	(−1.04)	(−2.75)	(−1.48)	(−0.49)
CR	−0.002*	0.005***	0.003***	−0.004***	0.003**
	(−1.88)	(4.78)	(11.37)	(−4.62)	(2.48)
Lnage	−0.004	0.025***	−0.014***	0.005	0.036***
	(−0.80)	(3.23)	(−7.22)	(0.93)	(4.76)
_cons	−1.481***	0.311***	0.083***	−1.539***	0.241***
	(−21.64)	(3.28)	(3.61)	(−23.11)	(2.60)
Year	控制	控制	控制	控制	控制

续表

变量	(1) *number*	(2) *structure*	(3) *R&D*	(4) *number*	(5) *structure*
Industry	控制	控制	控制	控制	控制
N	3970	3970	3970	3970	3970
Adj. R-Square	0.410	0.319	0.339	0.442	0.347

注：括号内的数值是 *t* 值，***、** 和 * 分别表示 1%、5%和 10%的水平下显著。

表 5.12 报告了全样本的中介作用检验结果，如回归（3）所示，税收优惠强度（*PIT*）对中介变量创新投入（*R&D*）的影响系数为 0.038，在 1%的水平上显著，从数量视角来看，对比回归（1）和回归（4），加入中介变量创新投入（*R&D*）并未改变税收优惠强度（*PIT*）对企业创新质量数量指标（*number*）影响的显著性，回归系数由 0.084 下降到了 0.058，且回归（4）中，中介变量创新投入（*R&D*）的影响系数显著，即创新投入在税收优惠强度与企业创新质量数量指标的关系中发挥部分中介作用。从结构视角来看，对比回归（2）和回归（5），加入中介变量创新投入（*R&D*）改变了税收优惠强度（*PIT*）对企业创新质量结构指标（*number*）影响的显著性，且回归（5）中，中介变量创新投入（*R&D*）的影响系数显著，即创新投入在税收优惠强度与企业创新质量结构指标关系中发挥完全中介作用。

表 5.13 报告了高新技术企业的中介效应检验结果，因在高新技术企业中税收优惠强度（*PIT*）仅对创新质量的数量指标（*number*）产生显著激励，这里主要从数量视角考察创新投入的中介作用。回归（2）中税收优惠强度（*PIT*）对中介变量创新投入（*R&D*）具有显著激励作用，影响系数为 0.039，回归（3）中，中介变量创新投入（*R&D*）的影响系数在 1%的水平上显著，满足中介效应检验的条件，对比回归（1）和回归（3），加入中介变量改变了税收优惠强度（*PIT*）对创新质量数量指标（*R&D*）作用的显著性，即创新投入在税收优惠强度与高新技术企业创新质量数量指标的关系中发挥完全中介作用。

表 5.13　税收优惠强度对企业创新质量的作用机制——高新技术企业（现象剖析）

变量	(1) *number*	(3) *R&D*	(4) *number*
PIT	0.051*	0.039***	0.025
	(1.83)	(4.26)	(0.90)
R&D			0.670***
			(9.66)
Lev	−0.023	−0.017**	−0.011
	(−1.09)	(−2.47)	(−0.55)
Size	0.074***	−0.003***	0.076***
	(23.94)	(−2.91)	(25.15)
Profit	0.002	0.021*	−0.012
	(0.06)	(1.73)	(−0.33)
PFA	−0.027	−0.024***	−0.011
	(−1.17)	(−3.13)	(−0.49)
CR	−0.001	0.002***	−0.003***
	(−1.28)	(7.42)	(−2.95)
Lnage	−0.007	−0.010***	−0.000
	(−0.10)	(−4.06)	(−0.05)
_cons	−1.296***	0.104**	−1.366***
	(−10.16)	(2.46)	(−10.95)
Year	控制	控制	控制
Industry	控制	控制	控制
N	1879	1879	1879
Adj.R−Square	0.366	0.346	0.397

注：括号内的数值是 t 值，***、** 和 * 分别表示 1%、5%和 10%的水平下显著。

表 5.14 的回归结果报告了非高新技术企业中税收优惠强度对创新质量数量指标和结构指标的中介作用检验结果。回归（3）显示，税收优惠强度（*PIT*）对中介变量创新投入（*R&D*）产生显著激励作用，影响系数为 0.031，从数量视角来看，对比回归（1）和回归（4）的结果，加入中介变量创新投入（*R&D*）并未改变税收优惠强度（*PIT*）对创新质量数量指标

(*number*) 影响的显著性，影响系数从 0.098 下降到 0.076，即创新投入在税收优惠强度与创新质量数量指标的关系中发挥部分中介作用。从结构视角来看，对比回归（2）和回归（5）的结果，加入中介变量创新投入（*R&D*）后，并未改变税收优惠强度（*PIT*）影响的显著性，但影响系数从 0.088 下降到了 0.060，即创新投入在税收优惠强度与创新质量结构指标的关系中也发挥部分中介作用。

表 5.14 税收优惠强度对企业创新质量的作用机制——非高新技术企业（现象剖析）

变量	(1) *number*	(2) *structure*	(3) *R&D*	(4) *number*	(5) *structure*
PIT	0.098***	0.088***	0.031***	0.076***	0.060*
	(4.19)	(2.73)	(3.76)	(3.35)	(1.91)
R&D				0.710***	0.904***
				(11.51)	(10.58)
Lev	−0.087***	−0.042	−0.013*	−0.078***	−0.031
	(−4.04)	(−1.42)	(−1.69)	(−3.73)	(−1.06)
Size	0.082***	0.001	−0.002**	0.083***	0.003
	(29.38)	(0.35)	(−2.02)	(30.81)	(0.84)
Profit	−0.064*	0.035	0.017	−0.076**	0.020
	(−1.72)	(0.68)	(1.30)	(−2.11)	(0.39)
PFA	−0.036	0.007	−0.012	−0.027	0.017
	(−1.56)	(0.21)	(−1.47)	(−1.24)	(0.56)
CR	−0.002	0.004*	0.005***	−0.006***	−0.000
	(−1.53)	(1.86)	(8.85)	(−3.77)	(−0.17)
Lnage	−0.004	0.050***	−0.017***	0.008	0.066***
	(−0.55)	(4.61)	(−6.13)	(0.99)	(6.13)
_ *cons*	−1.580***	0.098	0.072**	−1.631***	0.033
	(−18.40)	(0.83)	(2.40)	(−19.58)	(0.29)
Year	控制	控制	控制	控制	控制
Industry	控制	控制	控制	控制	控制
N	2091	2091	2091	2091	2091

续表

变量	(1) *number*	(2) *structure*	(3) *R&D*	(4) *number*	(5) *structure*
Adj. R－Square	0.446	0.311	0.434	0.480	0.347

注：括号内的数值是 t 值，***、** 和 * 分别表示 1%、5%和 10%的水平下显著。

从作用机制来看，税收优惠强度对创新质量的影响在很大程度上以创新投入作为传导媒介。在高新技术企业中，税收优惠强度对其创新质量数量指标的促进作用完全依赖于创新投入。在非高新技术企业中，税收优惠强度对其创新质量数量和结构指标的促进作用在一定程度上依赖创新投入的增加。说明非高新技术企业利用税收优惠政策主动开展高质量创新活动，主动增加高质量创新产出，主动优化创新结构的意识较高新技术企业更强。

三、税收优惠强度对企业创新质量的作用环境

内部作用机制往往受到外部作用环境的影响，市场化进程是一系列经济、制度、法律的综合体现，是衡量企业外部环境的综合指标（朱永明，贾明娥，2017）。市场化进程的高低会影响企业开展创新活动的积极性（倪德锋，2017），较高的市场化进程可以规避简单的技术模仿，激励企业更加关注创新的质量与效率（Yang，Maskus，2009；戴魁早、刘友金，2013）。但市场化进程对税收优惠与创新质量提升的调节作用未必是正向的，因为市场化进程高的地区创新过程中出现“市场失灵”的可能性较小，对政府干预的需求也相对较少（朱永明、贾明娥，2017）。

因此，基于市场化进程高低对非高新技术企业样本组作进一步细分，利用模型（5－1）和模型（5－2）考察市场化进程的调节作用，进一步定位税收优惠强度对企业创新质量作用显著的样本组。

表 5.15 报告了全样本调节效应的检验结果。回归（1）和回归（3）中，税收优惠强度（*PIT*）的影响系数分别为 0.120 和 0.075，均在 1%的水平上显著，说明市场化进程不对税收优惠强度（*PIT*）与企业创新质量数量指标（*number*）的关系产生显著调节效应。对比回归（2）和回归（4），在市场化进程高的区域，税收优惠强度（*PIT*）对企业创新质量结构指标（*structure*）的影响不显著，在市场化进程低的区域，税收优惠强度（*PIT*）能够显著促进企业创新质量的结构优化，影响系数为 0.062，说明市场化进程对税收优惠

强度（*PIT*）与企业创新质量结构指标（*structure*）的关系产生显著调节效应。

表 5.15 税收优惠强度对企业创新质量的作用环境——全样本（现象定位）

变量	市场化进程高（*MP* =1）		市场化进程低（*MP* =0）	
	(1) *number*	(2) *structure*	(3) *number*	(4) *structure*
PIT	0.120***	0.019	0.075***	0.062 *
	(4.08)	(0.48)	(3.37)	(1.99)
Lev	−0.030	−0.023	−0.068***	−0.000
	(−1.19)	(−0.67)	(−3.57)	(−0.01)
Size	0.085***	0.008*	0.073***	−0.007 *
	(23.53)	(1.66)	(28.63)	(−1.83)
Profit	−0.043	−0.048	−0.048	−0.005
	(−0.92)	(−0.77)	(−1.51)	(−0.11)
PFA	−0.027	0.032	−0.038*	−0.051 *
	(−0.99)	(0.86)	(−1.94)	(−1.85)
CR	−0.001	0.003*	−0.001	0.007***
	(−0.73)	(1.68)	(−1.49)	(5.03)
Lnage	−0.008	0.030**	−0.000	0.017 *
	(−0.85)	(2.31)	(−0.01)	(1.70)
_ *cons*	−1.456***	0.139	−1.398***	0.482***
	(−17.67)	(1.24)	(−17.67)	(4.37)
Year	控制	控制	控制	控制
Industry	控制	控制	控制	控制
N	1513	1513	2457	2457
Adj. R −Square	0.454	0.372	0.401	0.320

注：括号内的数值是 t 值，***、** 和 * 分别表示 1%、5%和 10%的水平下显著。

可能的原因是：①市场化进程的提高可以改善企业的资源配置（方军雄，2006），降低了创新过程中的市场失灵，因而市场化进程高的地区政府干预往往较少（朱永明、贾明娥，2017），企业自主创新能力也相对较强，税收优惠对其创新质量结构指标的促进作用可能不明显；②市场化进程较低的企业技术创新实力较差，对外界支持的依赖性较强，更有动机通过最大限度的获取税收政策的红利来缓解自身的技术缺陷（白旭云、王砚羽、苏欣，2019）；③从边际效用定律来看，市场化进程较低地区的企业享受税收优惠政策的基数较小，税收优惠在该地区发挥的边际效用可能更大。

表 5.16 报告了高新技术企业调节效应的检验结果，因税收优惠强度仅对高新技术企业创新质量的数量指标具有显著促进作用，这里主要从数量视角考察市场化进程的调节效应。回归（1）中，税收优惠强度（*PIT*）的影响系数为 0.113，在 5%的水平上显著；回归（2）中，税收优惠强度（*PIT*）的影响系数未通过显著性检验，即市场化进程对税收优惠强度与高新技术企业创新质量数量指标的关系产生显著调节效应，说明市场化进程高的高新技术企业受外部较为完善的经济市场环境的熏陶，其自身创新意识可能较高，更愿意进行高质量的创新产出。

表 5.16　税收优惠强度对企业创新质量的作用环境——高新技术企业（现象定位）

变量	市场化进程高	市场化进程低
	(1) *number*	(2) *number*
PIT	0.113**	0.022
	(2.45)	(0.61)
Lev	0.012	−0.033
	(0.31)	(−1.25)
Size	0.076***	0.072***
	(12.53)	(19.15)
Profit	0.047	−0.025
	(0.62)	(−0.59)
PFA	−0.010	−0.038
	(−0.25)	(−1.36)
CR	−0.002	−0.001
	(−0.91)	(−0.78)
Lnage	−0.019	−0.002
	(−1.34)	(−0.16)

续表

变量	市场化进程高	市场化进程低
	(1) *number*	(2) *number*
_cons	−1.342***	−1.234***
	(−8.31)	(−8.97)
Year	控制	控制
Industry	控制	控制
N	714	1165
Adj.R−Square	0.357	0.380

注：括号内的数值是 *t* 值，***、** 和 * 分别表示 1%、5%和 10%的水平下显著。

表 5.17 报告了非高新技术企业调节效应的检验结果。回归（1）和回归（3）显示，税收优惠强度（*PIT*）的影响系数分别为 0.115 和 0.097，均在 1%的水平上显著，从数量视角来看，说明市场化进程不对税收优惠强度与非高新技术企业创新质量的关系产生显著调节效应。对比回归（2）和回归（4），在市场化进程高的区域，税收优惠强度（*PIT*）虽然也与创新质量的结构指标（*structure*）正相关，但影响系数不显著；在市场化进程低的区域，税收优惠强度能够显著促进企业创新质量的结构优化，即市场化进程在税收优惠强度与非高新技术企业结构指标的关系产生显著调节效应。可见，对非高新技术企业而言，相对劣势的外部环境反而能够激励企业充分利用税收优惠政策从数量和结构两个方面提升创新质量。

表 5.17　税收优惠强度对企业创新质量的作用环境——非高新技术企业（现象定位）

变量	市场化进程高 （*MP*＝1）		市场化进程低 （*MP*＝0）	
	(1) *number*	(2) *structure*	(3) *number*	(4) *structure*
PIT	0.115***	0.062	0.097***	0.085**
	(2.95)	(1.15)	(3.37)	(2.16)
Lev	−0.049	−0.049	−0.095***	−0.039
	(−1.45)	(−1.03)	(−3.33)	(−0.99)

续表

变量	市场化进程高（$MP=1$）		市场化进程低（$MP=0$）	
	(1) *number*	(2) *structure*	(3) *number*	(4) *structure*
Size	0.089***	0.008	0.076***	−0.003
	(19.61)	(1.28)	(21.05)	(−0.51)
Profit	−0.089	−0.012	−0.056	0.037
	(−1.50)	(−0.15)	(−1.16)	(0.56)
PFA	−0.053	0.033	−0.027	−0.004
	(−1.36)	(0.60)	(−0.95)	(−0.10)
CR	−0.001	0.001	−0.003	0.006**
	(−0.47)	(0.31)	(−1.35)	(2.07)
Lnage	0.001	0.049***	−0.001	0.048***
	(0.04)	(2.61)	(−0.10)	(3.42)
_ *cons*	−1.559***	0.069	−1.482***	0.233*
	(−14.42)	(0.46)	(−14.43)	(1.66)
Year	控制	控制	控制	控制
Industry	控制	控制	控制	控制
N	799	799	1292	1292
Adj. R−Square	0.521	0.371	0.434	0.309

注：括号内的数值是 t 值，***、** 和 * 分别表示 1%、5%和 10%的水平下显著。

四、税收优惠强度对企业创新质量的作用传递

企业开展创新活动的最终目的是增强核心竞争力，促进企业价值提升，激发微观市场活力。王维、刘伟（2017）发现企业创新能够显著提高企业价值，王昌荣、李娜（2018）和刘辉、滕浩（2020）的研究发现增加创新投入有利于促进企业价值的提高。也有研究表明创新质量对企业利润有显著的正向影响，发明专利作为高质量的创新产出，与企业价值存在正相关性（Tseng，Wu，2007；Burrus，Edward Graham，Jones，2018；张琴，2018）。Shaio－Yan

Huang 等（2018）研究了研发能力、研发质量与企业价值的关系，发现研发能力与研发质量正相关，研发质量的提升会影响企业的会计和市场表现，从而对企业价值产生正向影响。基于此，为进一步验证税收优惠对企业创新质量的作用传递，即在税收优惠对企业创新质量产生显著激励效应的样本组中，创新质量的提升能否对企业价值产生正向作用。结合上文的研究结果，借鉴 Tseng，Wu（2007）和黎文靖、郑曼妮（2016）的研究，用企业下一期的托宾 Q 值（*TobinQ*）来衡量企业价值，借助模型（5－6）和模型（5－7），对上述税收优惠强度对企业创新质量产生显著激励的市场化进程高的高新技术企业、市场化进程高的非高新技术企业和市场化进程低的非高新技术企业三个样本组进行检验，考察创新质量对企业价值的影响。

表 5.18 报告了税收优惠强度对企业创新质量作用传递的回归结果，因在市场化进程高的高新技术企业和非高新技术企业中，税收优惠强度均只对创新质量的数量指标产生显著激励，故此处只考察数量指标对企业价值的影响。回归（1）中，创新质量数量指标（*number*）的影响系数为 0.595，但未通过显著性检验，说明在市场化进程高的高新技术企业中，虽然税收优惠强度的增加能促进企业从数量视角提升创新质量，但这一作用并未传递到企业价值的提升上，创新质量的提升还未能转化为企业的生产力，未能对企业价值产生显著正面效应。回归（2）中，创新质量数量指标（*number*）的影响系数为 0.935，在 10%的水平上显著，说明在市场化进程较高的非高新技术企业中，创新质量的提升能够对企业价值产生显著激励，即税收优惠强度对创新质量的作用产生显著传递效应，能够促进微观企业的绩效提升。回归（3）和回归（4）显示，创新质量数量指标（*number*）和结构指标（*structure*）的影响系数分别为 1.233 和 0.675，均通过了显著性检验，说明在市场化进程低的非高新技术企业中，税收优惠强度对创新质量数量指标和结构指标的平衡促进作用均能传递到企业价值上。

表 5.18 税收优惠强度对企业创新质量的作用传递（现象延伸）

变量	高新技术企业（市场化进程高）	非高新技术企业（市场化进程高）	非高新技术企业（市场化进程低）	
	(1) *TobinQ*	(2) *TobinQ*	(3) *TobinQ*	(4) *TobinQ*
number	0.595	0.935*	1.233***	
	(1.58)	(1.95)	(3.51)	

续表

变量	高新技术企业（市场化进程高）	非高新技术企业（市场化进程高）	非高新技术企业（市场化进程低）	
	(1) *TobinQ*	(2) *TobinQ*	(3) *TobinQ*	(4) *TobinQ*
structure				0.675***
				(2.61)
Lev	−0.979***	−1.109**	−0.357	−0.457
	(−2.59)	(−2.49)	(−1.00)	(−1.29)
Size	−0.656***	−0.671***	−0.671***	−0.577***
	(−10.10)	(−9.17)	(−13.05)	(−12.99)
Profit	5.299***	6.417***	3.876***	3.806***
	(7.37)	(8.67)	(6.81)	(6.67)
PFA	−0.835**	−0.855*	−0.208	−0.249
	(−2.13)	(−1.70)	(−0.59)	(−0.70)
CR	−0.044**	−0.043	0.118***	0.110***
	(−2.09)	(−1.53)	(4.74)	(4.41)
Lnage	−0.023	−0.056	−0.189	−0.221*
	(−0.17)	(−0.32)	(−1.51)	(−1.74)
_*cons*	16.231***	17.771***	16.890***	14.948***
	(10.05)	(11.31)	(12.62)	(11.98)
Year	控制	控制	控制	控制
Industry	控制	控制	控制	控制
N	714	799	1292	1292
Adj.R−Square	0.496	0.556	0.585	0.583

注：括号内的数值是 *t* 值，***、** 和 * 分别表示 1%、5%和 10%的水平下显著。

可见，高新技术企业享受的税收优惠政策较多，但政策效用的发挥明显弱于非高新技术企业，既未通过税收优惠实现创新质量的平衡发展，也未能借助创新质量数量指标的增长来提升企业价值。非高新技术企业能够实现“税收优惠强度——创新质量——企业价值”之间的作用传递，尤其是市场化进程较低的非高新技术企业，既能通过税收优惠达到创新质量数量和结构指标的平衡提升，也能将创新质量的提升转化为企业的生产力，进而有效促进企业价值的增长。

第六节　本章小结

本章基于我国创新数量和创新结构发展不平衡的现状，从“数量”和“结构”两个视角考察税收优惠强度对企业创新质量的引导效应。首先，利用熵值法构建了创新质量的综合指标体系，然后利用回归模型和中介效应模型从五个层面进行实证研究：

（1）“现象呈现”，分别从“数量”和“结构”两个视角分析税收优惠强度与企业创新质量的关系。发现从整体上看提高税收优惠强度能够从“数量”和“结构”两个方面显著促进企业创新质量提升；但从影响系数和显著性程度上看，税收优惠强度对创新质量数量指标的激励作用更强。

（2）“现象细分”，考虑到高新技术企业是技术创新的核心主体，享受的税收优惠政策较多。为检验高新技术企业是否在创新质量上具有领先优势，进一步基于技术密集程度进行异质性检验。发现这种对创新质量的平衡促进作用仅在非高新技术企业中显著，享受政策扶持较多的高新技术企业却未能实现创新质量的结构升级。意味着高新技术企业的认定标准值得重新审视，要在引导创新质量的结构优化方面多下功夫。并且不同技术密集程度的企业对税收优惠政策的反应和敏感程度不同，亟需差异化的政策支持。

（3）“现象剖析”，构建中介效应模型，剖析税收优惠强度与创新质量的作用机制，考察创新投入的中介作用。发现创新投入是税收优惠影响创新质量结构的重要媒介，要实现创新质量的提升，尤其是创新质量的结构优化，创新投入的积累是基本前提。在前提条件满足的情况下还要强化对创新成果的激励，提高企业自身的创新意识，才能实现“量变到质变”的升华。

（4）“现象定位”，将外部环境因素纳入研究范围，考察市场化进程对作用效果的调节效应。发现外部市场化进程对税收优惠强度与企业创新质量的关系产生显著调节效应；市场化进程的高低会影响创新过程中的市场失灵，进而调节企业对外部政策支持的依赖程度。市场化进程低的非高新技术企业在自身技术实力和外部资源条件上均处于劣势，创新过程中出现市场失灵的可能性较大，更依赖税收优惠政策；税收优惠强度能够促进这类企业从“数量”和“结构”两个方面提升创新质量。

（5）“现象延伸”，进一步探讨税收优惠强度对企业创新质量的作用能否传递到企业价值上。发现在高新技术企业中，传递效应不显著，在非高新技术企业中，传递效应显著。尤其是市场化进程较低的非高新技术企业，不仅通过税收优惠实现了创新质量的平衡提升；也能将创新质量的提升转化为内在生产力，进而有效促进企业价值的增长。

基于本章的研究结果，有如下政策启示：

（1）落实“结构性”减税，探索多元化税收优惠策略。现有扶持企业创新的税收优惠政策以企业所得税为主，作用对象主要是创新投入，难以对创新质量产生直接激励。应调整税收优惠政策的结构，利用流转税加大对高质量创新成果的优惠力度；配合个人所得税，给予高水平研发人员政策福利。通过多元化的结构性减税体系来引导企业优化创新结构，促进创新数量和创新质量的平衡发展。

（2）实行差异化的税制设计，避免“一刀切”的管理模式。要完善高新技术企业认定标准与考核机制，增加能够反映创新质量和创新结构的综合性指标，激发创新潜能。对非高新技术企业要加大税收优惠的扶持力度，最大限度发挥政策效用，充分调动其开展高质量创新的积极性。

（3）提高企业的创新意识，引导企业树立正确的创新偏好。在国家不断加强的创新税收优惠政策下，企业要树立危机意识，注重事关长远发展的创新数量与创新结构之间的平衡。提升创新失败容忍度，在财务资源上留有机动财力，为开展高质量的创新活动、实现创新质量的结构升级提供资金保障。

（4）增强创新质量的传递效应，强化企业尤其是高新技术企业对创新成果的利用。激励企业将创新质量的提升转化为内在的生产力和竞争力，激发市场活力。引导企业形成“税收优惠——创新质量——企业价值”的作用传递机制，切实发挥宏观政策对企业微观财务会计行为的有效激励。

第六章　税基优惠与企业创新质量提升
——基于研发费用加计扣除视角

第一节　引　言

创新是五大新发展理念之首，《中华人民共和国国民经济和社会发展第十三个五年规划纲要》也明确指出须把创新摆在国家发展全局的核心位置。要发挥创新驱动作用离不开政府干预和财税政策的有效激励（Delong，Lawrence，1991；Klette，Moen，Griliches，2000）。税基优惠可通过降低应纳税所得额起到减轻企业税负的效果。研发费用加计扣除适用范围广，直接作用于企业的研发支出，是扶持企业创新中最典型的税基优惠政策。虽然固定资产加速折旧政策也会影响加速折旧当期的应纳税所得额，但从实质上看它只是让企业延期纳税，并不属于严格意义上的税基优惠。此外，为扶持中小企业创新，国家规定对投资于未上市中小高新技术企业和初创科技型企业投资额的70%可抵减应纳税所得额，该项政策虽然属于税基优惠的范畴，但其适用范围较窄，对投资年限、投资主体以及被投资主体均有限制，并不具有代表性。故本章基于研发费用加计扣除的视角来研究税基优惠与企业创新质量的关系。

研发费用加计扣除是对企业的研发创新行为给予一定比例税式补贴的税收优惠政策，是推动技术创新、助力供给侧结构性改革的重要政策工具，被写入了《"十三五"国家科技创新规划》和《国家创新驱动发展战略纲要》等重要政策文件（汪冲、江笑云，2018；王军，2018）。研发费用加计扣除税基优惠在降低企业税收负担方面成效显著，减免税额从2009年的150.4亿元上升到了2015年的449.3亿元，[①] 增长率为198.74%。同时，新一轮研发费用加计

① 数据来源于《工业企业科技活动统计年鉴2010》、《工业企业科技活动统计年鉴2016》

扣除比例的提高可为企业减税 650 亿元。①

研发费用加计扣除税基优惠对企业创新的促进作用也得到了学术界的广泛认可。陈海声、陶羽华（2016）和刘圻、何钰、杨德伟（2012）的研究表明研发费用加计扣除能显著促进企业加大研发投入；兰贵良、张友棠（2018）发现加计扣除税收优惠政策对创新产出也具有显著激励效应；李闻一等（2019），任海云、聂景春（2018），王登礼、赖先进、郭京京（2018）发现研发费用加计扣除政策对企业创新的激励效应具有明显的异质性特征。然而，现有文献主要探讨研发费用加计扣除与企业创新投入和创新产出的关系，侧重于从"数量"上来解释研发费用加计扣除政策的实施效果，很少从"质量"提升的角度来分析该政策对企业创新的影响。部分企业过度追求创新"数量"和"速度"忽视了创新"质量"和"水平"，可能导致创新扭曲行为（余泳泽、张先轸，2015；杨晓妹、刘文龙，2019）。只有兼顾创新数量与创新质量才能获得更好的创新效果，从而推动国家科技实力的强大（蔡绍洪、俞立平，2017）。如前面第四章所述，在一系列优惠政策的扶持下，近年来我国创新数量急剧上升，但高质量专利成果与低质量专利成果的差距并未明显缩小，创新数量和创新结构的发展不平衡，创新活动还普遍存在数量大，质量低的问题。

基于上述研究不足和我国创新活动的现状，本章试图从"数量"和"结构"两个方面探讨研发费用加计扣除税基优惠与企业创新质量提升的关系。在进一步研究中对高新技术企业和非高新技术企业进行异质性检验，并引入中介效应模型，考察创新投入是否在两者的关系中发挥中介作用。同时考虑到研发支出的会计核算存在隐性空间，为管理层操控研发支出的会计处理、进行盈余管理提供了契机（王燕妮、张书菊、王方，2013；许罡、朱卫东，2010），本章还探讨了盈余管理的调节效应，此外，还基于研发费用加计扣除政策的发展变化，考察了制度背景对调节效应的影响。最后将企业价值纳入研究范围，探讨研发费用加计扣除对企业创新质量的作用能否传递到企业价值上。

可能的贡献有：一是，从"数量"和"结构"视角揭示了研发费用加计扣除税基优惠对企业创新质量的促进作用，拓展了宏观税收政策与微观创新行为的研究思路，为综合评价该项政策的实施效果提供了新的经验证据。二是，验证了创新投入的中介作用和盈余管理的负向调节效应，有助于更好地理解研发费用加计扣除与企业创新之间的传导机制和影响机理，为完善研发费用加计扣

---

① 国家税务总局网站：http://www.chinatax.gov.cn/n810219/n810744/n3762897/n3762912/c3805901/content.html。

除的制度设计提供了思路。三是，考察了研发费用加计扣除对企业创新质量的作用能否传递到企业价值上，发现高新技术企业的传递效应不够充分，为进一步强化研发费用加计扣除对创新成果转化的引导提供了佐证。

第二节　理论分析与研究假设

一、理论分析

研发费用加计扣除的本质是将研发费用按照大于1的一定比例计提记入成本，从而减少应税基数，最终为企业节约了投资成本（吴松彬、黄惠丹、张凯，2019）。借鉴程瑶、闫慧慧（2018）提出的企业研发投入资本成本公式进一步分析，企业开展创新活动的前提是研发创新项目所带来的收益大于对该创新项目进行研发投入的资金成本 C。在企业不存在自有资金的假设前提下，研发创新的资金投入来源于股权融资和债权融资两个方面，假设两者的单位融资成本分别为 C_1 和 C_2，权重分别为 α 和 β，则有 $\alpha+\beta=1$。假设该研发创新项目总投资为 I，不考虑折旧和通货膨胀，则企业研发投入的资金成本为：

$$C=I\cdot(\alpha\cdot C_1+\beta\cdot C_2) \tag{1}$$

在不存在税收优惠时，假定企业所得税税率为 t，企业税后收益为 $(1-t)\cdot R$，此时，企业开展创新活动需满足税后收益 $(1-t)\cdot R$ 大于研发投入的资金成本 C 这一前提条件，则资金的使用成本为：

$$C'=\frac{C}{1-t}=\frac{I(\alpha\cdot C_1+\beta\cdot C_2)}{1-t} \tag{2}$$

假定政府实施研发费用加计扣除政策，允许研发费用 X 按照扣除率 λ 在税前加计扣除，则企业开展创新活动的资金条件为 $R-(R-\lambda X)t>C$，此时资金的使用成本为：

$$C''=\frac{C}{1-t}=\frac{I(\alpha\cdot C_1+\beta\cdot C_2)}{1-t}-\frac{\lambda Xt}{1-t} \tag{3}$$

式（3）与式（2）相比，研发费用加计扣除税收优惠政策的实施使企业的研发投入资金成本降低了 $\frac{\lambda Xt}{1-t}$。

可见，研发费用加计扣除税基优惠能够降低企业的研发投资成本，减少研发活动的资金占用，使研发创新带来的收益内部化，增加企业的可支配现金，从而在一定程度上促进企业开展创新活动。

二、研究假设

研发费用加计扣除作为扶持研发创新的关键性税收优惠举措，其对企业创新的促进作用从多个角度得到了验证。陈海声、陶羽华（2016）；刘圻、何钰、杨德伟（2012）的研究表明研发费用加计扣除优惠强度与企业研发投资存在显著正相关性，我国研发费用加计扣除政策达到了预期的效果。同时，研发费用加计扣除政策对企业的正向作用具有明显的异质性，既具有产权异质性和地区异质性（李闻一等，2019；李新等，2019），也具有行业异质性、创新主体异质性和规模异质性（任海云、宋伟宸，2017；王登礼、赖先进、郭京京，2018）。在产权异质性方面，相比国有企业而言，非国有企业本身享受的政策相对较少，对研发费用加计扣除政策的反映更为敏感（李新等，2019）。在地区异质性上，现有研究从不同的视角分析得出了不同的结论：陈海声、陶羽华（2016）认为市场化进程高的地区，商品流程和回收资金的速度均较快，研发费用加计扣除政策的作用更显著；然而，任海云、宋伟宸（2017）的研究发现较高的市场化程度可以调动市场参与者的积极性，促进创新资源的流动，缓解企业创新的融资约束问题，从而降低对研发费用加计扣除税收优惠政策的依赖性，政策效果在市场化进程高的地区反而不显著。在行业异质性方面，任海云、宋伟宸（2017）认为高技术企业享受的低税率优惠会一定程度上抵消研发费用加计扣除政策的激励效应；高技术企业技术变革较快，对创新的需求也较大，自身的研发风险控制体系也相对完善；并通过实证研究发现研发费用加计扣除对高技术企业的激励效果反而弱于低技术企业。

从现有研究结论来看，虽然研发费用加计扣除对企业创新质量的作用受到异质性因素的影响，但其对企业创新具有促进作用的基本方向是统一的。研发创新税收优惠政策的最终目的是促进企业将创新成果转化为生产力，进而提高企业的生产效果和宏观经济效益（张信东、贺亚楠、马小美，2014）。研发费用加计扣除政策不仅对研发投入具有促进作用，对企业创新产出也能产生显著激励效应（兰贵良、张友棠，2018）。并且冯泽、陈凯华、戴小勇（2019）从创新链条的视角研究发现在投入端、产出端和在收益端，研发费用加计扣除对创新规模均有显著激励作用，并且对企业创新的收益强度具有显著提升效果。

从理论分析来看，研发费用加计扣除能通过降低企业的研发投资成本来激励企业开展创新活动。从实证研究结果来看，研发费用加计扣除不仅能从规模上促进创新数量的增加，也能推动创新成果的转化，从而促进企业收益的实质性提升。虽然，现有研发费用加计扣除政策尚未直接体现对创新结构的引导，但考虑到其对企业创新的激励作用强于税率优惠和固定资产加速折旧两种较为有代表性的优惠政策（韩仁月、马海涛，2019），又能促进企业创新收益的提升，故提出如下基本假设。

H6.1：基于数量视角，研发费用加计扣除能显著促进企业创新质量提升。

H6.2：基于结构视角，研发费用加计扣除能显著促进企业创新质量提升。

第三节　研究设计

一、样本选择与数据来源

基于前面第一章第四节实证框架的设计思路分关于实证分析样本数据选取说明的前提，本章选取中国 2008—2017 年沪深两市 A 股上市企业的年度数据为初始样本，按如下原则进行处理：（1）按照证监会 2012 版行业分类，剔除金融行业；（2）剔除 ST（包括*ST）类企业；（3）剔除数据有缺的样本；（4）借鉴刘放、杨筝、杨曦（2016）的做法，剔除营业利润小于 0 的观测值。最终得 2455 个观测值，为消除异常值的影响，本书对所有连续变量进行了左右 1%的 Winsorize 缩尾处理。数据均来源于 CSMAR 金融数据库，数据处理采用 Stata16.0 软件。

二、变量定义

1. 被解释变量（创新质量 *number*/*structure*）：第五章表 5.1 通过熵值法计算的创新质量的综合指标。

2. 解释变量（研发费用加计扣除 *Deduction*）：借鉴刘圻、何钰、杨德伟（2012）和王芸、陈蕾（2016）的做法，以企业研发费用税前扣除带来的研发投资成本减少量除以总资产来衡量研发支出加计扣除优惠强度。

3. 异质性变量（技术密集程度 *HTE*）：借鉴程曦、蔡秀云（2017）的做法，根据技术密集程度将样本划分为高新技术企业与非高新技术企业。

4. 中介变量（企业创新投入 *R&D*）：借鉴刘放、杨筝、杨曦（2016）和黄珺、贺国亮（2017）的做法，用企业当年的研发支出占主营业务收入之比来衡量。

5. 调节变量（盈余管理 *DA*）：借鉴杜瑞、李延喜（2018）的做法在修正琼斯模型的基础上，将剔除可操控应计利润中研发投入影响后的绝对值作为盈余管理程度的衡量指标。

6. 延伸变量（企业价值 *TobinQ*）：借鉴 Tseng，Wu（2007）；黎文靖、郑曼妮（2016）和黄珺、贺国亮（2017）的研究，用企业下一期的托宾 Q 值来衡量。

7. 控制变量：借鉴刘放、杨筝、杨曦（2016）和张帆、张友斗（2018）的做法，将资产负债率 *Lev*、企业规模 *Size*、盈利能力 *Profit*、资本密集程度 *PFA*、流动比例 *CR*、企业年龄 *Lnage* 作为控制变量。*Industry* 为行业效应，*Year* 为时间效应。变量定义见表 6.1。

表 6.1 主要变量定义

变量类别	变量名	变量符号	变量描述
被解释变量	创新质量——数量视角	*number*	表 5.1 中通过熵值法计算的综合数量指标
	创新质量——结构视角	*structure*	表 5.1 中通过熵值法计算的综合结构指标
解释变量	研发费用加计扣除	*Deduction*	（研发费用×加计扣除比例×所得税法定税率）/总资产
异质性变量	技术密集程度	*HTE*	高新技术企业取值为 1，非高新技术企业取值为 0
中介变量	创新投入	*R&D*	研发支出/主营业务收入
调节变量	盈余管理	*DA*	剔除研发影响的可操控应计利润的绝对值
延伸变量	企业价值	*TobinQ*①	市值/企业账面资产

① 数据来源：国泰安 CSMAR 数据库

续表

变量类别	变量名	变量符号	变量描述
控制变量	企业规模	*Size*	企业资产总额的自然对数
	盈利能力	*Profit*	净利润/营业收入
	资产负债率	*Lev*	负债总额/资产总额
	资本密集程度	*PFA*	固定资产净额/资产总额
	流动比率	*CR*	流动资产/流动负债
	企业年龄	*Lnage*	企业年龄的自然对数
	行业效应	*Industry*	当样本属于该行业时取 1，否则为 0
	时间效应	*Year*	当样本为该年度时取 1，否则为 0

三、模型设计

本章主要进行 5 个层次的实证研究：一是“现象呈现”，对全样本进行实证研究，从“数量”和“结构”两个维度呈现研发费用加计扣除对企业创新质量的作用效果，评价该政策能否从整体上促进创新质量的平衡发展。二是“现象细分”，根据企业技术密集程度将样本分为高新技术企业和非高新技术企业，检验研发费用加计扣除的作用效果是否存在差异。三是“现象剖析”，剖析研发费用加计扣除对企业创新质量的作用机制，考察创新投入的中介作用，并对比高新技术企业和非高新技术企业的差异。四是“现象定位”，剖析研发费用加计扣除对企业创新质量的作用环境，考察盈余管理的调节效应，对比高新技术企业和非高新技术企业的差异，并研究了有关制度环境变化对调节效应的影响。五是“现象延伸”，进一步探讨研发费用加计扣除对企业创新质量的促进作用能否传递到企业价值上，即研发费用加计扣除带来的创新质量的提升能否达到增强企业价值的效果。

为此，本书构建如下模型。

1. 基准回归模型。

为从“数量”和“结构”两个视角检验研发费用加计扣除对企业创新质量的影响，借鉴胡华夏、洪荭、肖露璐（2017）；程曦、蔡秀云（2017）的研究，构建如下基准回归模型进行上述第一个和第二个层次的研究，模型（6－1）和模型（6－2），分别检验假设 H6. 1 和假设 H6. 2。

$$number_{i,t} = \alpha_0 + \alpha_1 Deduction_{i,t} + \alpha_j \sum_j controls + \sum Industry_i + \sum Year_i + \varepsilon_{1i} \quad (6-1)$$

$$structure_{i,t} = \beta_0 + \beta_1 Deduction_{i,t} + \beta_j \sum_j controls + \sum Industry_i + \sum Year_i + \varepsilon_{2i} \quad (6-2)$$

2. 中介效应模型。

进一步考察创新投入能否在研发费用加计扣除与企业创新质量的关系中发挥中介作用。借鉴 Baron RM（1986）和温忠麟等（2004）的研究，构建如下中介效应模型（6－3）、模型（6－4）和模型（6－5），进行上述第三个层次的研究。

$$R\&D_{i,t} = \lambda_0 + \lambda_1 Deduction_{i,t} + \lambda_j \sum_j controls + \sum Industry_i + \sum Year_i + \mu_{1i} \quad (6-3)$$

$$number_{i,t} = \omega_0 + \omega_1 Deduction_{i,t} + \omega_2 R\&D + \omega_j \sum_j controls + \sum Industry_i + \sum Year_i + \mu_{2i} \quad (6-4)$$

$$structure_{i,t} = \eta_0 + \eta_1 Deduction_{i,t} + \eta_2 R\&D + \eta_j \sum_j controls + \sum Industry_i + \sum Year_i + \mu_{3i} \quad (6-5)$$

3. 调节效应模型。

为考察盈余管理的调节效应，借鉴杜瑞、李延喜（2018）的做法在修正琼斯模型的基础上，剔除可操控应计利润中研发投入的影响，将绝对值作为盈余管理程度的衡量指标，利用公式（6－6）、公式（6－7）和公式（6－8）计算盈余管理程度。

$$\frac{TA_{i,t}}{Asset_{i,t-1}} = \theta_0 + \theta_1 \frac{1}{Asset_{i,t-1}} + \theta_2 \frac{(REV_{i,t} - \Delta REC_{i,t})}{Asset_{i,t-1}} + \theta_3 \frac{PPE_{i,t}}{Asset_{i,t-1}} + \theta_4 \frac{RD_{i,t}}{Asset_{i,t-1}} + \sigma_{i,t} \quad (6-6)$$

$$EM_{i,t} = \frac{TA_{i,t}}{Asset_{i,t-1}} - \left[\hat{\theta}_0 + \theta\hat{\theta}_1 \frac{1}{Asset_{i,t-1}} + \hat{\theta}_2 \frac{(REV_{i,t} - \Delta REC_{i,t})}{Asset_{i,t-1}} + \hat{\theta}_3 \frac{PPE_{i,t}}{Asset_{i,t-1}} \hat{\theta}_4 \frac{RD_{i,t}}{Asset_{i,t-1}} + \sigma_{i,t}\right] \quad (6-7)$$

$$DA_{i,t} = |EM_{i,t}| \quad (6-8)$$

构建回归模型（6－9）和模型（6－10），进行上述第四个层次的研究。

$$number_{i,t} = \chi_0 + \chi_1 Deduction_{i,t} + \chi_2 DA_{i,t} + \chi_3 DA * Deduction_{i,t} + \chi_j \sum_j controls + \sum Industry_i + \sum Year_i + \delta_{1i} \tag{6-9}$$

$$structure_{i,t} = \kappa_0 + \kappa_1 Deduction_{i,t} + \kappa_2 DA_{i,t} + \kappa_3 DA * Deduction_{i,t} + \kappa_j \sum_j controls + \sum Industry_i + \sum Year_i + \delta_{2i} \tag{6-10}$$

4. 借鉴 Tseng，Wu（2007）黎文靖、郑曼妮（2016）和黄珺、贺国亮（2017）的研究用企业下一期的托宾 Q 值（*TobinQ*）来衡量企业价值，构建如下模型（6－11）和模型（6－12），对研发费用加计扣除对企业创新质量产生显著激励效应的样本组作进一步检验，探讨创新质量的提升能否促进企业价值增长，研发费用加计扣除对企业创新质量的作用能否产生传递效应，进行上述第五个层次的研究。

$$TobinQ_{i,t+1} = \upsilon_0 + \upsilon_1 number_{i,t} + \upsilon_j \sum_j controls + \sum Industry_i + \sum Year_i + \sigma_{1i} \tag{6-11}$$

$$TobinQ_{i,t+1} = \psi_0 + \psi_1 structure_{i,t} + \psi_j \sum_j controls + \sum Industry_i + \sum Year_i + \sigma_{2i} \tag{6-12}$$

第四节 实证过程与结果分析

一、描述性统计、相关性分析与多重共线性检验

（一）描述性统计

表 6.2 报告了变量的描述性统计结果。研发费用加计扣除（*Deduction*）的均值和中位数相等，均为 0.002，且标准差较小，说明样本间研发费用加计扣除强度的离散程度较小。创新投入（*R&D*）的标准差较小，为 0.047，明显低于创新质量数量和结构指标的标准差，说明与创新质量相比企业创新投入的发展较为统一，研发费用加计扣除对企业创新质量的影响值得重点研究。同时，对比创新质量的数量指标（*number*）与结构指标（*structure*），发现数量

指标的标准差为 0.120，明显低于结构指标的标准差 0.161，这在一定程度上说明样本内部创新质量的结构差异相对较大，创新质量的数量和结构指标发展不平衡，从“数量”和“结构”两个方面来衡量创新质量很有必要。

表 6.2　主要变量描述性统计结果

变量	均值	中位数	标准差	最大值	最小值
Deduction	0.002	0.002	0.002	0.010	0.000
number	0.297	0.282	0.120	0.666	0.072
structure	0.225	0.176	0.161	0.691	0.025
R&D	0.057	0.043	0.047	0.282	0.001
DA	0.059	0.046	0.051	0.257	0.001
TobinQ	2.280	1.750	1.810	9.700	0.223
Lev	0.361	0.340	0.178	0.769	0.052
Size	22.000	21.900	1.070	25.500	20.000
Profit	0.114	0.097	0.083	0.398	0.003
PFA	0.191	0.166	0.125	0.574	0.010
CR	2.850	1.970	2.670	17.300	0.521
Lnage	2.760	2.770	0.314	3.370	1.950

注：描述性统计使用的是进行了左右 1% Winsorize 缩尾处理后的数据

（二）相关性分析

表 6.3 为主要变量的 Pearson 相关性系数，下三角为创新质量数量视角（*number*）的相关性系数，上三角为创新质量结构视角（*structure*）的相关性系数，从表 6.3 初步可以看出研发费用加计扣除税基优惠与创新质量的数量和结构指标均呈显著正相关性，与研究假设基本一致，后续将借助多元回归分析模型作进一步验证。

表 6.3　主要变量的相关性分析结果

	number/*structure*	*Deduction*	*lev*	*Size*	*Profit*	*PFA*	*CR*	*Lnage*
number/*structure*	1	0.063***	−0.166***	−0.111***	0.137***	0.007	0.152***	0.051**
Deduction	0.093***	1	−0.090***	−0.109***	−0.013	−0.077***	0.058***	−0.049**

续表

	number/structure	*Deduction*	*lev*	*Size*	*Profit*	*PFA*	*CR*	*Lnage*
Lev	0.235***	−0.090***	1	0.559***	−0.460***	0.105***	−0.566***	0.182***
Size	0.503***	−0.109***	0.559***	1	−0.156***	0.103***	−0.321***	0.187***
Profit	−0.073***	−0.013	−0.460***	−0.156***	1	−0.203***	0.396***	−0.086***
PFA	−0.029	−0.077***	0.105***	0.103***	−0.203***	1	−0.202***	0.074***
CR	−0.133***	0.058***	−0.566***	−0.321***	0.396***	−0.202***	1	−0.109***
Lnage	0.053***	−0.049**	0.182***	0.187***	0.396***	0.074***	−0.109***	1

（三）多重共线性检验

借鉴胡华夏、洪荭、肖露璐（2017）的研究，利用方差膨胀因子（VIF）对除被解释变量以外的所有变量进行多重共线性检验。当 0 < VIF < 10 时，说明不存在多重共线性。如表 6.4 的检验结果显示，所有变量的 VIF 值均较小，可以认为模型不存在多重共线性问题。

表 6.4 主要变量多重共线性检验结果

变量	均值
R&D	1.33
TobinQ	1.68
DA	1.05
Lev	2.59
Size	1.85
Profit	1.53
PFA	1.15
CR	2.05
Lnage	1.07
Mean vif	1.59

注：多重共线性检验使用的是进行了左右 1% Winsorize 缩尾处理后的数据。

二、研发费用加计扣除对企业创新质量的作用效果

表6.5报告了研发费用加计扣除对企业创新质量的影响。回归（1）和回归（2）的影响系数分别为17.826和11.402，均在1%的水平上显著，说明研发费用加计扣除能从数量和结构两个方面显著促进企业创新质量提升，假设H6.1和假设H6.2均得到了验证。

进一步比较回归（1）和回归（2）的结果发现，资产负债率（*Lev*）对创新质量的数量指标（*number*）产生显著负向作用，影响系数为−0.035，但对创新质量结构指标（*structure*）的负向作用并不显著，说明当企业出现财务困难时可能首先会考虑从量上来削减创新支出。企业规模（*Size*）对创新质量数量指标（*number*）的影响系数为0.076，在1%的水平上显著，对创新质量的结构指标（*number*）虽然也产生激励作用，但影响系数并未通过显著性检验，说明随着企业规模的扩大，首先考虑的还是通过数量增长来提升创新质量，优化创新结构的意识还相对比较淡薄。流动比率（*CR*）对创新质量结构指标（*structure*）具有显著激励效应，影响系数为0.004，但对创新质量数量指标（number）的影响并不显著，说明资产流动性较好的企业在优化创新质量的结构方面更有优势。

表6.5　研发费用加计扣除对企业创新质量的作用效果（现象呈现）

变量	(1) *number*	(2) *structure*
Deduction	17.826***	11.402***
	(15.23)	(6.89)
Lev	−0.035**	−0.020
	(−2.01)	(−0.80)
Size	0.076***	0.001
	(31.15)	(0.29)
Profit	0.024	0.046
	(0.83)	(1.13)
PFA	−0.011	−0.033
	(−0.57)	(−1.23)

续表

变量	(1) *number*	(2) *structure*
CR	−0.001	0.004***
	(−1.06)	(3.11)
Lnage	−0.001	0.020**
	(−0.19)	(2.29)
_ *cons*	−1.453***	0.168
	(−16.21)	(1.32)
Year	控制	控制
Industry	控制	控制
N	2455	2455
Adj. R−Square	0.415	0.356

注：括号内的数值是 *t* 值，*** 、** 和 * 分别表示 1%、5%和 10%的水平下显著。

三、稳健性检验

为了保证基准回归研究结果的可靠性和稳健性，本书采用如下方法进行稳健性检验。

1. 采用固定效应模型对样本进行模型（6−1）和模型（6−2）的回归分析，因样本所属行业不随时间变化，所以此处检验不控制行业。回归结果如表 6.6 所示。研发费用加计扣除（*Deduction*）对企业创新质量数量指标（*number*）和创新质量结构指标（*structure*）的影响系数分别为 20.721 和 11.650，均在 1%的水平上显著，与主回归的主要结论保持一致。

表 6.6　研发费用加计扣除对企业创新质量作用效果的稳健性检验——固定效应模型

变量	(1) *number*	(2) *structure*
Deduction	20.721***	11.650***
	(17.90)	(6.44)
Lev	−0.035*	−0.072***
	(−1.96)	(−2.61)

续表

变量	(1) *number*	(2) *structure*
Size	0.065***	0.001
	(27.23)	(0.38)
Profit	−0.007	0.143***
	(−0.25)	(3.23)
PFA	−0.042**	0.058**
	(−2.55)	(2.23)
CR	−0.001	0.004**
	(−0.51)	(2.39)
Lnage	−0.005	0.044***
	(−0.78)	(4.40)
_ *cons*	−1.145***	0.030
	(−22.19)	(0.38)
Year	控制	控制
N	2455	2455
Adj. *R*−*Square*	0.315	0.046

注：括号内的数值是 t 值，***、** 和 * 分别表示 1%、5%和 10%的水平下显著。

2. 替换被解释变量。借鉴黎文靖、郑曼妮（2016）的研究，将反映企业开展实质性创新活动的发明专利申请数（N_apply）和发明专利申请率（S_apply）分别从数量和结构两个方面衡量创新质量，构建如下回归模型（6−13）和模型（6−14），回归结果如表 6.7 所示，研发费用加计扣除（*Deduction*）对企业创新质量数量指标（N_apply）和创新质量结构指标（S_apply）的影响系数分别为 160.537 和 150.174，均在 1%的水平上显著，说明本书的主要结论具有稳健性。

$$N\_apply_{i,t} = \varphi_0 + \varphi_1 Deduction_{i,t} + \varphi_j \sum_j controls + \sum Industry_i + \sum Year_i + \delta_{1i} \quad (6-13)$$

$$S\_apply_{i,t} = \varphi_0 + \varphi_1 Deduction_{i,t} + \varphi_j \sum_j controls + \sum Industry_i + \sum Year_i + \delta_{2i} \quad (6-14)$$

表 6.7 研发费用加计扣除对企业创新质量作用效果的稳健性检验——变量替换

变量	(1) *N _ apply*	(2) *S _ apply*
Deduction	160.537***	150.174***
	(13.56)	(12.59)
Lev	−0.178	−0.412**
	(−1.01)	(−2.31)
Size	0.721***	0.645***
	(29.25)	(25.96)
Profit	0.728**	−0.094
	(2.51)	(−0.32)
PFA	−0.163	−0.038
	(−0.85)	(−0.20)
CR	−0.019*	−0.005
	(−1.85)	(−0.47)
Lnage	−0.055	0.018
	(−0.87)	(0.28)
_ cons	−13.021***	−13.474***
	(−14.36)	(−14.74)
Year	控制	控制
Industry	控制	控制
N	2455	2455
Adj. R−Square	0.384	0.340

注：括号内的数值是 t 值，***、** 和 * 分别表示 1%、5%和 10%的水平下显著。

3. 考虑内生性。研发费用加计扣除税基优惠力度在很大程度上取决于政府决策，但创新质量提升的提升可能影响企业新一轮研发费用投入决策，进而影响其享受的研发费用加计扣除优惠力度。本章采用两种方法降低内生性影响。

(1) 将解释变量研发费用加计扣除（*Dedution*）和财务类控制变量（*Lev*、*Size*、*Profit*、*PFA*、*CR*）均滞后一期。回归结果如表 6.8 所示，研发费用加计扣除（*Deduction*）对企业创新质量数量指标（*number*）和创新质量结构指标（*structure*）的影响系数分别为 15.939 和 12.177，均在 1%的水平上显著，检验结果与基准回归保持一致。

表 6.8 研发费用加计扣除对企业创新质量作用效果的稳健性检验——考虑内生性（一）

变量	(1) *number*	(2) *structure*
Deduction	15.939***	12.177***
	(12.25)	(6.99)
Lev	−0.034*	−0.021
	(−1.73)	(−0.78)
Size	0.076***	0.005
	(25.88)	(1.21)
Profit	0.049*	−0.016
	(1.90)	(−0.46)
PFA	−0.000	−0.027
	(−0.02)	(−0.91)
CR	−0.002**	0.005***
	(−2.06)	(3.44)
Lnage	0.005	0.027***
	(0.75)	(2.76)
_*cons*	−1.499***	−13.474***
	(−17.37)	(−14.74)
Year	控制	控制
Industry	控制	控制
N	1799	1799
Adj. R−Square	0.401	0.364

注：括号内的数值是 *t* 值，***、** 和 * 分别表示 1%、5%和 10%的水平下显著。

（2）采用工具变量法，将行业内其他企业的研发费用加计扣除均值作为工具变量，通过 Cragg−Donald Wald F 统计量检验工具变量是否存在弱识别问题（Weak Identification），结果显示 F 值为 12.41>10，不存在弱识别问题；第二阶段回归结果如表 6.9 所示，创新质量数量指标（*number*）和结构指标

(*structure*)的影响系数分别为 38.895 和 55.139，均通过显著性检验，与基准回归结果保持一致。

表 6.9　研发费用加计扣除对企业创新质量作用效果的稳健性检验——考虑内生性（二）

变量	(1) *number*	(2) *structure*
Deduction	38.895***	55.139***
	(3.77)	(3.06)
Lev	−0.010	−0.023
	(−0.34)	(−0.49)
Size	0.072***	0.010*
	(18.72)	(1.80)
Profit	0.052	0.281***
	(0.83)	(2.87)
PFA	−0.013	0.136***
	(−0.50)	(3.02)
CR	−0.001	0.002*
	(−1.58)	(1.65)
Lnage	−0.004	0.054***
	(−0.36)	(3.21)
_*cons*	−1.358***	−0.201
	(−10.08)	(−0.91)
F 值	12.41	12.41

注：括号内的数值是 *t* 值，***、** 和 * 分别表示 1%、5%和 10%的水平下显著。

第五节　进一步研究

一、研发费用加计扣除对企业创新质量的作用差异

结合前面第四章的研究现状来看，我国高新技术企业发明专利申请数的占比明显高于全国平均水平，因而本章借鉴任海云、宋伟宸（2017）的研究，进一步检验研发费用加计扣除对高新技术企业和非高新技术企业的作用是否存在异质性。

表 6.10 报告了异质性检验结果，回归（1）和回归（2）显示，在高新技术企业中，研发费用加计扣除（*Deduction*）对企业创新质量数量指标（*number*）和创新质量结构指标（*structure*）均产生显著正向激励，影响系数分别为 30.732 和 15.796。回归（3）和回归（4）显示，在非高新技术企业中，研发费用加计扣除（*Deduction*）对企业创新质量数量指标（*number*）和创新质量结构指标（*structure*）也能产生显著促进作用，影响系数分别为 15.818 和 10.346。说明从作用结果来看，在高新技术企业和非高新技术企业中，研发费用加计扣除对企业创新质量的影响不存在明显的异质性特征，下面将进行现象剖析、现象定位和现象延伸的检验，分别考察创新投入的中介作用、盈余管理的调节效应以及研发费用加计扣除的这一激励效应能否传递到企业价值上，探讨研发费用加计扣除政策对这两类企业作用机制、作用环境和作用传递的差异性。

表 6.10　研发费用加计扣除对企业创新质量的作用差异（现象细分）

变量	高新		非高新	
	(1) *number*	(2) *structure*	(3) *number*	(4) *structure*
Deduction	30.732***	15.796***	15.818***	10.346***
	(12.32)	(4.49)	(11.49)	(5.29)
Lev	−0.016	0.032	−0.033	−0.059*
	(−0.61)	(0.90)	(−1.34)	(−1.66)

续表

变量	高新		非高新	
	(1) *number*	(2) *structure*	(3) *number*	(4) *structure*
Size	0.074***	−0.007	0.080***	0.008
	(19.95)	(−1.28)	(23.82)	(1.64)
Profit	0.068*	0.001	0.012	0.107 *
	(1.65)	(0.01)	(0.30)	(1.83)
PFA	−0.001	−0.027	−0.017	−0.040
	(−0.02)	(−0.68)	(−0.65)	(1.05)
CR	−0.001	0.006***	−0.001	0.003
	(−0.99)	(3.27)	(−0.52)	(1.05)
Lnage	0.001	−0.010	−0.003	0.043***
	(0.16)	(−0.01)	(−0.33)	(3.53)
_*cons*	−1.454***	0.794***	−1.586***	−0.152
	(−9.76)	(3.77)	(−14.44)	(−0.98)
Year	控制	控制	控制	控制
Industry	控制	控制	控制	控制
N	1113	1113	1342	1342
Adj. R−Square	0.421	0.392	0.425	0.336

注：括号内的数值是 t 值，***、** 和 * 分别表示 1%、5%和 10%的水平下显著。

二、研发费用加计扣除对企业创新质量的作用机制

从理论分析来看，研发费用加计扣除政策的直接作用对象是研发投入成本，通过降低成本、增加企业的可支配收入来激励企业进行创新投入。李新等（2019）认为仅仅通过创新投入的增加来评价研发费用加计扣除政策的效果并不全面，陈曦（2019）发现研发费用加计扣除能够通过促进企业的创新投入从而提高企业的创新绩效，即创新投入能够发挥中介作用。基于此，借助模型（6−1）至模型（6−5）进一步研究研发费用加计扣除对企业创新质量的作用机制，考察创新投入的中介作用。

表 6.11 报告了全样本作用机制的回归结果，回归（3）显示，研发费用加计扣除对中介变量创新投入（*R&D*）具有显著激励作用，影响系数为 11.377，在 1%的水平上显著；在回归（4）和回归（5）中，中介变量创新投入（*R&D*）的影响系数分别为 0.317 和 0.639，均在 1%的水平上显著，满足中介效应检验的条件。对比回归（1）和回归（4），加入中介变量创新投入（*R&D*）并未影响研发费用加计扣除对企业创新质量数量指标（*number*）作用的显著性，影响系数由 17.826 下降为 14.224；对比回归（2）和回归（5），加入中介变量创新投入（*R&D*）亦未改变对企业创新质量结构指标（*structure*）作用的显著性，影响系数由 11.402 下降为 4.130；即在数量和结构两个方面创新投入均是重要的传导媒介，能在研发费用加计扣除与企业创新质量的关系中发挥部分中介作用。

表 6.11　研发费用加计扣除对企业创新质量的作用机制——全样本（现象剖析）

变量	(1) *number*	(2) *structure*	(3) *R&D*	(4) *number*	(5) *structure*
Deduction	17.826***	11.402***	11.377***	14.224***	4.130**
	(15.23)	(6.89)	(27.93)	(10.61)	(2.19)
R&D				0.317***	0.639***
				(5.40)	(7.76)
Lev	−0.035**	−0.020	−0.010	−0.032*	−0.014
	(−2.01)	(−0.80)	(−1.62)	(−1.84)	(−0.56)
Size	0.076***	0.001	−0.000	0.076***	0.001
	(31.15)	(0.29)	(−0.14)	(31.35)	(0.31)
Profit	0.024	0.046	0.025**	0.016	0.030
	(0.83)	(1.13)	(2.50)	(0.56)	(0.74)
PFA	−0.011	−0.033	−0.007	−0.009	−0.029
	(−0.57)	(−1.23)	(−1.04)	(−0.46)	(−1.08)
CR	−0.001	0.004***	0.004***	−0.002**	0.002
	(−1.06)	(3.11)	(11.24)	(−2.25)	(1.32)
Lnage	−0.001	0.020**	−0.012***	0.003	0.028***
	(−0.19)	(2.29)	(−5.57)	(0.43)	(3.19)

续表

变量	(1) *number*	(2) *structure*	(3) *R&D*	(4) *number*	(5) *structure*
_*cons*	−1.453***	0.168	0.026	−1.461***	0.152
	(−16.21)	(1.32)	(0.82)	(−16.39)	(1.21)
Year	控制	控制	控制	控制	控制
Industry	控制	控制	控制	控制	控制
N	2455	2455	2455	2455	2455
Adj.R−Square	0.415	0.356	0.533	0.422	0.372

注：括号内的数值是 t 值，***、** 和 * 分别表示1%、5%和10%的水平下显著。

表6.12报告了高新技术企业中创新投入中介作用的检验结果，如回归(1)和回归(2)所示，研发费用加计扣除能够显著促进高新技术企业创新质量的平衡发展。如回归(3)所示，研发费用加计扣除能够显著激励高新技术企业进行创新投入，影响系数为16.939。在回归(4)中，中介变量创新投入(*R&D*)的影响系数为0.092，但未通过显著性检验，按照中介效应模型的原理，进一步做Sobel检验，检验结果如表6.13所示，P值在5%的水平上显著，满足继续进行中介效应检验的条件；对比回归(1)和回归(4)，加入中介变量创新投入(*R&D*)并未影响研发费用加计扣除对高新技术企业创新质量数量指标(*number*)作用的显著性，影响系数由30.732下降为29.180；在回归(5)中，中介变量创新投入(*R&D*)的影响系数为0.516，在1%的水平上显著，满足中介效应的检验条件，对比回归(2)和回归(5)，加入中介变量创新投入(*R&D*)后，研发费用加计扣除的影响系数由15.796下降为7.049，且均通过了显著性检验。

表6.12　研发费用加计扣除对企业创新质量的作用机制——高新技术企业(现象剖析)

变量	(1) *number*	(2) *structure*	(3) *R&D*	(4) *number*	(5) *structure*
Deduction	30.732***	15.796***	16.939***	29.180***	7.049*
	(12.32)	(4.49)	(20.78)	(9.85)	(1.70)
R&D				0.092	0.516***
				(0.97)	(3.90)

续表

变量	(1) *number*	(2) *structure*	(3) *R&D*	(4) *number*	(5) *structure*
Lev	−0.016	0.032	−0.007	−0.015	0.036
	(−0.61)	(0.90)	(−0.90)	(−0.58)	(1.02)
Size	0.074***	−0.007	−0.002*	0.074***	−0.006
	(19.95)	(−1.28)	(−1.83)	(19.97)	(−1.06)
Profit	0.068*	0.001	0.029**	0.065	−0.014
	(1.65)	(0.01)	(2.16)	(1.58)	(−0.25)
PFA	−0.001	−0.027	−0.006	−0.000	−0.023
	(−0.02)	(−0.68)	(−0.70)	(−0.00)	(−0.60)
CR	−0.001	0.006***	0.003***	−0.002	0.004**
	(−0.99)	(3.27)	(7.78)	(−1.19)	(2.29)
Lnage	0.001	−0.010	−0.010***	0.002	−0.005
	(0.16)	(−0.01)	(−3.36)	(0.26)	(−0.42)
_*cons*	−1.454***	0.794***	0.032	−1.457***	0.778***
	(−9.76)	(3.77)	(0.65)	(−9.77)	(3.72)
Year	控制	控制	控制	控制	控制
Industry	控制	控制	控制	控制	控制
N	1113	1113	1113	1113	1113
Adj.R−Square	0.421	0.392	0.531	0.421	0.400

注：括号内的数值是 t 值，***、** 和 * 分别表示 1%、5%和 10%的水平下显著。

表 6.13 创新投入对高新技术企业创新质量数量指标的 Sobel 检验结果

变量	*Coef*	*Std Err*	*Z*	*P*>*Z*
Sobel	3.525	1.682	2.096	0.036
Goodman−1	3.525	1.684	2.094	0.036
Goodman−2	3.525	1.681	2.097	0.036

在高新技术企业中，研发费用加计扣除能够从数量和结构两个视角显著促进创新质量的平衡提升，且创新投入是重要的传导媒介，能够发挥部分中介作用。说明高新技术企业一方面通过创新投入规模的积累来实现创新质量的提

升，另一方面也在一定程度上具有主动运用研发费用加计扣除税基优惠来提升创新质量、优化创新结构的意识。

表 6.14 报告了非高新技术企业中创新投入中介作用的检验结果，如回归（1)和回归（2）所示，研发费用加计扣除能从数量和结构两个方面显著促进非高新技术企业的创新质量提升。在回归（3）中，研发费用加计扣除对创新投入（R&D）的影响系数为 10.563，在 1%的水平上显著；在回归（4）和回归（5）中，中介变量创新投入（R&D）的影响系数分别为 0.318 和 0.710，均在 1%的水平上显著，满足中介效应检验的条件。对比回归（1）和回归（4)，加入中介变量创新投入（R&D）后，研发费用加计扣除对创新质量数量指标（number）作用的显著性不变，影响系数由 15.818 下降为 12.454，说明创新投入在研发费用加计扣除与非高新技术企业创新质量数量指标的关系中发挥部分中介作用。对比回归（2）和回归（5)，加入中介变量创新投入（R&D）改变了研发费用加计扣除对创新质量结构指标（structure）影响的显著性，说明创新投入在研发费用加计扣除与非高新技术企业创新质量结构指标的关系中发挥完全中介作用。

表 6.14　研发费用加计扣除对企业创新质量的作用机制

——非高新技术企业（现象剖析）

变量	(1) *number*	(2) *structure*	(3) *R&D*	(4) *number*	(5) *structure*
Deduction	15.818***	10.346***	10.563***	12.454***	2.852
	(11.49)	(5.29)	(22.10)	(7.74)	(1.26)
R&D				0.318***	0.710***
				(3.96)	(6.27)
Lev	−0.033	−0.059*	−0.011	−0.030	−0.051
	(−1.34)	(−1.66)	(−1.30)	(−1.20)	(−1.46)
Size	0.080***	0.008	0.002*	0.080***	0.006
	(23.82)	(1.64)	(1.89)	(23.71)	(1.33)
Profit	0.012	0.107*	0.024*	0.005	0.090
	(0.30)	(1.83)	(1.65)	(0.12)	(1.56)
PFA	−0.017	−0.040	−0.015	−0.013	−0.030
	(−0.65)	(−1.05)	(−1.59)	(−0.48)	(−0.79)

续表

变量	(1) *number*	(2) *structure*	(3) *R&D*	(4) *number*	(5) *structure*
CR	−0.001	0.003	0.005***	−0.002	−0.001
	(−0.52)	(1.05)	(7.35)	(−1.32)	(−0.23)
Lnage	−0.003	0.043***	−0.014***	0.002	0.053***
	(−0.33)	(3.53)	(−4.59)	(0.18)	(4.35)
_*cons*	−1.586***	−0.152	−0.030	−1.576***	−0.131
	(−14.44)	(−0.98)	(−0.79)	(−14.43)	(−0.85)
Year	控制	控制	控制	控制	控制
Industry	控制	控制	控制	控制	控制
N	1342	1342	1342	1342	1342
Adj. R−Square	0.425	0.336	0.570	0.432	0.355

注：括号内的数值是 t 值，***、** 和 * 分别表示 1%、5%和 10%的水平下显著。

对比高新技术企业和非高新技术企业的回归结果发现：研发费用加计扣除对两者创新质量数量和结构指标的作用结果不存在异质性，均表现为显著正向激励；但对两类企业创新质量的作用路径具有明显异质性。在高新技术企业中，因创新投入只发挥部分中介作用，故研发费用加计扣除对创新质量数量和结构指标的影响均存在两条路径，一是通过影响创新投入进而促进创新质量提升，即间接效应，二是对创新质量的提升产生直接激励，即直接效应。在非高新技术企业中，因创新投入在数量视角下发挥部分中介作用，在结构视角下发挥完全中介作用，故研发费用加计扣除对创新质量数量指标的影响与高新技术企业一致，存在间接效应和直接效应；但对创新质量结构指标的影响与高新技术企业存在差异，只存在间接效应。说明，相比高新技术企业，非高新技术企业能够利用研发费用加计扣除税基优惠来主动增加高质量创新产出的数量，但因其创新基础相对薄弱，优化创新结构的能力还较为有限，对创新质量结构指标的提升完全依赖于创新投入规模积累所产生的间接效应。

三、研发费用加计扣除对企业创新质量的作用环境

（一）不同样本组的调节效应

盈余管理，是指企业管理层倾向于选择使自身效用或企业市场价值最大化会计政策的行为（许罡、朱卫东，2010）。经济业务活动的不确定性会为会计政策的选择提供空间，从而诱发盈余管理。创新活动本身的风险性较高，且收益的金额和时间都存在较大不确定性，这些特征会加大企业的盈余波动（Dichev，Tang，2009；Pandit，Wasley，Zach，2009）。Shust（2015）和杜瑞、李延喜（2018）的研究也证实研发支出与盈余管理存在正相关性，企业进行研发投入会刺激盈余管理的发生。另一方面研发费用加计扣除政策的实施效果依赖于研发支出会计处理的真实性，即研发支出的合理费用化和资本化，然而研发支出的会计政策选择具有不确定性，这在一定程度上为盈余管理提供了操纵空间。Landry，Callimaci（2003）以加拿大 427 家研发密集型企业为样本，发现研发支出的资本化与费用化选择与公司当前盈余水平有关。Oswald，Dennis（2008）发现英国上市企业研发支出的资本化程度受盈余波动水平的影响。肖海莲、周美华（2012）的研究表明研发支出的会计政策选择会影响企业的盈余管理决策。刘永涛（2018）认为在实务操作中企业管理层可能为了达到特定的经营目标，对研发支出的费用化和资本化金额进行相机抉择，把应该资本化的研发支出予以费用化，或把应该费用化的研发支出予以暂时资本化。

创新活动本身的特殊性使其容易成为盈余管理的工具，研发费用加计扣除政策对企业创新质量提升的作用效果会受到研发支出会计政策选择的影响，该会计政策的选择在很大程度上取决于企业的盈余管理水平。盈余管理主要分为应计盈余管理和真实盈余管理，高研发强度的公司对盈余和现金流比较敏感，可能更倾向于应计盈余管理。因此，本章借助模型（6－6）至模型（6－10）进一步研究盈余管理对研发费用加计扣除与企业创新质量关系的调节作用。

表 6.15 报告了全样本中盈余管理调节效应的回归结果，回归（1）中，研发费用加计扣除（*Deduction*）的影响系数为 21.431，在 1%的水平上显著；单看盈余管理（*DA*）本身，其对创新质量数量指标（*number*）具有正向作用，影响系数为 0.137，在 5%的水平上显著，但研发费用加计扣除与盈余管理的交乘项（*DA* ∗ *Deduction*）的影响系数为 －62.018，在 5%的水平上显著，交乘项（*DA* ∗ *Deduction*）与研发费用加计扣除（*Deduction*）的作用方

向不一致，即盈余管理对研发费用加计扣除与企业创新质量数量指标的关系产生负向调节作用。回归（2）中，研发费用加计扣除（*Deduction*）的影响系数为17.663，在1%的水平上显著；虽然盈余管理（*DA*）对创新质量结构指标（*structure*）产生显著正向作用，影响系数为0.201，但研发费用加计扣除与盈余管理的交乘项（*DA* * *Deduction*）的影响系数为－108.108，在5%的水平上显著，交乘项（*DA* * *Deduction*）与研发费用加计扣除（*Deduction*）的作用方向也不一致，即盈余管理对研发费用加计扣除与企业创新质量结构指标的关系产生负向调节作用。说明盈余管理只是从表面上营造了创新质量提升的假象，但实质上会阻碍企业利用研发费用加计扣除优惠政策来从数量和结构两个方面提升创新质量。

表6.15 研发费用加计扣除对企业创新质量的作用环境——全样本（现象定位）

变量	(1) *number*	(2) *structure*
Deduction	21.431***	17.663***
	(11.53)	(6.72)
DA	0.137**	0.201**
	(1.98)	(2.05)
DA * *Deduction*	－62.018**	－108.108***
	(－2.50)	(－3.08)
Lev	－0.035**	－0.018
	(－1.98)	(－0.71)
Size	0.076***	0.001
	(30.87)	(0.16)
Profit	0.022	0.045
	(0.77)	(1.12)
PFA	－0.010	－0.033
	(－0.52)	(－1.22)
CR	－0.001	0.004***
	(－1.05)	(3.10)
Lnage	－0.001	0.020**
	(－0.19)	(2.30)

续表

变量	(1) *number*	(2) *structure*
_cons	−1.459***	0.166
	(−16.22)	(1.30)
Year	控制	控制
Industry	控制	控制
N	2455	2455
Adj.R−Square	0.416	0.359

注：括号内的数值是 t 值，***、** 和 * 分别表示 1%、5%和 10%的水平下显著。

表 6.16 报告了异质性样本盈余管理调节效应的回归结果，在高新技术企业中，回归（1）显示，研发费用加计扣除（*Deduction*）的影响系数为 36.029，在 1%的水平上显著；盈余管理（*DA*）对创新质量数量指标（*number*）具有显著正向作用，影响系数为 0.218；但研发费用加计扣除与盈余管理的交乘项（*DA* * *Deduction*）的影响系数为 −91.675，在 10%的水平上显著，说明盈余管理对研发费用加计扣除与高新技术企业创新质量数量指标的关系产生负向调节作用。回归（2）中，研发费用加计扣除（*Deduction*）的影响系数为 26.263，在 1%的水平上显著；盈余管理（*DA*）管理对创新质量数量指标（*number*）具有显著正向作用，影响系数为 0.290；但研发费用加计扣除与盈余管理的交乘项（*DA* * *Deduction*）的影响系数为 −179.049，在 5%的水平上显著。说明盈余管理对研发费用加计扣除与高新技术企业创新质量结构指标的关系也产生负向调节作用。

表 6.16　研发费用加计扣除对企业创新质量的作用环境——异质性企业（现象定位）

变量	高新		非高新	
	(1) *number*	(2) *structure*	(3) *number*	(4) *structure*
Deduction	36.029***	26.263***	17.585***	15.614***
	(8.92)	(4.61)	(8.41)	(5.27)
DA	0.218*	0.290*	0.037	0.201
	(1.87)	(1.76)	(0.40)	(1.53)

续表

变量	高新		非高新	
	(1) *number*	(2) *structure*	(3) *number*	(4) *structure*
*DA * Deduction*	−91.675*	−179.049**	−32.926	−96.170**
	(−1.68)	(−2.32)	(−1.16)	(−2.39)
Lev	−0.019	0.031	−0.031	−0.056
	(−0.74)	(0.87)	(−1.23)	(−1.57)
Size	0.075***	−0.007	0.080***	0.007
	(19.94)	(−1.29)	(23.43)	(1.49)
Profit	0.058	−0.007	0.015	0.111 *
	(1.41)	(−0.12)	(0.37)	(1.90)
PFA	0.001	−0.026	−0.019	−0.039
	(0.04)	(−0.67)	(−0.69)	(−1.01)
CR	−0.001	0.006***	−0.001	0.002
	(−0.94)	(3.27)	(−0.57)	(0.97)
Lnage	0.001	−0.011	0.002	0.044***
	(0.12)	(−0.85)	(0.18)	(3.54)
_ *cons*	−1.469***	0.786***	−1.578***	−0.148
	(−9.84)	(3.74)	(−14.29)	(−0.95)
Year	控制	控制	控制	控制
Industry	控制	控制	控制	控制
N	1113	1113	1342	1342
Adj. R −Square	0.422	0.394	0.425	0.338

注：括号内的数值是 *t* 值，***、** 和 * 分别表示 1%、5%和 10%的水平下显著。

在非高新技术企业中，回归（3）显示，研发费用加计扣除（Deduction）的影响系数为 17.585，在 1%的水平上显著；盈余管理（DA）对创新质量数量指标（number）具有正向作用，影响系数为 0.037，但未通过显著性检验；研发费用加计扣除与盈余管理的交乘项（DA * Deduction）的影响系数为−32.926，也未通过显著性检验。说明在非高新技术企业中，盈余管理对创新质量数量指标的影响不显著，对研发费用加计扣除与高新技术企业创新质量数量指标关系的调节作用也不显著。回归（4）显示，研发费用加计扣除（Deduction）的影响系数为15.614，在1%的水平上显著；盈余管理（DA）对创新质量数量指标（number）的影响系数为0.201，但未通过显著性检验；研发费用加计扣除与盈余管理的交乘项（DA * Deduction）的影响系数为－96.170，在5%的水平上显著。说明在非高新技术企业中，虽然盈余管理对创新质量结构指标的影响不显著，但会阻碍研发费用加计扣除对创新质量结构指标的促进作用。

对比高新技术企业和非高新技术企业的回归结果发现：盈余管理的调节作用具有异质性，在高新技术企业中，盈余管理对研发费用加计扣除与创新质量数量指标、创新质量结构指标的关系均有显著负向调节效应。在非高新技术企业中，盈余管理仅对研发费用加计扣除与创新质量结构指标的关系产生显著负向调节效应。说明与非高新技术企业相比，研发费用加计扣除对高新技术企业创新质量的激励作用的稳定性较低，更容易受到盈余管理的影响。可能的原因是高新技术企业享受的低税率政策优惠会在一定程度上抵消和削弱研发费用加计扣除税基优惠的激励效果（任海云、宋伟宸，2017）。

（二）考虑制度环境的影响

考虑到盈余管理的程度往往会受到相关政策环境的影响，研发费用加计扣除政策的弹性可能会影响盈余管理的程度，进而影响其调节效应。在主体样本2008年至2017年的时间范围内，研发费用加计扣除政策环境的变化大致可分为三个阶段：一是，2008年至2012年，2008年新修订的《企业所得税法》将研发费用加计扣除政策纳入其中，在提升政策刚性的同时统一了内外资企业的研发费用加计扣除政策，并取消了研发费用的增幅要求，使得研发费用加计扣除政策的适用范围得到了适当放宽。二是，2013年至2015年，2013年财政部和国家税务总局联合发布的《关于研究开发费用税前加计扣除有关政策问题的通知》（财税〔2013〕70号）规定从2013年1月1日起，进一步扩大了研发费用加计扣除范围。将研发人员“五险一金”等费用纳入其中，研发费用加计扣除政策环境进一步放宽。三是，2016年至2017年，2016年1月1日起开始执行的财政部、国家税务总局和科技部联合发布的《关于完善研究开发费用税前加计扣除政策的通知》（财税〔2015〕119号）对完善了研发费用加计扣除政策具有里程碑意义。不仅明确了研发费用的归集范围和不得加计扣除的行业，还对有关特别事项和研发费用的会计核算与税收征管做了要求，这一阶段对享受研发费用加计扣除优惠政策提高了监管要求，政策环境在一定程度上收紧。

基于上述政策环境的变化将初始样本划分为2008—2012年、2013—2015年、2016—2017年三个阶段，分两步探讨政策环境对盈余管理调节效应的影响。首先，借助模型（6－1）、模型（6－2）比较三个阶段研发费用加计扣除对企业创新质量的作用效果，然后，借助模型（6－6）至模型（6－10）探讨盈余管理对不同阶段作用效果的调节效应。

表6.17报告了不同阶段研发费用加计扣除对企业创新质量的作用效果，回归（1）和回归（2）显示，在2008年至2012年，研发费用加计扣除（Deduction）仅对企业创新质量的数量指标（number）产生显著激励效应，影响系数为20.996，说明此时的研发费用加计扣除政策还不够完善，还不足以激励企业从结构优化上提升创新质量。回归（3）和回归（4）显示，在2013年至2015年，研发费用加计扣除政策能从“数量”和“结构”两个方面显著促进企业的创新质量提升，影响系数分别为19.102和17.624。说明随着政策优惠力度的加大和优惠政策适用范围的扩大，研发费用加计扣除在促进企业创新质量的平衡发展上效果显著。回归（5）和回归（6）显示，2016—2017年，研发费用加计扣除对企业创新质量的平衡发展依然具有显著促进作用，只是影响系数有所降低，分别为17.802和8.716。可能的原因是：①当企业享受的税收优惠达到一定程度，其对优惠力度的敏感性会有所降低；②2016年对研发费用归集范围和会计核算的明确对一些虚假的研发费用进行了过滤，从而反映了更加真实的研发费用加计扣除对企业创新质量的作用效果。

表6.17　不同阶段研发费用加计扣除对企业创新质量的作用效果

变量	2008—2012年		2013—2015年		2016—2017年	
	(1) *number*	(2) *structure*	(3) *number*	(4) *structure*	(5) *number*	(6) *structure*
Deduction	20.996**	−7.863	19.102***	17.624***	17.802***	8.716***
	(2.36)	(−0.54)	(10.09)	(5.74)	(11.44)	(4.52)
Lev	−0.124	0.230	−0.046	−0.006	−0.038	−0.046
	(−0.53)	(0.61)	(−1.62)	(−0.12)	(−1.62)	(−1.57)
Size	0.108***	0.001	0.078***	−0.005	0.076***	0.004
	(3.34)	(0.02)	(18.96)	(−0.71)	(24.26)	(0.93)
Profit	−0.121	0.136	0.082*	0.097	−0.012	0.028
	(−0.80)	(0.55)	(1.90)	(1.38)	(−0.31)	(0.55)
PFA	−0.113	−0.039	−0.004	−0.067	−0.008	−0.022
	(−0.49)	(−0.10)	(−0.14)	(−1.33)	(−0.33)	(−0.71)

续表

变量	2008—2012 年		2013—2015 年		2016—2017 年	
	(1) *number*	(2) *structure*	(3) *number*	(4) *structure*	(5) *number*	(6) *structure*
CR	−0.005	0.010	−0.001	0.004*	−0.001	0.002
	(−1.26)	(1.58)	(−1.03)	(1.82)	(−0.75)	(0.79)
Lnage	0.099	−0.039	−0.015	0.025	0.011	0.028
	(1.34)	(−0.32)	(−1.51)	(1.61)	(1.28)	(0.55)
_ *cons*	−2.306***	0.341	−1.441***	0.173	−1.511***	0.095
	(−2.91)	(0.26)	(−12.70)	(0.94)	(−17.50)	(0.89)
Year	控制	控制	控制	控制	控制	控制
Industry	控制	控制	控制	控制	控制	控制
N	63	63	944	944	1448	1448
Adj. R −*Square*	0.385	0.347	0.397	0.353	0.412	0.331

注：括号内的数值是 *t* 值，***、** 和 * 分别表示 1%、5%和 10%的水平下显著。

表 6.18 报告了制度环境变化对盈余管理调节效应影响的回归结果。在 2008 年至 2012 年，在研发费用加计扣除政策还处于初步完善阶段，主要从数量上促进企业创新质量提升，对创新质量结构的影响不显著，盈余管理对两者的关系具有正向调节作用，但并不显著。说明适当放宽研发费用加计扣除政策能在一定程度刺激企业创新，并且在该项优惠政策大范围普及的初期，企业通过盈余管理的手段来操纵研发支出的程度还较小。在 2013 至 2015 年，研发费用加计扣除能从“数量”和“结构”两个方面促进企业创新质量提升，盈余管理对研发费用加计扣除与企业创新质量数量指标（*numbr*）与结构指标（*structure*）的关系均产生显著负向调节作用，影响系数分别为−143.784 和−212.919。说明研发费用加计扣除政策优惠力度加大是一把“双刃剑”，一方面促进了企业创新质量数量指标和结构指标的平衡发展，另一方面也在一定程度上助长了盈余管理，增强了盈余管理对研发费用加计扣除政策激励效应的负向调节作用。在 2016 年至 2017 年，研发费用加计扣除对企业创新质量的数量指标（*number*）和结构指标（*structure*）仍具有显著正向促进作用，影响系数分别为 17.527 和 9.908；交乘项 *DA* ∗ *Deduction* 的影响系数分别为 4.855 和−20.353，但未通过显著性检验，即在该阶段盈余管理不对研发费用加计扣除与企业创新质量的关系产生显著调节效应。说明 2016 年 1 月 1 日起开始执行的《关于完善研究开发费用税前加计扣除政策的通知》（财税〔2015〕119

号）通过明确研发费用的归集范围和不得加计扣除的行业，对强化研发费用的会计核算和加强相关税收监管起到了实质性作用，在一定程度上抑制了盈余管理带来的负面影响，使研发费用加计扣除对企业创新质量的促进作用得到了保障。

表 6.18　不同阶段研发费用加计扣除对企业创新质量的作用环境

变量	2008—2012 年		2013—2015 年		2016—2017 年	
	(1) *number*	(2) *structure*	(3) *number*	(4) *structure*	(5) *number*	(6) *structure*
Deduction	20.267**	−8.431	27.749***	30.125***	17.527***	9.908***
	(2.27)	(−0.57)	(9.42)	(6.28)	(7.03)	(3.20)
DA	−0.547	−0.560	0.450***	0.502***	−0.075	−0.019
	(−1.19)	(−0.73)	(4.20)	(2.88)	(−0.79)	(−0.16)
*DA * Deduction*	74.249	101.209	−143.784***	−212.919***	4.855	−20.353
	(0.51)	(0.42)	(−3.71)	(−3.38)	(0.15)	(−0.49)
Lev	−0.061	0.281	−0.051*	−0.007	−0.035	−0.043
	(−0.26)	(0.71)	(−1.80)	(−0.14)	(−1.49)	(−1.46)
Size	0.105***	0.001	0.079***	−0.005	0.076***	0.003
	(3.11)	(0.01)	(19.13)	(−0.79)	(23.85)	(0.80)
Profit	−0.069	0.178	0.062	0.079	−0.009	0.031
	(−0.44)	(0.68)	(1.44)	(1.12)	(−0.23)	(0.62)
PFA	−0.054	0.018	0.006	−0.058	−0.011	−0.024
	(−0.23)	(0.05)	(0.21)	(−1.16)	(−0.43)	(−0.79)
CR	−0.004	0.010	−0.001	0.004*	−0.001	0.002
	(−1.15)	(1.59)	(−0.93)	(1.80)	(−0.75)	(0.80)
Lnage	0.095	−0.043	0.062	0.025	0.011	0.016
	(1.28)	(−0.34)	(1.44)	(1.61)	(1.30)	(1.57)
_cons	−2.274***	0.342	−1.481***	0.155	−1.499***	0.104
	(−2.79)	(0.24)	(−13.05)	(0.84)	(−17.20)	(0.97)
Year	控制	控制	控制	控制	控制	控制
Industry	控制	控制	控制	控制	控制	控制
N	63	63	944	944	1448	1448
Adj. R−Square	0.385	0.319	0.407	0.360	0.411	0.330

注：括号内的数值是 t 值，***、** 和 * 分别表示 1%、5%和 10%的水平下显著。

可见在完善研发费用加计扣除政策、强化优惠力度的同时，需要明确研发费用的归集和扣除范围，加强相关会计核算和税收监管的力度。防止部分企业通过研发费用的盈余操纵来牟取更多的税收优惠，而并未开展高质量的实质性创新活动，进而降低研发费用加计扣除的政策效力。

四、研发费用加计扣除对企业创新质量的作用传递

陈金勇、袁蒙菡、汤湘希（2016）的研究发现研发产出会显著增加企业价值，不同类型的专利产出（发明型、实用新型、外观型）对企业价值产生正向作用，且创新质量最高的发明专利的正向作用最为显著（刘督、万迪昉、吴祖光，2016）。研发费用加计扣除对企业高质量的创新产出具有显著激励效应，能够从“数量”和“结构”两个方面促进企业创新质量提升，为进一步研究这一作用能否传递到企业价值上，创新质量的提升能否促进企业价值的增长，借鉴 Tseng，Wu（2007）和黎文靖、郑曼妮（2016）的研究，用企业下一期的托宾 Q 值（*TobinQ*）来衡量企业价值，借助模型（6－11）和模型（6－12）作进一步检验。

表 6.19 报告了研发费用加计扣除对企业创新质量作用传递的回归结果，因在全样本、高新技术企业和非高新技术企业三个样本组中，研发费用加计扣除均能从“数量”和“结构”两个方面促进创新质量提升，故此处进一步探讨这三个样本组中创新质量对企业价值的影响，考察研发费用加计扣除对企业创新质量的促进作用能否传递到企业价值上。在回归（1）和回归（2）中，创新质量数量指标（*number*）和创新质量结构指标（*structure*）的影响系数分别为 0.843 和 0.468，均在 1%的水平上显著，说明从整体上看，创新质量提升能够显著促进企业价值增长，研发费用加计扣除对企业创新质量的激励作用能够传递到企业价值上。

表 6.19　研发费用加计扣除对企业创新质量的作用传递（现象延伸）

变量	全样本		高新技术企业		非高新技术企业	
	(1) *TobinQ*	(2) *TobinQ*	(3) *TobinQ*	(4) *TobinQ*	(5) *TobinQ*	(6) *TobinQ*
number	0.843***		0.433		0.959***	
	(3.43)		(1.63)		(2.65)	

续表

变量	全样本		高新技术企业		非高新技术企业	
	(1) TobinQ	(2) TobinQ	(3) TobinQ	(4) TobinQ	(5) TobinQ	(6) TobinQ
structure		0.468***		0.445*		0.617*
		(2.58)		(1.68)		(1.77)
Lev	−0.496**	−0.525**	−0.102	−0.816***	−0.090	−0.783**
	(−2.25)	(−2.38)	(−0.30)	(−2.66)	(−0.27)	(−2.55)
Size	−0.666***	−0.604***	−0.567***	−0.694***	−0.638***	−0.742***
	(−18.86)	(−19.77)	(−12.53)	(−15.40)	(−12.12)	(−14.44)
Profit	4.819***	4.800***	5.029***	4.618***	5.082***	4.598***
	(13.41)	(13.34)	(9.03)	(9.36)	(9.15)	(9.32)
PFA	−0.262	−0.271	−0.065	−0.430	−0.042	−0.435
	(−1.10)	(−1.14)	(−0.18)	(−1.28)	(−0.12)	(−1.30)
CR	0.046***	0.043***	0.077***	0.020	0.079***	0.023
	(3.56)	(3.30)	(3.19)	(1.23)	(3.26)	(1.47)
Lnage	−0.023	−0.036	−0.026	−0.033	−0.003	−0.035
	(−0.29)	(−0.46)	(−0.22)	(−0.30)	(−0.03)	(−0.32)
_cons	17.750***	16.516***	14.617***	17.336***	−1.499***	18.546***
	(15.36)	(14.86)	(9.96)	(9.63)	(−17.20)	(10.05)
Year	控制	控制	控制	控制	控制	控制
Industry	控制	控制	控制	控制	控制	控制
N	2455	2455	1113	1113	1342	1342
Adj.R−Square	0.609	0.608	0.599	0.605	0.601	0.605

注：括号内的数值是 t 值，***、** 和 * 分别表示 1%、5%和 10%的水平下显著。

对比高新技术企业和非高新技术企业的回归结果发现，在高新技术企业中，如回归（3）和回归（4）所示，创新质量数量指标（*number*）的影响系数为 0.433，未通过显著性检验，创新质量结构指标（*structure*）的影响系数为 0.445，在 10%的水平上显著。即在高新技术企业中，只有创新质量的结构优化能够显著促进企业价值提升，研发费用加计扣除对创新质量结构指标的激励作用传递到了企业价值上，高质量创新产出数量的增长难以转化为促进企业价值的核心竞争力。说明对高新技企业而言，其高质量的发明专利产出显著高于全国平均水平，从数量上已难以实现企业价值的突破，只有致力于优化创新结构才能充分调动企业潜能，增强竞争力。在非高新技术企业中，如回归（5）和回归（6）所示，创新质量指标（*number*）的影响系数为0.959，在1%的水平上显著，创新质量结构指标（*structure*）的影响系数为0.617，在10%的水平上显著；即在非高新技术企业中，创新质量的数量增长和结构优化均能显著促进企业价值提升，研发费用加计扣除对创新质量的激励作用传递到了企业价值上。说明相比高新技术企业而言，非高新技术企业对创新成果的利用更充分，使研发费用加计扣除税基优惠通过促进企业创新质量的平衡增长，切实起到了服务企业价值提升的作用。

第六节 本章小结

本章基于我国创新数量和创新结构发展不平衡的现状，从“数量”和“结构”两个视角进一步考察研发费用加计扣除税基优惠对企业创新质量提升的引导效应。首先，对研发费用加计扣除税基优惠与企业创新的关系进行理论分析，并在已有研究结论的基础上提出了本章的研究假设。然后利用回归模型和中介效应模型从五个层面进行实证研究：

一是“现象呈现”，分别从“数量”和“结构”两个视角呈现了研发费用加计扣除对企业创新质量的作用效果。发现从整体上看研发费用加计扣除能够从“数量”和“结构”两个方面显著促进企业创新质量的提升。

二是“现象细分”，考虑到我国高新技术企业高质量发明专利的占比高于全国平均水平的现状，故进一步基于技术密集程度进行异质性检验，对研发费用加计扣除与企业创新质量的作用差异进行分析。发现这种对创新质量的平衡促进作用在高新技术企业和非高新技术企业中并未表现出明显的异质性，享受政策优惠较多的高新技术企业较非高新技术企业而言并无明显优势。

三是“现象剖析”，基于中介效应模型，剖析研发费用加计扣除对企业创新质量的作用机制，考察创新投入的中介作用。发现创新投入作为重要的传导媒介，能够在两者的关系中发挥中介作用。并且进一步对比发现研发费用加计扣除对高新和非高新技术企业创新质量的作用效果虽然不存在异质性，但作用机制存在异质性。在高新技术企业中，创新投入只发挥部分中介作用；在非高新技术企业中，创新投入在研发费用加计扣除与创新质量的数量指标和结构指标的关系中分别发挥部分中介作用和完全中介作用。说明非高新技术企业创新基础相对薄弱，利用研发费用加计扣除直接优化创新质量结构的能力还有限。

四是“现象定位”，首先基于不同的样本组验证了盈余管理的负向调节作用。在高新技术企业中，盈余管理在研发费用加计扣除与企业创新质量数量和结构指标的关系均产生显著负向调节作用。在非高新技术企业中，盈余管理仅在结构视角下产生显著负向调节效应。说明在高新技术企业中研发支出的盈余操纵程度更高。然后针对研发费用加计扣除的政策变化，考察制度环境对盈余管理调节效应的影响。发现研发费用加计扣除政策优惠力度的加大是一把“双刃剑”。在促进企业创新质量数量指标和结构指标平衡发展的同时，也助长了盈余管理的负向调节作用。加强研发费用的归集范围和会计核算的管理要求能够降低这一负向调节作用。

五是“现象延伸”，进一步探讨研发费用加计扣除对企业创新质量的作用能否传递到企业价值上。发现整体上看，传递效应显著。在高新技术企业中，只有在结构视角下的传递效应显著。创新质量数量指标的增长已难以促进高新技术企业实现价值突破，只有创新质量的结构优化才能促进企业价值提升。在非高新技术企业中，数量和结构视角下的传递效应均显著。非高新技术企业能凭借对研发费用加计扣除税基优惠政策的充分利用和企业创新成果的转化有效推动企业价值提升。

基于本章的研究结果，有如下政策启示：

一是探索差异化的研发费用加计扣除政策，分别针对高质量和低质量的研发费用支出设置不同的加计扣除比例。突出政策的精准度和针对性，激励企业增加高质量创新活动的研发费用支出比重，进一步引导企业优化创新结构。

二是深化政策优惠力度的同时加强税收监管。研发费用加计扣除政策优惠力度的加大是一把“双刃剑”，可能助长企业的盈余管理，进而弱化研发费用加计扣除政策对企业创新质量的激励效应。因而必须加强相关税收监管，控制企业的研发操纵行为，确保研发费用加计扣除的政策效力能够有效发挥。

三是引导企业提高创新优化意识，加强研发支出的会计核算。研发支出的会计核算直接影响加计扣除优惠政策的享受力度和盈余管理程度。规范的核算机制能够控制盈余管理，降低企业为谋取税收优惠而开展的策略性创新行为，促进企业开展实质性的高质量创新活动。

四是完善企业“宏观政策促进微观绩效”的作用机制。加强企业对研发费用加计扣除税基优惠政策的合理利用，促进企业创新质量的平衡提升。推动企业创新成果向核心生产力的转化，进而促进企业价值增长和高质量发展。

第七章　税率优惠与企业创新质量提升

——基于高新技术企业视角

第一节　引　言

高新技术企业是推动我国经济增长的重要力量，也是技术创新的核心主体（李彦龙，2018）。近年来为促进高新技术企业的发展，国家出台了一系列扶持政策。税率优惠是我国高新技术企业普遍享有的税收优惠形式（韩仁月、马海涛，2019）。相关优惠政策始于 1988 年的《北京市新技术产业开发试验区暂行条例》（国函〔1988〕74 号），规定对试验区的新技术企业可减按 15%的税率征收企业所得税。2008 年，将高新技术企业享受的 15%税率优惠写入了企业所得税法，这一税收优惠政策首次以法律形式得以体现。故本章所称的税率优惠是指高新技术企业普遍享有的 15%的税率优惠政策。

高新技术企业税率优惠在减轻企业税负方面成效显著，据《工业企业科技活动统计年鉴 2016》有关数据统计，2011 年至 2015 年，我国高新技术企业减免税分别为 539.6 亿元、527.5 亿元、585.5 亿元、613.1 亿元、702.3 亿元。某市 2016 年的调研数据显示，已认定的高新技术企业中有 41.9%享受了税率优惠，且未能享受税率优惠的企业大多是因为当年发生了亏损或弥补以前年度亏损后的应纳税所得额为零（大连市国税局课题组，2018）；《全国企业创新调查年鉴 2017》的数据显示，49.9%的企业认为高新技术企业税率优惠政策有效果。

税率优惠对企业创新的影响也受到了学术界的广泛关注，但尚未形成一致结论，有研究认为税率优惠能够显著促进企业创新（吴松彬、黄惠丹、张凯，2019），高新技术企业认定之后享受的优惠政策会对其实质性创新产生显著激励（雷根强、郭玥，2018），并且对创新效率有显著正向作用（王钊、王良虎，

2019）。但也有研究认为，税率优惠对企业创新的激励效应弱于研发费用加计扣除政策（程瑶、闫慧慧，2018；韩仁月、马海涛，2019），《高新技术企业认定管理办法》采用近似“一刀切”的认定标准来划分“高新”与“非高新”，容易诱导企业为满足政策门槛进行研发操纵（杨国超、刘静、廉鹏、芮萌，2017）。部分高新技术企业可能并未致力于实质性创新活动，而是为了骗取税收优惠采取申请低质量专利等策略性创新行为（黎文靖、郑曼妮，2016；吴松彬、黄惠丹、张凯，2019）。已有研究虽然关注到了高新技术企业的创新质量，但还未专门探讨15%税率优惠对高新技术企业创新质量的影响。结合前面第四章我国企业创新的发展现状来看，虽然高新技术企业的创新结构高于全国总体水平，高质量发明专利的占比相对较高，但近年来高新技术企业的这一优势一直止步不前，在创新质量的提升和创新结构的优化上未取得实质性进展。且前面第五章的实证研究结果也表明整体税收优惠强度并未显著促进高新技术企业创新质量数量指标与结构指标的平衡发展。

基于现有研究不足和我国高新技术企业的创新现状，本章以高新技术企业作为研究对象，第一，从“数量”和“结构”两个视角对税率优惠与创新质量提升的关系进行解读，呈现作用效果。第二，基于市场化进程的高低进行异质性检验，对比作用差异。第三，考察创新投入的中介作用，剖析相关作用机制。此外，考虑到高新技术企业认定过程中可能存在寻租现象（张文甲，2015），寻租建立的政治关联有助于企业获得更多的政府支持（余明桂、回雅甫、潘红波，2010），从而影响企业的创新行为。本章进一步考察寻租的调节效应，分析相关作用环境，同时还结合高新技术企业认定办法的修订的政策背景，考察不同制度环境对调节效应的影响。第四，探讨税率优惠对企业创新质量的作用能否传递到企业价值。

可能的贡献有：一是发现税率优惠助长了高新技术企业的“数量迎合式”创新，对创新质量的结构优化产生抑制效应，这为剖析近年来高新技术企业创新结构止步不前的原因提供了实证依据。二是验证了创新投入的中介作用和寻租的干扰效应，揭示了税率优惠与高新技术企业创新质量之间的作用机制和作用环境。三是发现高新技术企业认定办法的修订并未完善税率优惠的作用环境，为进一步优化高新技术企业的认定标准，促进高新技术企业开展实质性创新提供参考。四是探讨了税率优惠对高新技术企业创新质量作用是否延伸到企业价值上，发现传递效应不理想，仅在市场化进程低的区域显著，为进一步深化税率优惠对创新成果转化的引导提供经验依据。

第二节 理论分析与研究假设

一、理论分析

借鉴吴松彬、黄惠丹、张凯（2019）的研究，参照 Solow（1956）的生产函数模型，构建如下高新技术企业生产函数：

$$C_t = \gamma_t \times R\&D_t^{\alpha} \times nonR\&D_t^{\beta} \tag{1}$$

γ_t是企业在 t 时刻的技术系数，用于衡量高新技术企业当期的技术水平；$R\&D$ 表示企业在 t 时刻的研发资本数量，对应的要素价格为 $P1$；α 表示研发与产出弹性系数，$nonR\&D$ 表示非研发资本数量，对应的要素价格为 $P2$；β 表示非研发投入与产出的弹性系数。假定 $\alpha+\beta=1$。

若企业 t 时刻进行最大化产出生产，且面临资金约束，则有：

$$P_1 \times R\&D + P_2 \times nonR\&D \leqslant \lambda[I_t + I_{t-1}] \tag{2}$$

I_t和 I_{t-1}分别为企业在 t 时刻和 $t-1$ 时刻的应税利润，λ 表示企业最大化生产的资金比例，用 η 表示法定企业所得税税率，在既定时间内 η 可视为常数项，在我国一般为 25%。式（2）的右边代表企业经营活动的投入，它与当期和上一期的应税利润有关，不等式的左边表示企业研发投入成本与非研发投入成本之和，它不得高于企业的资金来源。企业的目标是最大化产出，但由于面临资金约束，根据基本优化原理可得企业最优研发资本投入为：

$$R\&D^* = \alpha\lambda[I_t + I_{t-1}]/P_1 \tag{3}$$

15%的税率优惠能够通过直接降低企业税率达到减轻税负的效果（林洲钰，林汉川，邓兴华，2013），企业法定所得税税率为 η，假定企业享受税率优惠后的所得税税率为 η^*，此时 $\eta^*=15\%$，$\eta^*<\eta$，享受 15%的税率优惠可以增加企业税后利润，缓解现金流约束，即：

$$P_1 \times R\&D + P_2 \times nonR\&D \leqslant \lambda[I_t + I_{t-1} + (\eta - \eta^*)\max(I_t, 0)] \tag{4}$$

由式（4）可知，企业享受 15%的税率优惠可使当期可用现金流增加，根据基本优化原理可得，此时企业最优的创新资本投入为：

$$R\&D^{\eta^*} = \alpha\lambda[I_t + I_{t-1} + (\eta - \eta^*)\max(I_t, 0)]/P_1 \tag{5}$$

进一步可以得出享受15%的税率优惠给企业带来的创新激励效应为式（5）减去式（3），即：

$$\Delta R\&D^{\eta^*} = \alpha\lambda(\eta - \eta^*)\max(I_t, 0)/P_1 \tag{6}$$

式（6）表明，15%税率优惠通过降低企业税负，增加可支配现金流，从而达到激励企业创新的效果，其最直接的作用是通过降低企业应缴税率来促进企业进行研发投入，为后续创新质量的提升奠定基础。

（二）研究假设

不少研究验证了税率优惠对企业创新的激励作用，有学者从不同税收优惠方式比较的视角检验税率优惠与企业创新的关系，吴松彬、黄惠丹、张凯（2019）的研究表明税率优惠能够显著激励企业创新，但激励效果弱于研发费用加计扣除政策，且激励效应受企业盈利能力影响较大，对成熟度较高的企业创新激励效应更为显著。程瑶、闫慧慧（2018）的研究也表明，税率优惠和研发费用加计扣除政策均对企业创新具有激励效应，税率优惠的激励效果较弱。韩仁月、马海涛（2019）发现税率优惠对企业研发投入的正向激励作用虽然弱于研发费用加计扣除，但高于固定资产加速折旧政策。

高新技术企业是享受税率优惠的核心主体，不少研究以高新技术企业为切入点，研究税收优惠对其创新的影响，但并未得出一致结论。雷根强、郭玥（2018）和王钊、王良虎（2019）的研究发现企业被认定为高新技术企业后享受的优惠政策会对其研发投入和研发产出产生显著激励，能够对高新技术企业的实质性创新和创新效率产生正向促进作用。但李维安、李浩波、李慧聪（2016）认为高新技术企业认定高新技术企业作为驱动经济发展的主体，税收优惠政策对其创新激励的效果并不理想。且现有高新技术企业的认定标准主要以“量”为准则，可能导致高新技术企业为了满足认定要求，开展“数量迎合式”创新行为（郑烨、阎波，2019）；以至于我国高新技术企业创新质量的总体水平不高，需要注重创新数量向创新质量的转型（张震，2018）。

结合上述理论分析来看，税率优惠主要通过降低企业所得税税率来影响企业现金流进而影响创新活动。企业是否将资金投入到高质量的创新产出中，是否通过享受税率优惠节约的资金来优化创新质量的产出结构，在很大程度上还取决于其自身的创新意识。结合现有研究结论，税率优惠对高新技术企业创新数量的激励效应基本得到了认可，但由于开展“数量迎合式”创新现象的存在（郑烨、阎波，2019），税率优惠对高新技术企业创新结构的优化可能并不理想。基于此，提出如下假设：

H7.1：基于数量视角，税率优惠能够显著促进企业创新质量提升

H7.2：基于结构视角，税率优惠不能显著促进企业创新质量提升

第三节 研究设计

一、样本选择与数据来源

基于前面第一章第四节实证框架设计思路部分关于实证分析样本数据选取说明的前提，结合本章的研究内容，选取中国2008—2017年沪深两市A股上市的高新技术企业年度数据为初始样本，按如下原则进行处理：(1) 按照证监会2012版行业分类，剔除金融行业；(2) 剔除ST（包括*ST）类企业；(3) 剔除数据有缺的样本；(4) 借鉴刘放，杨筝、杨曦（2016）的做法，剔除营业利润小于0的观测值。最终得1801个观测值，为消除异常值的影响，本书对所有连续变量进行了左右1%的Winsorize缩尾处理。数据均来源于CSMAR金融数据库，数据处理采用Stata16.0软件。

二、变量定义

1. 被解释变量（创新质量 *number/structure*）：上文第五章表5.1通过熵值法计算的创新质量的综合指标。

2. 解释变量（税率优惠 *dutyfr*）：借鉴韩仁月、马海涛（2019）的做法，用高新技术企业享受的15%税率优惠政策为企业带来的资金节约程度来衡量。

3. 异质性变量（市场化进程 *MP*）：借鉴朱永明、贾明娥（2017）的做法，将《中国分省份市场化指数报告（2016）》中披露的连续5年排名前四位的江苏、浙江、上海、广东四个省份的上市企业作为市场化进程较高的样本，其余省份的上市企业作为市场化进程较低的样本。

4. 中介变量（企业创新投入 *R&D*）：借鉴刘放、杨筝、杨曦（2016）和黄珺、贺国亮（2017）的做法，用企业当年的研发支出占主营业务收入之比来衡量。

5. 调节变量（寻租 *Recost*）：参考万华林、陈信元（2010）和任曙明、张

静（2013）等学者的研究，因在会计核算时，寻租的有关开支主要招待费、宣传费等等管理费科目体现，但企业和政府均未能在管理费中单独披露这一数据，所以基于数据可获得性的限制，借鉴邢会、王飞、高素英（2019）的做法，只能采用管理费用来近似反映寻租支出，以管理费用与企业总资产的比值来衡量寻租。

6. 延伸变量（企业价值 *TobinQ*）：借鉴 Tseng，Wu（2007）；黎文靖、郑曼妮（2016）和黄珺、贺国亮（2017）的研究，用企业下一期的托宾 Q 值（*TobinQ*）来衡量。

7. 控制变量：借鉴刘放、杨筝、杨曦（2016）和张帆、张友斗（2018）的做法，将资产负债率 *Lev*、企业规模 *Size*、盈利能力 *Profit*、资本密集程度 *PFA*、流动比例 *CR*、企业年龄 *Lnage* 作为控制变量。*Industry* 为行业效应，*Year* 为时间效应。变量定义见表 7.1。

表 7.1　主要变量定义

变量类别	变量名	变量符号	变量描述
被解释变量	创新质量——数量视角	*number*	表 5.1 中通过熵值法计算的综合数量指标
	创新质量——结构视角	*structure*	表 5.1 中通过熵值法计算的综合结构指标
解释变量	税率优惠	*Dutyfr*	净利润 *（25%－15%）/企业年初总资产
异质性变量	市场化进程	*MP*	市场化进程高的 4 个省份的样本取值为 1，其余省份的样本取值为 0
中介变量	创新投入	*R&D*	研发支出/主营业务收入
调节变量	寻租	*Recost*	管理费用/资产总额
延伸变量	企业价值	*TobinQ*①	市值/企业账面资产
控制变量	企业规模	*Size*	企业资产总额的自然对数
	盈利能力	*Profit*	净利润/营业收入
	资产负债率	*Lev*	负债总额/资产总额
	资本密集程度	*PFA*	固定资产净额/资产总额
	流动比率	*CR*	流动资产/流动负债
	企业年龄	*Lnage*	企业年龄的自然对数
	行业效应	*Industry*	当样本属于该行业时取 1，否则为 0
	时间效应	*Year*	当样本为该年度时取 1，否则为 0

① 数据来源：国泰安 CSMAR 数据库

三、模型设计

本章主要进行 5 个层次的实证研究：一是“现象呈现”，对全样本进行实证研究，从“数量”和“结构”两个维度呈现税率优惠对高新技术企业创新质量的作用效果，评价该政策能否从整体上促进创新质量的平衡发展。二是“现象细分”，根据市场化进程的高低，对样本进行细分，检验税率优惠的作用效果是否存在差异。三是“现象剖析”，剖析税率优惠对高新技术企业创新质量的作用机制，考察创新投入的中介作用，并对比异质性样本的作用机制是否存在差异。四是“现象定位”，分析税率优惠对高新技术企业创新质量的作用环境，考察寻租的调节效应，同时考虑 2016 年高新技术企业认定办法修订这一制度环境对调节效应的影响。五是“现象延伸”，进一步探讨税率优惠对高新技术企业创新质量的提升作用能否传递到企业价值上，即税率优惠带来的创新质量的提升能否达到增强企业价值的目的。

为此，本书构建如下模型：

1. 基准回归模型。

为从“数量”和“结构”两个视角检验税率优惠政策对高新技术企业创新质量的作用效果，借鉴胡华夏、洪荭、肖露璐（2017）和程曦、蔡秀云（2017）的研究，构建如下基准回归模型进行上述第一个和第二个层次的研究，模型（7−1）和模型（7−2），分别检验假设 H7.1 和假设 H7.2。

$$number_{i,t} = \alpha_0 + \alpha_1 Dutyfr_{i,t} + \alpha_j \sum_j controls + \sum Industry_i + \sum Year_i + \varepsilon_{1i} \tag{7−1}$$

$$structure_{i,t} = \beta_0 + \beta_1 Dutyfr_{i,t} + \beta_j \sum_j controls + \sum Industry_i + \sum Year_i + \varepsilon_{2i} \tag{7−2}$$

2. 中介效应模型。

进一步考察创新投入能否在税率优惠政策与高新技术企业创新质量的关系中发挥中介作用。借鉴 Baron RM（1986）和温忠麟等（2004）的研究，构建如下中介效应模型（7−3）、模型（7−4）和模型（7−5），进行上述第三个层次的研究。

$$R\&D_{i,t} = \lambda_0 + \lambda_1 Dutyfr_{i,t} + \lambda_j \sum_j controls + \sum Industry_i + \sum Year_i + \mu_{1i} \tag{7−3}$$

$$number_{i,t} = \omega_0 + \omega_1 Dutyfr_{i,t} + \omega_2 R\&D_{i,t} + \omega_j \sum_j controls + \sum Industry_i + \sum Year_i + \mu_{2i} \tag{7-4}$$

$$structure_{i,t} = \eta_0 + \eta_1 Dutyfr_{i,t} + \eta_2 R\&D_{i,t} + \eta_j \sum_j controls + \sum Industry_i + \sum Year_i + \mu_{3i} \tag{7-5}$$

3. 调节效应模型。

为考察寻租的调节效应，借鉴邢会、王飞、高素英（2019）的做法，构建回归模型（7－6）和模型（7－7），进行上述第四个层次的研究。

$$number_{i,t} = \chi_0 + \chi_1 Dutyfr_{i,t} + \chi_2 Recost_{i,t} + \chi_3 Dutyfr * Recost_{i,t} + \chi_j \sum_j controls + \sum Industry_i + \sum Year_i + \delta_{1i} \tag{7-6}$$

$$structure_{i,t} = \kappa_0 + \kappa_1 Dutyfr_{i,t} + \kappa_2 Recost_{i,t} + \kappa_3 Dutyfr * Recost_{i,t} + \kappa_j \sum_j controls + \sum Industry_i + \sum Year_i + \delta_{2i} \tag{7-7}$$

4. 借鉴 Tseng，Wu（2007）；黎文靖、郑曼妮（2016）和黄珺、贺国亮（2017）的研究用企业下一期的托宾 Q 值（*TobinQ*）来衡量企业价值，构建如下模型（7－8）和模型（7－9），对税率优惠对高新技术企业创新质量产生显著激励效应的样本组作进一步检验，探讨创新质量的提升能否促进企业价值增长，税率优惠对高新技术企业创新质量的作用能否产生传递效应，进行上述第五个层次的研究。

$$TobinQ_{i,t+1} = \upsilon_0 + \upsilon_1 number_{i,t} + \upsilon_j \sum_j controls + \sum Industry_i + \sum Year_i + \sigma_{1i} \tag{7-8}$$

$$TobinQ_{i,t+1} = \psi_0 + \psi_1 structure_{i,t} + \psi_j \sum_j controls + \sum Industry_i + \sum Year_i + \sigma_{2i} \tag{7-9}$$

第四节　实证过程与结果分析

一、描述性统计、相关性分析与多重共线性检验

（一）描述性统计

表 7.2 报告了变量的描述性统计结果。税率优惠（*Deduction*）的均值和中位数分别为 0.007 和 0.006，两者差异较小，且标准差较小，为 0.005，说明样本间享受税率优惠政策为企业带来资金节约的离散程度较小。创新投入（*R&D*）的均值和中位数分别为 0.053 和 0.042，且标准差为 0.040，明显低于创新质量数量和结构指标的标准差，说明在高新技术企业中同样存在创新数量的均衡发展程度高于创新质量的情况，故很有必要对税率优惠与创新质量的关系进行研究。创新质量数量指标（*number*）的均值和中位数分别为 0.289 和 0.277，两者差异较小，说明从数量上看样本间的创新质量发展相对均衡；然而创新质量结构指标（*structure*）的均值和中位数分别为 0.218 和 0.165，两者差异较大，且结构指标的标准差为 0.164，明显高于数量指标的标准差 0.122，说明从结构上看样本间的创新质量发展较为不均衡。因而，从数量和结构两个方面来衡量创新质量很有必要。

表 7.2　主要变量描述性统计结果

变量	均值	中位数	标准差	最大值	最小值
dutyfr	0.007	0.006	0.005	0.024	0.000
number	0.289	0.277	0.122	0.666	0.060
structure	0.218	0.165	0.164	0.700	0.019
R&D	0.053	0.042	0.040	0.245	0.000
Recost	0.057	0.052	0.025	0.143	0.015
TobinQ	2.16	1.730	1.510	7.790	0.288
Lev	0.354	0.337	0.177	0.764	0.046

续表

变量	均值	中位数	标准差	最大值	最小值
Size	21.800	21.700	0.962	25.000	20.100
Profit	0.107	0.091	0.080	0.397	0.004
PFA	0.201	0.180	0.122	0.538	0.015
CR	3.090	2.020	3.200	21.000	0.697
Lnage	2.750	2.770	0.304	3.370	1.950

注：描述性统计使用的是进行了左右1% Winsorize缩尾处理后的数据。

（二）相关性分析

表7.3为主要变量的Pearson相关性系数，下三角为创新质量数量视角（*number*）的相关性系数，上三角为创新质量结构视角（*structure*）的相关性系数。从表7.3初步可以看出税率优惠与创新质量的数量指标呈正相关性，相关系数较小，且不显著，与创新质量的结构指标呈负相关性，也不显著。后续将借助多元回归分析模型进一步检验税率优惠与创新质量数量和结构指标的关系。

表7.3　主要变量的相关性分析结果

	number/*structure*	*Dutyfr*	*lev*	*Size*	*Profit*	*PFA*	*CR*	*Lnage*
number/*structure*	1	−0.014	−0.149***	−0.116***	0.121***	0.017	0.174***	0.007
Dutyfr	0.001	1	−0.017	0.022	0.064***	−0.016	−0.001	0.031
Lev	0.237***	−0.017	1	0.535***	−0.478***	0.070***	−0.573***	0.167***
Size	0.521***	0.022	0.535***	1	−0.127***	−0.008	−0.286***	0.159***
Profit	−0.044*	0.064***	−0.478***	−0.127***	1	−0.233***	0.420***	−0.056**
PFA	−0.070***	−0.016	0.070***	−0.008	−0.233***	1	−0.217***	0.073***
CR	−0.138***	−0.001	−0.573***	−0.286***	0.420***	−0.217***	1	−0.110***
Lnage	0.051**	0.031	0.167***	0.159***	−0.056**	0.073***	−0.110***	1

（三）多重共线性检验

借鉴胡华夏、洪荭、肖露璐（2017）的研究，利用方差膨胀因子（VIF）对解释变量、中介变量和控制变量进行多重共线性检验，当0<VIF<10时，

说明不存在多重共线性。如表 7.4 的检验结果显示，所有变量的 VIF 值均较小，可以认为模型不存在多重共线性问题。

表 7.4 主要变量多重共线性检验结果

变量	均值
R&D	1.46
TobinQ	1.61
Recost	1.32
Lev	2.58
Size	1.68
Profit	1.67
PFA	1.16
CR	1.99
Lnage	1.05
Mean vif	1.61

注：多重共线性检验使用的是进行了左右 1% Winsorize 缩尾处理后的数据。

二、税率优惠对企业创新质量的作用效果

表 7.5 报告了税率优惠对企业创新质量的作用效果。回归（1）显示创新质量数量指标（*number*）的影响系数为 3.313，在 1%的水平上显著，说明从数量的角度来看，15%税率优惠政策能够显著促进高新技术企业提高创新质量，假设 *H*7.1 得到验证。回归（2）显示创新质量结构指标（*structure*）的影响系数为−1.818，且在 10%的水平上显著，即从结构视角来看，税率优惠不仅没有对企业创新质量产生显著激励效应，反而具有显著抑制作用，假设 H7.2 也得到了验证。说明高新技术企业在认定后可能并未致力于开展实质性的高质量创新活动，这在一定程度上验证了高新技术企业的“数量迎合式”创新行为，与李维安、李浩波、李慧聪（2016）和郑烨、阎波（2019）的研究结论一致。

进一步比较回归（1）和回归（2）的结果发现，企业规模（*Size*）对创新质量数量指标（*number*）的影响系数为 0.071，在 1%的水平上显著，对创新质量结构指标（*structure*）的影响系数为 −0.003，但未通过显著性检验，说明随着高新技术企业规模的扩大，“数量迎合式”创新现象更为显著，优化创

新质量结构的意识并未得到提升。企业盈利能力（*profit*）对创新质量数量指标（*number*）产生显著负向作用，影响系数为−0.134，对创新质量结构指标（*structure*）的作用并不显著，说明盈利能力较强的高新技术企业，反而更缺乏开展高质量创新活动的动力。流动比率（*CR*）对创新质量的结构指标（*structure*）具有显著激励效应，影响系数为0.006，但对创新质量数量指标（*number*）的影响并不显著，说明资产流动性较好的高新技术企业优化创新质量结构的意识更强。

表 7.5 税率优惠对企业创新质量的作用效果（现象呈现）

变量	(1) *number*	(2) *structure*
Dutyfr	3.313***	−1.818*
	(4.52)	(−1.81)
Lev	−0.013	0.018
	(−0.58)	(0.59)
Size	0.071***	−0.003
	(22.25)	(−0.63)
Profit	−0.134***	0.060
	(−2.66)	(0.87)
PFA	−0.012	−0.041
	(−0.51)	(−1.28)
CR	−0.000	0.006***
	(−0.23)	(3.90)
Lnage	−0.008	−0.002
	(−1.04)	(−0.18)
_cons	−1.247***	0.785***
	(−9.77)	(4.49)
Year	控制	控制
Industry	控制	控制
N	1801	1801
Adj. R−Square	0.369	0.344

注：括号内的数值是 *t* 值，***、** 和 * 分别表示1%、5%和10%的水平下显著。

三、稳健性检验

为保证基准回归研究结果的可靠性，本书采用如下方法进行稳健性检验。

1. 替换被解释变量。借鉴黎文靖、郑曼妮（2016）的研究，将反映企业开展实质性创新活动的发明专利申请数（N_apply）和发明专利申请率（S_apply）分别作为创新质量的数量和结构指标，构建如下回归方程（7－10）和（7－11）对全样本基准回归结果进行检验，检验结果详见表7.6。税率优惠（$Dutyfr$）对发明专利申请数（N_apply）和发明专利申请率（S_apply）的影响系数分别为32.711和－4.093，均在1%的水平上显著，与主回归的研究结论一致，表明本书的主要结论具有稳健性。

$$N\_apply_{i,t} = \gamma_0 + \gamma_1 Dutyfr_{i,t} + \gamma_j \sum_j controls + \sum Industry_i + \sum Year_i + \delta_{1i} \tag{7-10}$$

$$S\_apply_{i,t} = \varphi_0 + \varphi_1 Dutyfr_{i,t} + \varphi_j \sum_j controls + \sum Industry_i + \sum Year_i + \delta_{2i} \tag{7-11}$$

表7.6　税率优惠对企业创新质量作用效果的稳健性检验——变量替换

变量	(1) N_apply	(2) S_apply
Dutyfr	32.711***	−4.093**
	(4.62)	(−2.37)
Lev	−0.005	0.031
	(−0.03)	(0.60)
Size	0.697***	0.011
	(22.43)	(1.46)
Profit	−0.773	0.359***
	(−1.58)	(3.01)
PFA	0.159	−0.033
	(0.70)	(−0.59)
CR	−0.004	0.008***
	(−0.39)	(3.06)

续表

变量	(1) *N _ apply*	(2) *S _ apply*
Lnage	−0.049	0.007
	(−0.63)	(0.38)
_ cons	−11.424***	1.224***
	(−9.25)	(4.06)
Year	控制	控制
Industry	控制	控制
N	1801	1801
Adj. R−Square	0.367	0.247

注：括号内的数值是 t 值，***、** 和 * 分别表示 1%、5%和 10%的水平下显著。

2. 调整样本时间跨度。2012 年至 2017 年，我国经济增速放缓，经济增长率持续低于 8%，进入了经济新常态，考虑到宏观经济环境对微观企业行为的影响，本书采用 2012 年至 2017 年的样本数据重新对全样本回归模型进行检验。结果如表 7.7 所示，税率优惠（*Dutyfr*）对创新质量数量指标（*number*）和创新质量结构指标（*structure*）的影响系数分别为 3.945 和 −1.841，均通过了显著性检验，检验结果与基准回归基本保持一致，说明本书的主要结论成立。

表 7.7 税率优惠对企业创新质量作用效果的稳健性检验——调整样本区间

变量	(1) *number*	(2) *structure*
Dutyfr	3.945***	−1.841 *
	(5.00)	(−1.75)
Lev	−0.008	0.005
	(−0.33)	(0.17)
Size	0.072***	−0.002
	(21.61)	(−0.48)
Profit	−0.175***	0.070
	(−3.23)	(0.96)

续表

变量	(1) *number*	(2) *structure*
PFA	−0.002	−0.029
	(−0.10)	(−0.89)
CR	0.001	0.006***
	(0.53)	(3.93)
Lnage	−0.011	−0.003
	(−1.29)	(−0.29)
_ *cons*	−1.251***	0.503***
	(−10.59)	(3.19)
Year	控制	控制
Industry	控制	控制
N	1629	1629
Adj. R −Square	0.361	0.348

注：括号内的数值是 t 值，***、** 和 * 分别表示 1%、5%和 10%的水平下显著。

3. 考虑内生性。税率优惠政策本身在很大程度上取决于政府决策，不易受到企业自身创新质量的影响；但创新质量是否得到提升会影响高新技术企业的认定和享受税率优惠的资格，还可能影响企业的财务状况和盈利能力等财务指标。本章采用两种方法降低内生性影响：

(1) 将解释变量税率优惠（*Dutyfr*）和财务类控制变量（*Lev*、*Size*、*Profit*、*PFA*、*CR*）均滞后一期。回归结果如表 7.8 所示，税率优惠（*Dutyfr*）对创新质量数量指标（*number*）和创新质量结构指标（*structure*）的影响系数分别为 3.079 和 −3.369，均通过了显著性检验，检验结果与基准回归保持一致。

表 7.8 税率优惠对企业创新质量作用效果的稳健性检验——考虑内生性（一）

变量	(1) *number*	(2) *structure*
Dutyfr	3.079***	−3.369***
	(4.31)	(−3.50)

续表

变量	(1) *number*	(2) *structure*
Lev	0.003	−0.007
	(0.12)	(−0.24)
Size	0.073***	0.004
	(20.74)	(0.92)
Profit	−0.125***	0.061
	(−2.60)	(0.93)
PFA	0.002	−0.025
	(0.09)	(−0.76)
CR	−0.001	0.005***
	(−0.86)	(3.69)
Lnage	−0.017**	−0.005
	(−2.06)	(−0.41)
_cons	−1.103***	0.630***
	(−8.53)	(3.61)
Year	控制	控制
Industry	控制	控制
N	1624	1624
Adj. R−Square	0.372	0.348

注：括号内的数值是 *t* 值，***、** 和 * 分别表示 1%、5%和 10%的水平下显著。

（2）采用工具变量法，将行业内其他企业的税率优惠均值作为工具变量，通过 Cragg−Donald Wald F 统计量检验工具变量是否存在弱识别问题（Weak Identification），结果显示 F 值为 16.57>10，不存在弱识别问题；第二阶段回归结果如表 7.9 所示，创新质量数量指标（*number*）和结构指标（*structure*）的影响系数分别为 0.027 和−0.043，均通过显著性检验，与基准回归结果保持一致。

表 7.9 税率优惠对企业创新质量作用效果的稳健性检验——考虑内生性（二）

变量	(1) *number*	(2) *structure*
Dutyfr	0.027**	−0.043***
	(2.30)	(−4.66)
Lev	−0.052**	−0.028
	(−2.40)	(−0.83)
Size	0.072***	−0.006
	(16.20)	(−1.14)
Profit	−0.004	0.118 *
	(−0.12)	(1.76)
PFA	−0.072***	0.071**
	(−3.03)	(2.20)
CR	−0.001	0.006***
	(−1.40)	(3.49)
Lnage	−0.012	0.017
	(−1.44)	(1.28)
_ *cons*	−1.278***	0.539***
	(−12.18)	(3.09)
F 值	16.57	16.57

注：括号内的数值是 *t* 值，*** 、** 和 * 分别表示 1%、5%和 10%的水平下显著。

第五节 进一步研究

一、税率优惠对企业创新质量的作用差异

市场化进程的高低会影响企业开展创新活动的积极性（倪德锋，2017），较高的市场化进程可以规避简单的技术模仿，激励企业更加关注创新的质量与

效率（Yang，Maskus，2009；戴魁早、刘友金，2013）。但市场化进程较高的地区企业创新过程中出现“市场失灵”的可能性较小，对税收优惠政策的依赖可能会降低（朱永明、贾明娥，2017）。因此，借鉴朱永明、贾明娥（2017）的做法，将《中国分省份市场化指数报告（2016）》中披露的连续5年排名前四位的江苏、浙江、上海、广东四个省份及直辖市的上市企业作为市场化进程较高的样本，其余省份的上市企业作为市场化进程较低的样本，对税率优惠与企业创新质量提升的关系进行异质性检验，比较有关作用效果的差异。

表7.10报告了异质性检验结果，回归（1）和回归（2）显示，在市场化进程高的地区，税率优惠（*Dutyfr*）对创新质量数量指标（*number*）的影响系数为2.900，在5%的水平上显著，对创新质量结构指标（*structure*）的影响系数为−4.041，在5%的水平上显著。回归（3）和回归（4）显示，市场化进程较低的地区，税率优惠（*Dutyfr*）对创新质量数量指标（*number*）的影响系数为3.673，在1%的水平上显著，对创新质量结构指标（*structure*）的影响系数为0.769，但未通过显著性检验。

表7.10　税率优惠对企业创新质量的作用差异（现象细分）

变量	市场化进程高		市场化进程低	
	(1) *number*	(2) *structure*	(3) *number*	(4) *structure*
Dutyfr	2.900**	−4.041**	3.673***	0.769
	(2.35)	(−2.49)	(3.89)	(0.60)
Lev	0.021	0.005	−0.021	0.046
	(0.53)	(0.09)	(−0.77)	(1.25)
Size	0.073***	0.005	0.070***	−0.012**
	(11.99)	(0.65)	(17.85)	(−2.14)
Profit	−0.079	0.094	−0.173***	−0.043
	(−0.76)	(0.69)	(−2.86)	(−0.52)
PFA	−0.004	0.044	−0.017	−0.089**
	(−0.09)	(0.82)	(−0.59)	(−2.23)
CR	−0.001	0.004	−0.000	0.008***
	(−0.34)	(1.43)	(−0.18)	(4.84)

续表

变量	市场化进程高		市场化进程低	
	(1) *number*	(2) *structure*	(3) *number*	(4) *structure*
Lnage	−0.020	0.012	−0.004	−0.021
	(−1.48)	(0.65)	(−0.40)	(−1.52)
_ *cons*	−1.267***	0.599***	−1.213***	0.931***
	(−7.90)	(2.84)	(−8.78)	(4.92)
Year	控制	控制	控制	控制
Industry	控制	控制	控制	控制
N	713	713	1088	1088
Adj. R−Square	0.356	0.409	0.389	0.354

注：括号内的数值是 t 值，***、** 和 * 分别表示 1%、5%和 10%的水平下显著。

可见在不同市场化进程的高新技术企业中，税率优惠对企业创新质量数量指标的影响不存在明显的异质性特征。对创新质量的结构虽然都未产生显著促进作用，但仍然存在明显的异质性，在市场化进程高的地区，税率优惠会对创新质量的结构优化产生显著抑制效应，在市场化进程低的地区，税率优惠与创新质量的结构正相关，只是这种正向作用不显著。说明在市场化进程高的高新技术企业中，“数量迎合式”创新现象更为突出，外部相对完善的经济、金融和市场环境为企业充当了保护伞，在一定程度上削弱了其开展实质性和高质量创新的动力。

二、税率优惠对企业创新质量的作用机制

贾春香、王婉莹（2019）发现研发投入能够在税收优惠与创新绩效的关系中发挥中介作用，邹洋等（2019）也认为创新投入是“营改增”税制改革影响创新产出的中介变量。并且从前两章的研究结论来看，创新投入在税收优惠强度、研发费用加计扣除税基优惠与企业创新质量的关系中均扮演传导媒介的角色，能够发挥中介作用。从 15%税率优惠影响企业创新的理论分析来看，其作用原理主要还是通过增加企业的可支配现金收入，缓解企业创新的资金约束问题，从而激励企业加大创新投入。基于此，本章进一步探讨 15%税率优惠政策对高新技术企业创新质量的作用机制，考察创新投入是否在两者的关系中

发挥中介作用。

表 7.11 报告了全样本的中介效应检验结果，回归（3）显示，税率优惠（*Dutyfr*）对中介变量创新投入（*R&D*）具有显著负向作用，影响系数为－1.893，在1%的水平上显著。对比回归（1）和回归（4）的结果，加入中介变量，并未影响税率优惠（*Dutyfr*）的显著性，也未降低其影响系数的绝对值，税率优惠（*Dutyfr*）与中介变量创新投入（*R&D*）对创新质量的数量指标（*number*）均产生显著激励效应，影响系数分别为 4.702 和 0.734。说明创新投入不在税率优惠与高新技术企业创新质量数量指标的关系中发挥中介作用。在回归（5）中，创新投入（*R&D*）对创新质量的结构指标（*structure*）产生显著促进作用，影响系数为 0.657，满足中介效应检验的条件。对比回归（2）和回归（5）的结果，发现加入中介变量创新投入（*R&D*），改变了税率优惠（*Dutyfr*）影响系数的显著性，即创新投入在税率优惠与创新质量结构指标（*structure*）的关系中发挥完全中介作用，税率优惠通过降低创新投入进而对创新质量的结构优化产生抑制效应。说明高新技术企业在享受了的税率优惠后，并未致力于实质性的创新活动，反而会进一步削减高质量发明专利的创新投入比例，增加低质量的创新产出，造成创新数量与创新结构的进一步失衡，这也与前面第四章我国高新技术企业高质量发明专利占比不升反降的现状相吻合。

表 7.11　税率优惠对企业创新质量的作用机制——全样本（现象剖析）

变量	(1) *number*	(2) *structure*	(3) *R&D*	(4) *number*	(5) *structure*
Dutyfr	3.313***	−1.818*	−1.893***	4.702***	−0.574
	(4.52)	(−1.81)	(−7.89)	(6.50)	(−0.57)
R&D				0.734***	0.657***
				(10.32)	(6.62)
Lev	−0.013	0.018	−0.019***	0.002	0.030
	(−0.58)	(0.59)	(−2.74)	(0.08)	(1.03)
Size	0.071***	−0.003	−0.002**	0.073***	−0.001
	(22.25)	(−0.63)	(−2.27)	(23.45)	(−0.28)
Profit	−0.134***	0.060	0.123***	−0.225***	−0.021
	(−2.66)	(0.87)	(7.44)	(−4.51)	(−0.30)

续表

变量	(1) *number*	(2) *structure*	(3) *R&D*	(4) *number*	(5) *structure*
PFA	−0.012	−0.041	−0.030***	0.010	−0.022
	(−0.51)	(−1.28)	(−3.84)	(0.43)	(−0.68)
CR	−0.000	0.006***	0.002***	−0.001	0.005***
	(−0.23)	(3.90)	(4.86)	(−1.43)	(3.15)
Lnage	−0.008	−0.002	−0.010***	−0.001	0.004
	(−1.04)	(−0.18)	(−3.74)	(−0.15)	(0.41)
_cons	−1.247***	0.785***	0.110***	−1.328***	0.713***
	(−9.77)	(4.49)	(2.63)	(−10.69)	(4.12)
Year	控制	控制	控制	控制	控制
Industry	控制	控制	控制	控制	控制
N	1801	1801	1801	1801	1801
Adj.R-Square	0.369	0.344	0.356	0.405	0.360

注：括号内的数值是t值，***、**和*分别表示1%、5%和10%的水平下显著。

表7.12报告了市场化进程高的高新技术企业中介效应检验结果，回归(3)显示，税率优惠（*Dutyfr*）对中介变量创新投入（*R&D*）具有负向作用，影响系数为−1.437，在1%的水平上显著。从回归(4)的结果来看，中介变量创新投入（*R&D*）和主变量税率优惠（*Dutyfr*）均对创新质量的数量指标（*number*）产生显著激励效应，影响系数分别为4.490和1.107。说明在市场化进程高的高新技术企业中，创新投入不在税率优惠与创新质量数量指标的关系中发挥中介作用。在回归(5)中，创新投入（*R&D*）对创新质量的结构指标（*structure*）产生显著促进作用，影响系数为0.532，满足中介效应检验的条件。对比回归(2)和回归(5)的结果，发现加入中介变量创新投入（*R&D*），并未改变税率优惠（*Dutyfr*）影响系数的显著性，影响系数的绝对值由4.041下降到3.277，即在市场化进程高的样本中，创新投入在税率优惠与创新质量结构指标（*structure*）的关系中发挥部分中介作用。说明税率优惠对创新质量结构的抑制作用，在一定程度上是由于企业降低创新投入引起的，在市场化进程高的区域，企业技术创新的发展相对成熟，创新投入可能趋于饱和，创新产出的数量增长明显，但这部分企业并未优化自身创新意识，盲目最

求数量增长，忽视了对创新结构的优化。

表 7.12 税率优惠对企业创新质量的作用机制——市场化进程高（现象剖析）

变量	(1) *number*	(2) *structure*	(3) *R&D*	(4) *number*	(5) *structure*
Dutyfr	2.900**	−4.041**	−1.437***	4.490***	−3.277**
	(2.35)	(−2.49)	(−4.92)	(3.70)	(−1.99)
R&D				1.107***	0.532**
				(6.69)	(2.47)
Lev	0.021	0.005	−0.015	0.037	0.013
	(0.53)	(0.09)	(−1.58)	(0.98)	(0.24)
Size	0.073***	0.005	−0.004***	0.078***	0.007
	(11.99)	(0.65)	(−2.84)	(13.10)	(0.92)
Profit	−0.079	0.094	0.130***	−0.224***	0.025
	(−0.76)	(0.69)	(5.32)	(−2.91)	(0.18)
PFA	−0.004	0.044	−0.026***	0.025	0.058
	(−0.09)	(0.82)	(−2.70)	(0.63)	(1.08)
CR	−0.001	0.004	0.001*	−0.002	0.004
	(−0.34)	(1.43)	(1.74)	(−0.83)	(1.27)
Lnage	−0.020	0.012	−0.010***	−0.010	0.017
	(−1.48)	(0.65)	(−2.92)	(−0.73)	(0.93)
_cons	−1.267***	0.599***	0.127***	−1.408***	0.532**
	(−7.90)	(2.84)	(3.34)	(−9.01)	(2.51)
Year	控制	控制	控制	控制	控制
Industry	控制	控制	控制	控制	控制
N	713	713	713	713	713
Adj.R−Square	0.356	0.409	0.342	0.399	0.413

注：括号内的数值是 *t* 值，***、** 和 * 分别表示 1%、5%和 10%的水平下显著。

表 7.13 报告了市场化进程低的高新技术企业的中介效应检验结果，因在市场化进程低的样本中，税率优惠（*Dutyfr*）对创新质量的结构指标（*structure*）影响不显著，故此处只从数量视角分析税率优惠与创新质量的作

用机制。与市场化进程高的样本一致的是，税率优惠（*Dutyfr*）对中介变量创新投入（*R&D*）产生显著负向作用，影响系数为－2.119。且回归（3）的结果表明税率优惠（*Dutyfr*）与中介变量创新投入（*R&D*）均对创新质量的数量指标（*number*）产生显著激励，即在市场化进程低的样本中，创新投入也不在税率优惠与创新质量数量指标的关系中发挥中介作用。说明与市场化进程高的高新技术企业类似，在市场化进程低的高新技术企业中，税率优惠已难以促进企业增加创新投入，创新投入也可能达到了饱和状态，追求创新产出可能是现阶段进行技术创新的重点目标。但结合表 7.10 的结果来看，与市场化进程高的高新技术企业不同的是，市场化进程低的高新技术企业在外部市场条件处于相对劣势的情况下，更具有利用税率优惠优化创新结构的动力。

表 7.13　税率优惠对企业创新质量的作用机制——市场化进程低（现象剖析）

变量	(1) *number*	(3) *R&D*	(4) *number*
Dutyfr	3.673***	−2.119***	5.071***
	(3.89)	(−5.42)	(5.42)
R&D			0.620***
			(7.70)
Lev	−0.021	−0.012	−0.007
	(−0.77)	(−0.97)	(−0.26)
Size	0.070***	−0.000	0.071***
	(17.85)	(−0.26)	(18.53)
Profit	−0.173***	0.125***	−0.251***
	(−2.86)	(4.86)	(−4.21)
PFA	−0.017	−0.021	0.002
	(−0.59)	(−1.55)	(0.07)
CR	−0.000	0.003***	−0.001
	(−0.18)	(6.89)	(−0.75)
Lnage	−0.004	−0.016***	0.003
	(−0.40)	(−3.36)	(0.35)
_*cons*	−1.213***	0.075	−1.274***
	(−8.78)	(1.14)	(−9.46)

续表

变量	(1) *number*	(3) *R&D*	(4) *number*
Year	控制	控制	控制
Industry	控制	控制	控制
N	1088	1088	1088
Adj. R－Square	0.389	0.335	0.422

注：括号内的数值是 t 值，*** 、** 和 * 分别表示 1%、5%和 10%的水平下显著。

三、税率优惠对企业创新质量的作用环境

（一）不同样本组的调节效应

创新是企业着眼长远的战略选择（徐晨、孙元欣，2018），但创新的高风险性和产出滞后性等特征（Rudy B，Johnson A，2016），迫使一些短视的管理者通过寻租来换取政府补贴、税收优惠和有关资格认定等稀缺资源（徐晨，孙元欣，2019）。对于寻租与创新活动的关系，主要有三种观点。持抑制论的观点认为寻租会增加非生产性寻利（directly unproductive profit－seeking）活动（Bhagwati，Srinivasan，1983），浪费企业的生产资源（Williams，Martinez－Perez，Kedir，2016），诱使企业将用于创新的资源转向寻租，导致资源配置的扭曲（罗党论、唐清泉，2007；刘勇政、冯海波，2011）。持促进论的研究认为，通过寻租建立的政治关联有助于企业获得创新资源和生产许可（余明桂、回雅甫、潘红波，2010），寻租可以帮助企业获得更多创新补贴和创新政策指引（李建标、梁馨月，2016），为企业快速开展创新活动提供资金基础和政策支持（陈林、朱卫平，2008）。李后建、张剑（2015）认为寻租与企业创新之间的关系并非线性的，是一种倒 U 形关系，即适度的寻租行为能在企业创新过程中起到“润滑剂”的作用，过度寻租则会成为企业创新的“绊脚石”。寻租的程度会影响企业创新的环境和创新导向，基于此，本章进一步考察寻租是否在税率优惠与企业创新质量的关系中发挥调节效应。

表 7.14 报告了税率优惠对创新质量作用环境的回归结果，考察寻租对不同样本组的调节效应，因在市场化进程低的样本组中税率优惠仅对创新质量的数量指标产生显著影响，故此处只基于数量视角考察寻租对该样本组的调节效

应。在全样本中，从数量上看，回归（1）显示，加入调节变量后，税率优惠（Dutyfr）对创新质量数量指标（*number*）的正向作用不显著，寻租（*Recost*）与企业创新质量数量指标（*number*）存在显著正相关性，影响系数为1.532，交乘项（*Recost* * *Dutyfr*）的影响系数不显著，即寻租未对两者的关系产生显著调节效应，反而具有干扰作用。从结构上看，在回归（2）中，主变量（*Dutyfr*）和交乘项（*Recost* * *Dutyfr*）影响系数分别为−6.750和57.340，且均通过显著性检验，说明寻租对两者的负相关性产生了显著正向调节效应，即寻租在税率优惠与企业创新质量结构优化的关系中起到了一定的“润滑剂”作用。可能是因为企业通过寻租建立的政治关联为企业开展高质量的创新活动赢得了更多的资源，这种政治联系对企业在发明专利申请授权过程中的认定也能起到推动作用，从而促进企业高质量的创新产出和创新质量的结构优化。

表7.14　税率优惠对企业创新质量的作用环境（现象定位）

变量	全样本		市场化进程高		市场化进程低
	(1) *number*	(2) *structure*	(3) *number*	(4) *structure*	(5) *number*
Dutyfr	0.661	−6.750***	2.146	−4.070	−0.329
	(0.50)	(−3.56)	(0.91)	(−1.24)	(−0.20)
Recost	1.532***	0.340	1.860***	0.810**	1.310***
	(9.52)	(1.46)	(6.53)	(2.03)	(6.50)
Recost * *Dutyfr*	−7.422	57.340**	−34.996	−19.180	22.226
	(−0.40)	(2.15)	(−1.09)	(−0.43)	(0.95)
Lev	0.003	0.024	0.049	0.017	−0.010
	(0.15)	(0.82)	(1.30)	(0.32)	(−0.38)
Size	0.080***	0.001	0.080***	0.008	0.080***
	(25.95)	(0.15)	(13.92)	(1.03)	(20.93)
Profit	0.076	0.174**	0.111	0.173	0.035
	(1.52)	(2.42)	(1.12)	(1.25)	(0.58)
PFA	−0.006	−0.041	0.006	0.049	−0.017
	(−0.27)	(−1.29)	(0.17)	(0.91)	(−0.63)
CR	−0.000	0.006***	0.001	0.005*	−0.000
	(−0.01)	(3.93)	(0.45)	(1.68)	(−0.03)

续表

变量	全样本		市场化进程高		市场化进程低
	(1) *number*	(2) *structure*	(3) *number*	(4) *structure*	(5) *number*
Lnage	−0.011	−0.002	−0.026**	0.010	−0.007
	(−1.41)	(−0.21)	(−2.00)	(0.53)	(−0.77)
_ *cons*	−1.523***	0.685***	−1.523***	0.491**	−1.495***
	(−12.49)	(3.88)	(−9.94)	(2.29)	(−11.20)
Year	控制	控制	控制	控制	控制
Industry	控制	控制	控制	控制	控制
N	1801	1801	713	713	1088
Adj.R−*Square*	0.441	0.355	0.434	0.414	0.458

注：括号内的数值是 t 值，***、** 和 * 分别表示 1%、5%和 10%的水平下显著。

在异质性样本中，回归（3）、回归（4）和回归（5）显示，加入调节变量后，主变量税率优惠（Dutyfr）和交乘项（Recost ∗ Dutyfr）的影响系数均不显著，只有寻租（Recost）的影响系数显著。说明在异质性样本中寻租对税率优惠与企业创新质量关系的调节效应不显著，反而会产生一定的干扰效应。说明寻租带来的“关系资本”可能降低企业对税收优惠政策的依赖和充分利用，进而限制和干扰税率优惠政策效力的发挥。下面将借鉴李后建，张剑（2015）的研究，构建如下模型（7－12）至（7－15），通过研究寻租与企业创新质量的关系来进一步剖析该干扰效应。

$$number_{i,t} = \psi_0 + \psi_1 Recost_{i,t} + \psi_j \sum_j controls + \sum Industry_i + \sum Year_i + \rho_{1i} \tag{7-12}$$

$$structure_{i,t} = \tau_0 + \tau_1 Recost_{i,t} + \tau_j \sum_j controls + \sum Industry_i + \sum Year_i + \rho_{2i} \tag{7-13}$$

$$number_{i,t} = \varphi_0 + \varphi_1 Recost_{i,t} + \varphi_2 Recost^2{}_{i,t} + \varphi_j \sum_j controls + \sum Industry_i + \sum Year_i + \rho_{3i} \tag{7-14}$$

$$structure_{i,t} = \nu_0 + \nu_1 Recost_{i,t} + \nu_2 Recost^2{}_{i,t} + \nu_j \sum_j controls + \sum Industry_i + \sum Year_i + \rho_{4i} \tag{7-15}$$

表7.15报告了寻租与企业创新质量的回归结果，在全样本中，回归（1）显示寻租与企业创新质量存在显著正相关性，进一步通过回归（2）的结果表明，寻租与企业创新质量的数量指标（*number*）之间存在倒*U*型关系，寻租（*Recost*）和寻租的平方项（*Recost*2）的影响系数分别为2.293和−5.635，分别在1%和5%的水平上显著，与李后建、张剑（2015）的研究结果类似。说明适度寻租能够从数量上促进高新技术企业创新质量提升，过度寻租可能挤占创新的资金投入，成为高新技术企业创新质量提升的“绊脚石”。寻租与企业创新质量数量指标的倒*U*型关系可能扰乱企业对税收优惠政策的利用，进而干扰税率优惠与企业创新质量数量指标的关系。

在异质性样本中，从数量上看，回归（3）、回归（4）的结果表明，在市场化进程高的高新技术企业中，寻租与企业创新质量数量指标（*number*）之间存在倒*U*型关系，寻租（*Recost*）和寻租的平方项（*Recost*2）的影响系数分别为3.185和−11.323，均通过显著性检验。在市场化进程低的样本中，回归（7）和回归（8）显示，寻租与企业创新质量数量指标（*number*）之间存在*U*型关系，寻租（*Recost*）和寻租的平方项（*Recost*2）的影响系数分别为−1.153和13.707，均通过了显著性检验。说明寻租与企业创新质量数量指标的关系具有明显异质性，在市场化进程低的区域，由于外部环境的限制，只有程度较高的寻租才能从数量上促进企业创新质量提升。从结构上看，回归（5）、回归（6）的结果表明，在市场化进程高的高新技术企业中，寻租与企业创新质量结构指标（*structure*）之间均存在显著正相关关系，说明在市场环境较为完善的地区，寻租建立的政治联系，能够对高质量的创新产出产生扭曲的正向作用。

寻租可为企业带来“关系资本”，对企业创新质量的影响是多维的，不能简单地以抑制或促进来论，会受到市场化进程高低等外部环境以及数量和结构不同分析维度的影响，可能是倒U型关系，也可能是正相关性或U型关系。当存在倒U型关系时，适度寻租能够对高质量的创新产出数量产生正向激励，进而促进企业优化创新结构，在税率优惠与创新质量结构指标的负向关系中发挥“润滑剂”的作用；但过度寻租不仅会直接阻碍创新质量提升，还会干扰税率优惠对高新技术企业创新质量的促进作用，成为“绊脚石”。当存在正相关性或U型关系时，可能会促使企业过分追求寻租这类非正规手段建立的政治联系，而忽视对税收优惠政策等正规扶持政策的利用，导致税收优惠政策作用机制的紊乱，从而对税率优惠的作用效果产生干扰效应。

表 7.15　寻租与企业创新质量的影响

变量	全样本		市场化进程高			市场化进程低		
	(1) *number*	(2) *number*	(3) *number*	(4) *number*	(5) *structure*	(6) *structure*	(7) *number*	(8) *number*
Recost	1.473***	2.293***	1.608***	3.185***	0.481**	1.110	0.852***	−1.153 *
	(15.71)	(6.50)	(9.88)	(4.54)	(2.10)	(1.12)	(4.83)	(−1.92)
Recost2		−5.635**		−11.323**		−4.518		13.707***
		(−2.37)		(−2.31)		(−0.65)		(3.50)
Lev	−0.009	0.005	0.046	0.056	0.024	0.027	0.054	0.055
	(−0.48)	(0.24)	(1.25)	(1.50)	(0.45)	(0.52)	(1.49)	(1.51)
Size	0.086***	0.081***	0.080***	0.081***	0.004	0.005	−0.006	−0.009*
	(28.45)	(26.93)	(14.05)	(14.25)	(0.54)	(0.60)	(−1.11)	(−1.66)
Profit	0.064*	0.091***	0.111	0.125*	−0.130	−0.124	0.039	0.038
	(1.89)	(2.59)	(1.56)	(1.75)	(−1.29)	(−1.23)	(0.66)	(0.63)
PFA	−0.011	−0.010	0.004	0.003	0.054	0.054	−0.085**	−0.072*
	(−0.50)	(−0.46)	(0.10)	(0.07)	(1.01)	(1.00)	(−2.17)	(−1.84)

续表

变量	全样本		市场化进程高			市场化进程低		
	(1) *number*	(2) *number*	(3) *number*	(4) *number*	(5) *structure*	(6) *structure*	(7) *number*	(8) *number*
CR	−0.000	0.000	0.001	0.001	0.007**	0.007**	0.008***	0.008***
	(−0.57)	(0.01)	(0.37)	(0.45)	(2.34)	(2.36)	(5.22)	(5.06)
Lnage	−0.007	−0.011	−0.026**	−0.027**	0.013	0.012	−0.024*	−0.021
	(−0.95)	(−1.50)	(−2.02)	(−2.06)	(0.69)	(0.68)	(−1.75)	(−1.50)
_*cons*	−1.646***	−1.564***	−1.506***	−1.567***	0.537**	0.537**	0.763***	0.887***
	(−13.25)	(−12.80)	(−9.92)	(−10.21)	(2.48)	(2.48)	(4.01)	(4.61)
Year	控制	控制	控制	控制	控制	控制	控制	控制
Industry	控制	控制	控制	控制	控制	控制	控制	控制
N	1801	1801	713	713	713	713	1088	1088
Adj.R−Square	0.463	0.443	0.434	0.438	0.407	0.407	0.368	0.375

注：括号内的数值是 *t* 值，***、** 和 * 分别表示 1%、5%和 10%的水平下显著。

（二）考虑制度环境的影响

夏后学、谭清美、白俊红（2019）的研究表明优化营商环境会显著影响企业寻租与创新的关系，在消除寻租影响、促进企业创新方面能够发挥积极作用。制度环境是企业营商环境的重要组成部分，李后建（2014）认为制度环境会影响寻租与企业创新的关系。高新技术企业认定办法及其认定管理工作指引是关系到企业能否享受税率优惠的核心制度，2008年科技部、财政部和国家税务总局联合颁布了《高新技术企业认定管理办法》（国科发火〔2008〕172号）和《高新技术企业认定管理工作指引》（国科发火〔2008〕362号），2016年对该认定管理办法和工作指引进行了修订。放宽了一些核心指标，取消了对核心技术取得时间的限制，将科技人员的占比由原来的30%降低为10%，并且不再限制学历。调整了研发费用的比例，将最近一年销售收入5000万元以下的比例从6%降低为5%，其他档次不变，但对高质量的创新活动并未体现出明显的政策倾斜。那么这一认定办法的修订能否降低寻租的干扰效应，为税率优惠与高新技术企业创新质量的关系营造良好的制度环境呢？

基于我国高新技术企业认定有关制度环境的变化，将主体样本划分为2008—2015年，2016—2017年两个阶段，分三步探讨制度环境对调节效应的影响，首先，利用模型（7—1）和模型（7—2）分析不同制度背景下税率优惠对企业创新质量的作用效果；其次，在不同阶段作用效果的基础上，利用模型（7—6）和模型（7—7）进一步探讨寻租对两者关系的调节效应；最后借助模型（7—12）至模型（7—15）通过研究寻租与企业创新的关系对不同阶段的调节效应作进一步解释。

表7.16报告了不同高新技术企业认定制度背景下税率优惠对企业创新质量的作用效果。回归（1）和回归（2）显示，2008年至2015年，税率优惠（Dutyfr）只能从数量显著上促进企业创新质量提升，影响系数为2.852。回归（3）和回归（4）的结果表明，2016年高新技术企业认定办法的修订并未改善税率优惠对企业创新质量的影响，仍未能从结构上促使高新技术企业提升创新质量，仅对创新质量的数量指标（*number*）产生显著激励，影响系数为4.489。回归（2）和回归（4）显示，两个阶段中税率优惠（*Dutyfr*）对企业创新质量结构指标（*structure*）呈负相关性，影响系数分别为−2.054和−1.544，与主回归的研究结果类似，只是未通过显著性检验。说明我国新修订的高新技术企业认定办法仍然侧重以“量”为准则，对企业优化创新结构的引导还不够，在认定标准中对高质量发明专利的政策倾斜不足，容易导致高新技

术企业的“数量迎合式”创新行为，难以为税率优惠政策效力的发挥提供相对完善的制度环境。

表 7.16 不同阶段税率优惠对企业创新质量的作用效果

变量	2008—2015 年		2016—2017 年	
	(1) *number*	(2) *structure*	(3) *number*	(4) *structure*
Dutyfr	2.852***	−2.054	4.489***	−1.544
	(3.25)	(−1.59)	(3.29)	(−1.09)
Lev	−0.019	0.015	−0.010	−0.005
	(−0.73)	(0.39)	(−0.24)	(−0.11)
Size	0.074***	−0.001	0.072***	−0.003
	(18.68)	(−0.24)	(12.56)	(−0.49)
Profit	−0.056	0.111	−0.348***	0.021
	(−0.93)	(1.26)	(−3.48)	(0.20)
PFA	−0.011	−0.028	−0.041	0.086 *
	(−0.39)	(−0.69)	(−0.90)	(1.82)
CR	−0.001	0.005***	0.004	0.004
	(−1.11)	(3.13)	(1.18)	(1.19)
Lnage	−0.012	−0.001	0.005	−0.002
	(−1.30)	(−0.05)	(0.38)	(−0.12)
_cons	−1.256***	0.911***	−1.302***	0.542***
	(−10.54)	(5.19)	(−8.52)	(3.41)
Year	控制	控制	控制	控制
Industry	控制	控制	控制	控制
N	1277	1277	524	524
Adj.R−Square	0.366	0.342	0.356	0.320

注：括号内的数值是 *t* 值，***、** 和 * 分别表示 1%、5%和 10%的水平下显著。

因在不同的制度背景下税率优惠均仅对高新技术企业创新质量的数量指标产生显著作用，故下文进一步从数量视角探讨寻租对两者关系的调节效应以及寻租本身对创新质量的影响。

表 7.17 报告了不同制度环境下寻租的调节效应。回归（1）中，加入调节变量后，主变量（*Dutyfr*）和交乘项（*Recost* * *Dutyfr*）的影响系数均不显著，寻租（*Recost*）对企业创新质量数量指标（*number*）产生显著激励，影响系数为 1.560，回归（2）的结果与回归（1）类似。说明高新技术企业认定标准修订前后，寻租均不对税率优惠与高新技术企业创新质量产生显著调节效应，反而会干扰税率优惠对创新质量数量指标的促进作用。

表 7.17　不同阶段税率优惠对企业创新质量的作用环境（现象定位）

变量	2008—2015	2016—2017
	(1) *number*	(2) *number*
Dutyfr	0.306	0.348
	(0.19)	(0.16)
Recost	1.560***	1.367***
	(7.85)	(5.59)
Recost * *Dutyfr*	−9.668	16.357
	(−0.43)	(0.65)
Lev	−0.003	0.002
	(−0.11)	(0.05)
Size	0.082***	0.082***
	(21.70)	(14.73)
Profit	0.144**	−0.099
	(2.45)	(−0.99)
PFA	−0.000	−0.049
	(−0.01)	(−1.14)
CR	−0.001	0.003
	(−0.77)	(0.96)
Lnage	−0.016*	0.007
	(−1.83)	(0.54)
_ *cons*	−1.479***	−1.634***
	(−12.97)	(−10.82)

续表

变量	2008—2015	2016—2017
	(1) *number*	(2) *number*
Year	控制	控制
Industry	控制	控制
N	1277	524
Adj. R-Square	0.440	0.427

注：括号内的数值是 t 值，***、** 和 * 分别表示 1%、5%和 10%的水平下显著。

表 7.18 报告了不同制度环境下寻租对企业创新质量数量指标影响的回归结果。结合回归（1）和回归（2）的结果来看，2008 年至 2015 年寻租与企业创新质量的数量指标（*number*）之间存在倒 *U* 型关系，寻租（*Recost*）和寻租平方项（*Recost*2）的影响系数分别为 2.459 和 −6.843，均通过了显著性检验，这种倒 *U* 型关系会分散企业的精力，使企业在通过寻租建立政治关联方面投入较多，从而降低了对税收优惠政策的关注和利用，进而干扰了税率优惠对企业创新质量数量指标（*number*）的促进作用。结合回归（3）和回归（4）来看，2016 年至 2017 年寻租与企业创新质量的数量指标（*number*）存在显著正相关性，影响系数为 1.502。说明认定办法的修订反而加深了寻租与企业创新质量的联系，可能是因为新修订的高新技术企业认定工作指引加入了对企业创新能力的定性评价，这增加了认定过程中的人为判断因素，为寻租提供了更多空间。

表 7.18　不同阶段寻租对企业创新质量的影响

变量	2008—2015		2016—2017	
	(1) *number*	(2) *number*	(3) *number*	(4) *number*
Recost	1.481***	2.459***	1.502***	1.787***
	(13.24)	(5.85)	(8.43)	(2.65)
*Recost*2		−6.843**		−1.831
		(−2.41)		(−0.40)
Lev	−0.002	−0.001	−0.023	0.002
	(−0.10)	(−0.02)	(−0.63)	(0.04)

续表

变量	2008—2015		2016—2017	
	(1) *number*	(2) *number*	(3) *number*	(4) *number*
Size	0.082***	0.083***	0.084***	0.083***
	(22.08)	(22.24)	(15.85)	(15.07)
Profit	0.132***	0.137***	−0.015	−0.030
	(3.17)	(3.28)	(−0.22)	(−0.43)
PFA	0.000	−0.005	−0.062	−0.052
	(0.00)	(−0.18)	(−1.47)	(−1.21)
CR	−0.001	−0.001	−0.000	0.002
	(−0.73)	(−0.61)	(−0.13)	(0.77)
Lnage	−0.016*	−0.017*	0.011	0.007
	(−1.81)	(−1.86)	(0.76)	(0.54)
_*cons*	−1.470***	−1.525***	−1.689***	−1.670***
	(−13.06)	(−13.31)	(−11.52)	(−11.02)
Year	控制	控制	控制	控制
Industry	控制	控制	控制	控制
N	1277	1277	524	524
Adj.R−Square	0.441	0.443	0.447	0.426

注：括号内的数值是 *t* 值，***、** 和 * 分别表示 1%、5%和 10%的水平下显著。

可见高新技术企业认定办法的修订没有为税率优惠与企业创新质量的结构优化营造良好的制度环境，也没有制约寻租对高新技术企业创新质量的扭曲正向作用。反而提供了更多的寻租空间，在某种程度上助长了两者之间的这种畸形关系，使企业创新质量的提升越发依赖非正规的寻租手段建立的关系资本，降低对正规税收优惠政策的关注和利用。导致寻租对税率优惠与企业创新质量的干扰效应并未得到缓解，限制了税率优惠政策效用的发挥。

四、税率优惠对企业创新质量的作用传递

第五章和第六章的研究表明整体税收优惠强度和研发费用加计扣除税基优

惠对企业创新质量的激励作用能传递到企业价值上，创新质量的提升能够在一定程度上促进企业价值增长，但这一传递效应在高新技术企业中表现得不够理想。税率优惠是高新技术企业的标志性税收优惠政策，为检验这一优惠政策对高新技术企业创新质量数量指标的激励效应能否传递到企业价值上，创新质量的数量增长能否进一步促进企业价值提升。本章借鉴 Tseng，Wu（2007）和黎文靖，郑曼妮（2016）的研究，用企业下一期的托宾 Q 值（*TobinQ*）来衡量企业价值，借助模型（7−8）和模型（7−9）进行检验。

表 7.19 报告了税率优惠对企业创新质量作用传递的回归结果，因在高新技术企业、市场化进程高的高新技术企业和市场化进程低的高新技术企业三个样本组中税率优惠都只能从数量视角促进创新质量提升。故此处主要考察这三个样本组中创新质量的数量指标增长对企业价值的影响。回归（1）中，创新质量数量指标（*number*）的影响系数为 0.728，在 1%的水平上显著，说明从整个高新技术企业来看，高质量的创新产出数量能够对企业价值增长起到显著促进作用，税率优惠对创新质量数量指标的正向作用能传递到企业价值上。

表 7.19 税率优惠对企业创新质量的作用传递（现象延伸）

变量	全样本	市场化进程高	市场化进程低
	(1) *TobinQ*	(2) *TobinQ*	(3) *TobinQ*
number	0.728***	0.596	0.863**
	(2.90)	(1.59)	(2.49)
Lev	−0.706***	−0.909**	−0.721**
	(−3.10)	(−2.36)	(−2.37)
Size	−0.625***	−0.661***	−0.643***
	(−16.34)	(−10.16)	(−12.62)
Profit	5.508***	5.515***	4.729***
	(13.06)	(7.51)	(9.79)
PFA	−0.483**	−0.806**	−0.402
	(−1.98)	(−2.05)	(−1.24)
CR	0.010	−0.041*	0.020
	(0.92)	(−1.81)	(1.62)

续表

变量	全样本	市场化进程高	市场化进程低
	(1) *TobinQ*	(2) *TobinQ*	(3) *TobinQ*
Lnage	−0.104	−0.028	−0.115
	(−1.24)	(−0.21)	(−1.00)
_cons	15.708***	16.295***	16.125***
	(11.52)	(10.10)	(10.11)
Year	控制	控制	控制
Industry	控制	控制	控制
N	1801	713	1088
Adj. R−Square	0.555	0.497	0.575

注：括号内的数值是 t 值，***、** 和 * 分别表示 1%、5%和 10%的水平下显著。

对比不同市场化进程的回归结果，如回归（2）和回归（3）所示，在不同市场化进程条件下税率优惠对企业创新质量的传递作用存在明显差异，只有在市场化进程较低的高新技术企业中，创新质量的数量增长才能显著促进企业价值提升，影响系数为 0.863，在 5%的水平上显著。说明相比市场化进程较低的高新技术企业，处于外部市场环境相对完善的高新技术企业反而对创新成果的利用不够充分，追求表面创新数量增长的策略性创新行为更为严重。可能是外部完善的经济金融环境一方面降低了高新技术企业创新过程中的市场失灵，减少了企业对宏观税收优惠政策的依赖，另一方面为企业形成了保护伞，削弱了企业通过创新增强核心竞争力的积极性。

第六节　本章小结

本章以高新技术企业为样本，从“数量”和“结构”两个视角进一步考察税率优惠对企业创新质量的引导效应。首先，参照 Solow（1956）的生产函数模型对税率优惠与高新技术企业创新的关系进行理论分析，然后利用第五章构建的创新质量综合指标体系，借助回归模型和中介效应模型从五个层面进行实证研究。

一是“现象呈现”，分别从“数量”和“结构”两个视角呈现了税率优惠对高新技术企业创新质量的作用效果。发现税率优惠在一定程度上助长了高新技术企业的“数量迎合式”创新行为，只能从数量上促进创新质量提升，对创新质量的结构优化反而会产生抑制效应。

二是“现象细分”，将外部市场环境纳入研究范围，基于市场化进程的高低进行异质性检验，对税率优惠与高新技术企业创新质量的作用差异进行分析。发现从数量上看税率优惠对不同市场化进程高新技术企业的作用不存在差异，均产生显著激励效应。从结构上看，在市场化进程高的地区，税率优惠会对高新技术企业创新质量产生显著抑制效应；在市场化进程低的地区，税率优惠对高新技术企业创新质量产生正向作用，但不显著。说明在市场化进程高的地区，有相对完善的外部环境作为“保护伞”，“数量迎合式”创新现象更为突出。

三是“现象剖析”，基于中介效应模型，分析税率优惠对高新技术企业创新质量的作用机制，考察创新投入的中介作用。发现创新投入只在税率优惠与高新技术企业创新质量的结构指标中发挥中介作用，即税率优惠通过降低创新投入进而对创新质量的结构优化产生抑制效应。说明高新技术企业在享受了税率优惠后，可能并未致力于开展实质性的创新活动，反而会削减高质量的创新投入，增加低质量的创新产出，导致创新数量与创新结构的进一步失衡，且这种现象在市场化进程高的地区较为突出。

四是“现象定位”，首先基于不同的样本组考察寻租的调节效应，同时考虑了寻租本身对企业创新质量的影响，发现寻租对企业创新质量的影响是多维的，可能是倒 U 型关系，也可能是正相关性或 U 型关系：

当存在倒 U 型关系时，适度寻租能对高质量的创新产出数量产生正向激励，进而在税率优惠与创新质量结构指标的负向关系中发挥“润滑剂”的作用。但过度寻租不仅会直接阻碍创新质量提升，还会干扰税率优惠对高新技术企业创新质量的促进作用，成为“绊脚石”。

当存在正相关性或 U 型关系时，可能会促使企业过分追求寻租这类非正规手段建立的政治联系，而忽视对税收优惠政策等正规扶持政策的利用。导致税收优惠政策作用机制的紊乱，从而对税率优惠的作用效果产生干扰效应。

结合高新技术企业认定办法的变化，考察制度环境对调节效应的影响。发现高新技术企业认定办法的修订没有为税率优惠与高新技术企业创新质量的结构优化营造良好的制度环境。反而在某种程度上助长了寻租与企业创新质量之间的畸形关系，并未缓解寻租对税率优惠与企业创新质量的干扰效应。

五是“现象延伸”，进一步探讨税率优惠对高新技术企业创新质量数量指标的促进作用能否传递到企业价值上。发现整体上看传递效应显著，但在不同市场化进程条件下传递效应存在明显差异。市场化进程高的高新技术企业未能利用创新成果实现企业价值提升，市场化进程较低的高新技术企业既能利用税率优惠政策促进创新质量数量指标的增长，又能将这一激励效应转化为内在生产力，从而促进企业价值的增长。

基于本章的研究结果，有如下政策启示：

一是现有高新技术企业认定办法值得重新审视。应将创新质量作为高新技术企业认定和筛选的重要指标。将“数量”和“结构”一并纳入考核范畴，避免高新技术企业的短视行为，降低“数量迎合式”创新带来的结构失衡。

二是进一步规范高新技术企业的认定程序。高新技术企业的认定容易受到寻租等因素的干扰。寻租建立的政治关系对企业创新质量会产生一定的扭曲正向作用，但过度寻租不仅会成为创新质量提升的“绊脚石”，还会干扰税率优惠对高新技术企业创新质量的作用效果。因而必须通过规范的审核流程来控制高新技术企业认定过程中的寻租空间，为税收优惠政策效应的发挥营造良好的制度环境。

三是加强对高新技术企业创新质量提升的差异化引导。市场化进程高的区域利用税率优惠进行“数量迎合式”创新的现象反而更为严重。针对该区域的企业应更加注重对创新质量结构升级进行考核和评价，激励它们充分利用外部资源优势，切实发挥好创新引领作用。对于市场化进程较低的区域，应以鼓励为主，对创新发展较为积极和创新质量提升较快的企业给予专项补贴，进一步激发创新潜能。

四是引导高新技术企业完善内部的作用链条。以宏观税收优惠政策的合理利用为起点，以企业自身创新质量的提升为核心，以创新成果内化为生产力促进绩效提升为目标，实现宏观经济政策与企业微观财务会计行为的有效衔接。

第八章　研究结论与启示

本章是对论文的一个系统梳理，首先围绕研究框架对主要研究结论进行归纳总结；其次在研究结论的基础上，对我国税收优惠政策的完善和企业创新质量提升提出改进建议。

第一节　研究的主要结论

本书主要研究税收优惠与企业创新质量提升的关系，企业创新质量提升的最终目的是服务于经济发展，经济数量增长和经济结构优化是经济增长质量的两个重要维度（卡马耶夫，1983；任保平，2012；程虹、李丹丹，2014）。借鉴这一思想，本书将创新数量增长和创新结构优化作为企业创新质量提升的两条重要途径，从“数量”和“结构”两个维度，从税收优惠强度、税基优惠（基于研发费用加计扣除视角）和税率优惠（基于高新技术企业视角）三个层次，构建熵值法综合评价模型、多元回归模型、中介效应模型等概念模型，借助Stata16.0等数据分析软件，深入分析税收优惠对企业创新质量的作用效果、作用差异、作用机制、作用环境和作用延伸。主要结论如下：

1. 税收优惠能够缓解企业创新中的市场失灵。从经济学理论的角度来看，税收优惠是政府干预的重要手段，是创新系统的外部支撑条件；既能缓解技术外溢性带来的外部性问题，又能向社会传递政府扶持创新的信号，降低信息不对称。从财务理论的角度来看，税收优惠能降低企业创新面临的融资约束问题，缓解企业创新的风险性。

2. 现有税收优惠政策和创新发展存在不足。创新相关税收优惠政策的制度缺陷主要表现在三个方面：一是，注重创新的数量激励，忽视创新质量的引导。二是，注重税收优惠强度的提高，忽视税制的结构化安排。三是，针对标志性税收优惠方式的精细化设计还不够。创新发展最核心的问题是创新"数量"和创新"结构"发展不平衡，创新质量普遍偏低。2008 年至 2018 年，R&D 经费投入数量和专利产出数量均取得显著提升，但高质量发明专利申请数的占比普遍低于 40%。即便是创新基础较好的高新技术企业在创新结构的优化方面也未取得突破，发明专利申请数的占比由 2011 年的 53.55%下降到了 2018 年的 51.99%。

3. 提高税收优惠强度能从"数量"和"结构"两个方面显著促进企业创新质量的提升。但这种对创新质量的平衡促进作用仅在非高新技术企业中显著，尤其是市场化进程较低的非高新技术企业。这类企业不仅借助创新投入的中介作用，利用税收优惠实现了创新质量的平衡提升，也能进一步将创新质量的提升转化为内在生产力，有效促进企业价值的增长。享受政策扶持较多的高新技术企业没有通过税收优惠实现创新质量的结构升级，仅从数量上提升了创新质量，但创新质量的数量增长未能转化为企业价值。

4. 研发费用加计扣除税基优惠能从"数量"和"结构"两个方面显著促进企业创新质量的提升。高新和非高新技术企业均能凭借创新投入的中介作用，利用研发费用加计扣除实现创新质量的平衡提升。但这种促进作用会受到盈余管理的负向调节，加大研发费用加计扣除优惠力度是一把"双刃剑"，虽然能增强对创新质量的促进作用，但助长了盈余管理的负向调节。高新技术企业不仅更易受到盈余管理的负向调节，在创新成果的转化方面也较弱。非高新技术企业能将创新质量的数量和结构成果均内化为企业价值的增长，而高新技术企业只能利用创新质量的结构优化实现企业价值提升。

5. 税率优惠助长了高新技术企业的"数量迎合式"创新。它只能从"数量"上提升创新质量，对创新质量的结构优化会产生抑制效应，创新投入在这一抑制效应中发挥中介作用。适度寻租通过对高质量创新的正向作用，在税率优惠与创新质量结构指标的抑制效应中发挥"润滑剂"的作用。过度寻租不仅会直接阻碍创新质量提升，还会干扰税率优惠对创新质量的促进作用，成为"绊脚石"。2016 年高新技术企业认定办法的修订，在一定程度上助长了寻租与企业创新之间的畸形关系，并未缓解寻租对税率优惠的干扰作用。最后，创新质量与企业价值之间的转换受到市场化进程的影响，市场化进程较低的高新技术企业在利用创新质量的数量增长实现企业价值提升方面效果更显著。

总体来看，税收优惠与企业创新质量的关系存在如下特点：

1. 税收优惠对企业创新质量的影响不平衡。

（1）对创新质量的"数量"增长和"结构"优化的作用不平衡。由于我国税收优惠整体上注重创新的“数量激励”，忽视“质量引导”，所以从“数量”上促进创新质量提升的效果较好，对创新质量结构优化的作用有限。尤其是税率优惠仅从数量上促进高新技术企业创新质量提升，对其创新质量的结构优化反而会产生抑制作用。

（2）对高新技术企业和非高新技术企业的影响不平衡。享受政策扶持较多的高新技术企业不管在创新质量提升方面，还是创新成果转化为企业价值的增长方面，表现均差强人意。这也在一定程度上解释了近年来高新技术企业高质量创新产出占比不升反降的现状。可能是高新技术企业的创新数量相对较高，弱化了税收优惠的边际效用和增量贡献。非高新技术企业，尤其是内外部资源均处于劣势的市场化进程较低区域的非高新技术企业，不仅能借助税收优惠实现创新质量的平衡提升，还能充分利用创新成果增强企业实力，促进企业价值增长。主要原因在于这类企业自身技术条件和外部资源环境均处于劣势，更依赖外部政策的扶持，更有动力借助税收优惠来实现创新质量的平衡发展和企业竞争力的提升。

（3）税基优惠和税率优惠对企业创新质量的作用不平衡，研发费用加计扣除税基优惠对企业创新质量的促进作用强于税率优惠。研发费用加计扣除税基优惠对高新和非高新技术企业创新质量的“数量”和“结构”指标均具有显著激励效应。税率优惠仅对高新技术企业创新质量的数量指标产生显著激励，在一定程度上助长了“数量迎合式”的策略性创新行为。最主要的原因还是高新技术企业的认定标准以“量”为准则，对“质量”和“结构”指标的重视不够，降低了税率优惠对创新质量结构优化的促进作用。

2. 税收优惠对企业创新质量的作用不稳定。

（1）税收优惠强度与企业创新质量的关系会受到外部市场化进程的影响。因为市场环境是否完善决定了创新过程中市场失灵的程度，进而影响税收优惠的作用效果。在市场化进程较低的区域，外部经济、金融环境不完善，出现市场失灵的可能性较高，企业更依赖宏观政策调控，税收优惠政策的效用越明显。

（2）税收优惠强度与企业创新质量的关系也会受到企业内部“盈余管理”的负向调节作用。因为盈余管理会引发研发操纵现象，导致企业的虚假创新行为，进而对研发费用加计扣除与企业创新质量的正相关性产生负向调节作用。提高研发费用加计扣除力度会加重这一负向调节作用，通过规范研发支出的会计核算和强化税收监管能够有效缓解这一负向调节效应。

（3）税收优惠强度与企业创新质量的关系还会受到“寻租”的干扰。因为寻租能给企业带来“关系资本”，会挤占企业的创新资源，分散企业的注意力，进而弱化企业利用正规税收优惠提升创新质量的积极性，干扰税率优惠对企业创新质量的作用。说明很有必要通过完善创新相关税收优惠政策的制度设计、加强企业自身的内部控制来营造良好的制度环境，稳定税率优惠对企业创新质量的作用效果。

3. 税收优惠对企业创新质量的延伸效应不够充分。

在高新技术企业中，创新质量的结构优化能转化为企业价值提升，但创新质量的数量增长难以实现企业价值的突破，尤其是在市场化进程高的地区。可能是因为高新技术企业本身的创新基础相对较好，创新数量较大，创新在数量上的贡献已趋近饱和，亟需结构上的优化升级。

在非高新技术企业中，市场化进程较低地区能将税收优惠对企业创新质量“数量”与“结构”指标的激励效应内化为生产力，促进企业价值的显著提升，市场化进程高的地区仅能从“数量”视角发挥延伸效用。可能是因为市场化进程低的地区，没有外部相对完善的环境作为保护伞，更需要通过创新向生产力的转化来提高核心竞争力。

可见宏观政策对微观财务会计行为的终端激励还不够完善，有必要通过税收优惠政策的优化和企业自身观念的转变来引导企业形成“税收优惠——创新质量——企业价值”之间畅通的作用传递机制。

第二节　政策与管理建议

一、完善税收优惠的制度体系

要完善创新相关的税收优惠的制度体系建设，不能仅仅提高优惠强度，要充分考虑到减税与财政压力之间的矛盾，把如何增强税收优惠对企业创新的杠杆效应作为改革的重点。以转变税收优惠的引导目标为起点，从税收优惠政策内部的多元化、差异化和精细化设计上下功夫，坚持严管与厚爱并重，把创新质量提升纳入税收优惠的绩效评估范畴，营造更好的税收优惠环境，形成更完善的税收优惠引导激励体系。

1. 将政策引导目标从“数量激励”向“结构优化”和“质量提升”转换。

本书的结论表明，税收优惠从“数量”上促进企业创新质量提升的效果较好，从“结构”上优化企业创新质量的作用有限。因而税收优惠对企业创新的引导重点需从侧重“数量激励”向重视“结构优化”和“质量提升”转变。从理论的角度来看，税收优惠对企业创新的作用是相对固定的，即缓解技术创新过程中的市场失灵。从实践的角度来看，税收优惠对企业创新的引导效应是相对灵活的，要随着技术创新的发展现状、特点和需求做出适应性调整，在企业创新活动中起到更加精准的引导作用。在技术创新的初级阶段，主要注重数量增长和规模扩张，因而我国过去很长一段时间激励创新的税收优惠政策都多以“量”为准则。在税收优惠等一系列扶持政策的作用下，近年来我国技术创新的数量和规模得到了显著提升，2019 年我国在创新指数全球排名第 14 位，首次超过了日本，成为排行榜前 20 名中唯一的发展中经济体。然而，随着高质量发展理念的提出，创新数量已不足以推动创新驱动战略的有效实施，已难以适应经济新常态的发展要求。2019 年 10 月 31 日中国共产党第十九届中央委员会第四次全体会议通过的《中共中央关于坚持和完善中国特色社会主义制度推进国家治理体系和治理能力现代化若干重大问题的决定》中提到“健全以税收、社会保障、转移支付等为主要手段的再分配调节机制，强化税收调节，完善直接税制度并逐步提高其比重来推动经济高质量发展”，这对税制改革提出了质量要求。因而，基于我国经济高质量发展的迫切需求和技术创新的发展现状，必须及时调整税收优惠的引导方向，将优化创新结构和提升创新质量作为政策目标，增强对企业开展高质量创新活动的引导效应。

2. 完善多元化的结构性减税体系。

从第四章的研究可以看出，我国现行扶持企业创新的税收优惠主要以企业所得税为主。比如较有代表性的研发费用加计扣除、固定资产加速折旧以及高新技术企业税率优惠均属于企业所得税的范畴，且前两项税收优惠主要针对的是创新投入环节，难以对创新质量产生直接激励。税率优惠是针对以高新技术企业为代表的特殊行业，也未体现对这些行业开展创新活动的质量甄别。故应进一步完善创新激励的税收优惠制度体系，一方面，应配合新一轮增值税改革，加大对科技成果转化和高质量创新成果的优惠力度，丰富增值税对企业创新的优惠形式，拓展增值税的优惠范围，强化税收优惠对创新产出端的引导与激励效应。另一方面，考虑到创新不仅需要大量的资金投入，更需要高素质的研发团队，必须把培养和吸引高素质研发人员作为税收优惠的重点。配合个人所得税改革，对高素质研发人员从企业取得的分红和科技研发奖励给予一定的税收免税，也可以考虑在个人所得税六项专项附加扣除的基础上，针对高水平创新人才设立一项“研发附加扣除”，鼓励研发人员积极开展实质性和高水平的创新活动。通过建设多元化的结构性减税体系，强化对企业创新投入的引导和创新产出端的甄别，增强税收优惠对企业创新数量和创新结构的平衡促进作用。

3. 实行差异化的税制安排。

从本书的研究结论可以看出，税收优惠对不同技术密集程度的高新和非高新技术企业以及不同市场化进程企业创新质量的影响不平衡。可见，一刀切的税收优惠制度安排已难以满足我国企业创新质量数量与结构指标平衡提升的需要，亟需进行差异化的税制设计。对于非高新技术企业，尤其是处于市场化进程较低区域的非高新技术企业，其对外部政策的依赖程度较高，应强化税收优惠政策对这类企业的扶持力度，增强税收优惠对企业创新质量的激励效应，进一步缓解我国创新质量区域间发展不平衡的现象。对于高新技术企业，虽然其享受的税收优惠政策较多，但其在创新质量提升上的表现却差强人意，未能充分利用税收优惠实现创新质量数量与结构指标的平衡发展，反而存在较为明显的“数量迎合式”策略性创新行为。因而对高新技术企业的税收优惠不能一味加大税收优惠力度，应强化考核和评价标准，在高新技术企业认定过程中强化对创新质量的甄别和创新结构的引导。

4. 推进标志性政策的精细化设计。

研发费用加计扣除和高新技术企业税率优惠分别是促进企业创新的税基与税率优惠的代表性政策，率先被写入企业所得税法。在推动经济高质量发展的背景下，要强化税收优惠的政策效力，增强税收优惠对企业创新质量平衡提升的引导效应，有必要以这两项政策为标杆，进行精细化的制度设计，为促进企业创新质量提升进行量身定制。

（1）对研发费用加计扣除而言，其主要针对企业创新投入端的研发支出数量给予固定比例的加计扣除优惠，这样的制度设计对创新数量的激励较为明显，但对创新质量的甄别能力可能较弱。因而，可以考虑针对高质量的研发费用支出设置较高的加计扣除比例，对低质量的研发费支出设置较低的加计扣除比例，激励企业增加高质量创新活动的研发费用支出比重，进一步引导企业优化创新结构，加强创新投入端的创新质量鉴别。同时，可以考虑增强研发费用加计扣除对创新产出端的影响，即设置一定比例的追加扣除，当企业高质量创新产出数量超过一定比例或创新结构相比上年得到明显优化时，允许对当年研发费用进行追加扣除。

(2) 对税率优惠而言，它是高新技术企业的代表性优惠政策，企业一经认定为高新技术企业后便可享受该项税率优惠，完善高新技术企业的认定标准对增强税率优惠对企业创新质量数量与结构指标平衡提升的促进作用至关重要。然而，现有高新技术企业的认定标准缺乏对创新结构和创新质量的关注，值得重新审视。可以考虑将创新质量纳入高新技术企业认定和筛选的指标范畴，将“数量”和“结构”一并纳入考核范围，增加对结构和质量指标的比重，避免高新技术企业的短视行为，降低“数量迎合式”创新带来的结构失衡。

5. 坚持“厚爱”与“严管”并重。

近年来，减税降费一直是税制改革的主基调，创新激励税收优惠政策力度也明显加大，如2018年将研发费用加计75%扣除的政策优惠范围由科技型中小企业扩大至所有企业。然而，税收优惠力度的扩大往往是一把“双刃剑”。从本书第六章的研究可知，研发费用加计扣除政策优惠力度的加大会助长企业的盈余管理，进而弱化研发费用加计扣除政策对企业创新质量的激励效应。因而必须坚持“厚爱”与“严管”并重，在扩大创新税收优惠力度的同时，采取有效措施加强相关税收监管，降低企业的研发操纵行为。此外，还应加强对高新技术企业认定资格的审查和认定过程的监管，在资格审查中要将研发投入刚刚达到认定办法规定门槛的企业作为重点对象，降低企业为了迎合认定标准而制造研发投入的假象。在过程监管中，从上文第七章的研究可知高新技术企业的认定容易受到寻租等因素的干扰，寻租建立的政治关系以及其与企业创新之间的畸形关系会干扰税率优惠对高新技术企业创新质量的作用效果。因而，必须通过严密的监管来降低高新技术企业认定过程中的寻租空间，为税收优惠政策效力的发挥营造良好的生态环境。

6. 将创新质量提升作为税收优惠政策绩效评估的重点。

创新激励税收优惠政策的执行是否达到预期政策效用是社会各界关注的重要问题，强化税收优惠政策的绩效评估，完善相关政策执行的评估机制至关重要。我国目前还未形成一套官方的评价创新相关税收优惠政策执行效用的指标体系，现有对创新相关税收优惠执行效用的关注大多从减免税额、创新投入和创新产出数量的增长等量化标准来予以评价，缺乏对创新结构优化和创新质量提升的反馈。但本书的研究发现我国创新数量和创新质量发展不平衡，税收优惠从数量上促进企业创新质量提升的效果明显，从结构上优化企业创新质量的作用有限。因而有必要将创新质量的提升指标纳入税收优惠政策的评价体系，将创新数量增长和创新结构的优化一并纳入评价范围，同时强调“绩效”理念，使政策评价更加合理。

二、优化企业的创新意识

要提高技术创新的质量，推动经济高质量发展，不仅离不开税收优惠等一系列宏观经济政策的扶持，也在很大程度上取决于企业自身的创新意识和创新偏好。近年来企业开展策略性创新骗取政策支持的现象屡见不鲜，企业追求创新数量和创新规模的研发扭曲现象也日益凸显，故从以下几个方面引导企业优化创新意识尤为重要。

1. 企业应树立正确的创新理念。

一是，企业需结合自身实际情况，做好技术创新的战略规划，树立正确的创新价值观，降低“数量迎合式”创新的短视行为，把开展实质性的高质量创新活动作为追求目标，为企业实现可持续发展形成驱动力量。二是，企业需找准自身的经济定位，对非高新技术企业和处于市场化进程区域较低的企业，其创新基础较为薄弱，自身技术条件和外部市场环境均存在局限性，需先打好创新投入的数量基础，发挥好创新投入在税收优惠与创新质量之间的中介作用，促进“量变到质变”的提升。对高新技术企业和处于市场化进程较高区域的企业而言，要发挥好创新质量提升的带头和引领作用，充分利用自身优势和外部完善的经济金融环境，增强创新质量提升的主动性，切实激发创新潜能。三是，在国家不断加深的创新税收优惠政策下，企业要树立危机意识，注重事关长远发展的创新数量与创新结构之间的平衡，提升创新失败容忍度，在财务资源上留有机动财力，为开展高质量的创新活动、实现创新质量的结构升级提供资金保障。

2. 企业要合理运用税收优惠。

企业对税收优惠政策的运用要讲究“合理”，不能一味求多。本书的研究表明高新技术企业虽然享受的税收优惠政策较多，能同时享受研发费用加计扣除税基优惠和税率优惠，但创新质量的提升效果和创新成果向企业价值的转化效应均弱于非高新技术企业。不同税收优惠方式针对不同的创新环节和作用对象，例如研发费用加计扣除直接作用于研发支出，侧重创新投入端的激励，税率优惠体现从“结果引导”到“前端激励”的作用形式。不同税收优惠方式之间可能会产生抵减效应，需要企业结合自身情况做出合理的选择和判断，尽可能选择最适合自身创新发展的税收优惠形式。此外，从本书第四章对创新相关税收优惠政策的梳理发现，我国现行激励企业创新的税收优惠已涵盖企业整个生命周期，因而企业有必要结合自身所处的发展阶段和未来的发展规划来合理运用税收优惠政策。

3. 企业需完善自身内部控制。

要提升企业的创新质量，不仅需要良好的外部制度环境作保障，还需要依赖企业自身完善的内部控制体系，企业完善的内部管理可以保障税收优惠政策效力的发挥。本书第六章的研究表明，研发费用加计扣除政策对企业创新质量的促进作用会受到盈余管理的负向调节。因而企业需要通过强有力的会计核算控制和财务管理来进一步规范研发支出的会计核算，减少企业对研发支出费用化或资本化的操纵，降低企业研发投入过程中的盈余管理行为。此外，正如本书第七章的研究所示，寻租会干扰税率优惠对高新技术企业创新质量的影响，尤其是过度寻租不仅会挤占企业创新的资金投入，对创新活动产生负向作用，还会成为税收优惠与企业创新质量提升之间的“绊脚石”。因而企业不能盲目追求寻租带来的政治关系，还应清醒的认识到寻租对宏观经济政策和微观企业创新行为作用机制的扰乱效应，必须注重对寻租程度的管理和控制，营造清新型的政商关系。

4. 企业应加强创新成果转化。

创新驱动战略的根本目标是打造经济发展的新引擎，培育新的经济增长点，持续提升我国经济发展的质量和效益，开辟我国发展的新空间，实现经济保持中高速增长和产业迈向中高端水平“双目标”。[①] 要培育新的经济增长点，关键是促进企业创新成果的转化和利用，在企业内部形成“税收优惠——创新质量——企业价值”的传递机制。以宏观税收优惠政策的合理利用为起点，以企业自身创新质量的提升为核心，以创新成果内化为生产力促进绩效提升为目标，使宏观经济政策的引导效应不仅在企业创新质量的提升上发挥作用，还能实现创新质量提升的延伸效应，将创新成果转化为企业价值。要促进创新成果的转化，企业的创新产出就不能仅仅停留在数字上，而应切实内化为企业的生产力，特别是核心新型生产技术，生产出满足社会需求的新产品，找到新的经济发展空间，推动企业价值提升，促进可持续发展，实现宏观经济政策对企业微观行为的精准引导。

---

① 《国家创新驱动发展战略纲要》：http://www.gov.cn/zhengce/2016-05/19/content_5074812.htm

参考文献

[1] Andrew, Finley. The Effectiveness of the R&D Tax Credit: Evidence from the Alternative Simplified Credit [J]. Journal of the American Taxation Association, 2015, 37 (1): 157—181.

[2] Anming Zhang, Yimin Zhang, Ronald Zhao. A study of the R&D efficiency and productivity of Chinese firms [J]. Journal of Comparative Economics, 2003, 31 (3): 444—464.

[3] Annamaria Conit, Jerry Thursby, Marie Thursby. Patents as signals for startup financing [J]. The Journal of Industrial Economics, 2013 (3): 592—622.

[4] Arrow K J. Economic Welfare and allocation on resources for invention, in Nelon, R. R (ed). The rate and direction of inventive activity [M]. Princeton: Princeton University Press, 1962.

[5] Autio E. technology—based firms in small open economies—an analysis based on the Finnish experience [J]. Research Policy, 1998, 26 (9): 973—987.

[6] Baghana Rufin, Mohnen Pierre. Effectiveness of R&D tax incentives in small and large enterprises in Québec [J]. Small Business Economics, 2009, 33 (1): 91—107.

[7] Baron RM. The Moderator — Mediator Variable Distinction in Social Psychological Research: Conceptual, Strategic, and Statistical Considerations [J]. Journal of Personality and Social Psychology, 1986, 51 (6): 1173—1182.

[8] Beck, Chen, Lin. Financial innovation: The bright and the dark sides [J]. Journalof Banking & Finance, 2016, 72: 28—51.

[9] Beck, Cindy Lopes — Bento, Schenker — Wicki. Radical or incremental: Where does R&D policy hit? [J]. Research Policy, 2016, 45 (4): 869—

883.
[10] Bérubé, Mohnen. Are firms that receive R&D subsidies more innovative? [J]. The Canadian Journal of Economics, 2009, 42 (1): 206−225.
[11] Bhagwati, Srinivasan. On the Choice between Capital and Labor Mobility [J]. Journal of Political Economy, 1983, 98 (S5): 103−125.
[12] Bloom, Griffith, Van Reenen. Do R&D tax credits work? Evidence from a panel of countries 1979 - 1997 [J]. Journal of Public Economics, 2002, 85 (1): 1−31.
[13] Hall. R&D Tax Policy during the Eighties: Success or Failure? [J]. Tax Policy and the Economy, 1993 (7): 1−35.
[14] Buesa, Heijs, Baumert. The determinants of regional innovation in Europe: A combined factorial and regression knowledge production function approach [J]. Research Policy, 2010, 39 (6): 722−735.
[15] Burrus, Graham, Jones. Regional innovation and firm performance [J]. Journal of Business Research, 2018, 88: 357−362.
[16] Cappelen, Raknerud, Rybalka. The effects of R&D tax credits on patenting and innovations [J]. Research Policy, 2012, 41 (2): 334−345.
[17] Carpenter, Petersen. Is the growth of small firms constrained by internal finance? [J]. The Review of Economics and Statistics, 2002, 84 (2): 298−309.
[18] Castellacci, Lie C M. Do the effects of R&D tax credits vary across industries? A meta−regression analysis [J]. Research Policy, 2015, 44 (4): 819−832.
[19] Chen Lin, Ping Lin, Frank Song. Property rights protection and corporate R&D: Evidence from China [J]. Journal of Development Economics, 2010, 93 (1): 49−62.
[20] Chiang Shuling, Lee Picheng, Anandarajan Asokan. The effect of R&D tax credit on innovation: A life cycle analysis [J]. Innovation − Organization & Management, 2012, 14 (4): 510−523.
[21] Clarysse, Wright, Mustar. Behavioural additionality of R&D subsidies: A learning perspective [J]. Research Policy, 2009, 38 (10): 1517

—1533.

[22] Cockburn, MacGarvie. Patents, Thickets and the Financing of Early - Stage Firms: Evidence from the Software Industry [J]. Journal of Economics & Management Strategy, 2009, 18 (3): 729—773.

[23] Comino, Graziano. How many patents does it take to signal innovation quality? [J]. International Journal of Industrial Organization, 2015, 43: 66—79.

[24] Cooke, Braczyk, Heidenreich. Regional Innovation Systems: The Role of Governances in a Globalized World [J]. European Urban & Regional Studies, 1998, 6 (2): 187—188.

[25] Czarnitzki Dirk, Hanel Petr, Rosa Julio Miguel. Evaluating the impact of R&D tax credits on innovation: A Microeconomic study on Canadian firms [J]. Research Policy, 2011, 40 (2): 217—229.

[26] David, P A., Hall B. H., Toole A. A.. Is public R&D a complement or substitute for private R&D? A review of the econometric evidence [J]. Research Policy, 2000, 29 (4—5): 497—529.

[27] Delong J. B, Lawrence H. S. Equipment Investment and Economic Growth [J]. Quarterly Journal of Economics, 1991, 106 (2): 445—502.

[28] Dichev, Tang. Earnings volatility and earnings predictability [J]. Journal of Accounting & Economics, 2009, 47 (1—2): 160—181.

[29] Dosi, Marengo, Pasquali. How much should society fuel the greed of innovators? On the relations between appropriability, opportunities and rates of innovation [J]. Research Policy, 2006, 35 (8): 1110—1121.

[30] Eberhart A, Maxwell W, Siddique A. A Reexamination of the Tradeoff between the Future Benefit and Riskiness of R&D Increases [J]. Journal of Accounting Research, 2008, 46 (1): 27—52.

[31] Fabiani, Sbragia. Tax Incentives for Technological Business Innovation in Brazil: The Use of the Good Law — Lei do Bem (Law No. 11196/2005) [J]. Journal of technology management & innovation, 2014, 9 (4): 53—63.

[32] Feldman M P, Kelley M R. The assessment of knowledge spillovers: Government R&D policy, economic incentives and private firm behavior

[J]. Research Policy, 2006, 35 (10): 1509—1521.

[33] Gharbi Sami, Sahut Jean-Michel, Teulon Frederic. R&D investments and high-tech firms' stock return volatility [J]. Technological Forecasting and Social Change, 2014, 88: 306—312.

[34] Gilbert R J, Newbery DMG. Preemptive patenting and the persistence of Monopoly [J]. American Economic Review, 1982, 72 (3): 514—526.

[35] Gondim, Borini, Carneiro-da-Cunha. Tax Burden on open innovation: the case of the automotive industry in Brazil [J]. International Journal of Automotive Technology and Management, 2017, 17 (3): 248—269.

[36] Greenberg. Small Firms, Big Patents? Estimating Patent Value Using Data on Israeli Start-ups' Financing Rounds [J]. European Management Review, 2013, 10 (4): 183—196.

[37] Greenwald B C, Stiglitz J E. Externalities in economics with imperfect information and incomplete markets [J]. The Quarterly Journal of Economics, 1986, 101 (2): 226—264.

[38] Griffith, Redding, Van Reenen. Mapping the two faces of R&D: Productivity growth in a panel of OECD industries [J]. The Review of Economics and Statistics, 2004, 86 (4): 883—895.

[39] Groenewegen, van der Steen. The evolution of national innovation systems [J]. Journal of Economic Issues, 2006, 40 (2): 277—285.

[40] Guceri, Irem. Will the real R&D employees please stand up? Effects of tax breaks on firm-level outcomes [J]. International Tax and Public Finance, 2018, 25 (1): 1—63.

[41] Guellec, Potterie. The effect of public expenditure to business R&D [J]. Economics of Innovation & New Technology, 2000, 12 (3): 225—243.

[42] Hall. The financing of research and development [J]. Oxford Review of Economic Policy, 2002, 18 (1): 35—51.

[43] Hall, Lerner. The Financing of R&D and Innovation [J]. Handbook of the Economics of Innovation, 2010, 1: 609—639.

[44] Hall, Harhoff. Recent Research on the economics of patents [J]. Annual Review of Economics, 2012, 4: 541—565.

[45] Hall, Van Reenen. How effective are fiscal incentives for R&D? A review of the evidence [J]. Research Policy, 2000, 29 (4-5): 449-469.

[46] Haner. Innovation quality—a conceptual framework [J]. International Journal Production Economics, 2002, 80 (1): 31-37.

[47] Harris, Li, Trainor. Is a higher rate of R&D tax credit a panacea for low levels of R&D in disadvantaged regions? [J] Research Policy, 2009, 38 (1): 192-205.

[48] Himmelberg C P, Petersen B C. Research - and - development and enternal finance: a panel study of small firms in high-tech industries [J] Review of Economics and Statistics, 1994, 76 (1): 38-51.

[49] Holtzman Yair. Refueling innovation in the US chemicals industry by taking advantage of the research and development tax credit [J] Chimica Oggi-Chemistry Today, 2018, 36 (4): 53-55.

[50] Jensen M C, Meckling W H. Theory of the Firm: Managerial Behavior, Agency Costs and Ownership Structure [J]. Journal of Financial Economics, 1976, 3 (4): 305-360.

[51] Jones C I, Williams J C. Measuring the social return to R&D [J]. The Quarterly Journal of Economics, 1998, 113 (4): 1119-1135.

[52] Juran. Juran On quality by design: The new steps for planning quality into goods and services [M]. New York: Free Press, 1992.

[53] Kahle K M, Stulz R M. Access to Capital, Investment, and the Financial Crisis [J]. Journal of Financial Economics, 2013, 110 (2): 280-299.

[54] Kao. Innovation quality of firms with the research and development tax credit [J]. Review of Quantitative Finance and Accounting, 2018, 51 (1): 43-78.

[55] Kaplan. Rethinking government support for business sector R&D in South Africa: The case for tax incentives [J]. South African Journal of Economics, 2001, 69 (1): 72-92.

[56] Kasahara, Shimotsu, Suzuki. Does an R&D tax credit affect R&D expenditure? The Japanese R&D tax credit reform in 2003 [J]. Journal of the Japanese and International Economies, 2014, 31: 72-97.

[57] Keynes J. M, The General Theory of Employment, Interest and Money [M]. Cambridge: Cambridge University Press, 1936.

[58] Kleer R. Government R&D subsidies as a signal for private investors [J]. Research Policy, 2010, 39 (10): 1361—1374.

[59] Klette, Moen, Griliches. Do subsidies to commercial R&D reduce market failures? Microeconometric evaluation studies [J]. Research Policy, 2000, 29 (4—5): 471—495.

[60] Koga. Firm size and R&D tax incentives [J]. Technovation, 2003, 23 (7): 643—648.

[61] Korajczyk, Levy. Capital Structure Choice: Macroeconomic Conditions and Financial Constraints [J]. Journal of Financial Economics, 2003, 68 (1): 75—109.

[62] Landry, Callimaci. The effect of management incentives and cross-listing status on the accounting treatment of R&D spending [J]. International Accounting Auditing&Taxation, 2003 (12): 131—152.

[63] Lanjouw, Schankeman. Patent quality and research productivity: Measuring innovation with multiple indicators [J]. Economic Journal, 2004, 114 (495): 441—465.

[64] Lerner J. The importance of patent scope: An empirical analysis [J]. Rand Journal of Economic, 1994, 25 (2): 319—333.

[65] Lucas R E Jr. On the mechanics of economic development [J]. Journal of Monetray Economic Review, 1988, 22 (1): 3—42.

[66] Lundvall, Joseph, Chaminade. Handbook of Innovation Systems and Developing Countries: Building Domestic Capabilities in a Global Setting [M]. Edward Elgar: Cheltenham, 2009.

[67] Mahaffy. The Case for Tax: A Comparative Approach to Innovation Policy [J]. Yale Law Journal, 2013, 123 (3): 812—860.

[68] Mansfield E. The R&D Tax Credit and Other Technology Policy Issues [J]. The American Economic Review, 1986, 76 (2): 190—194.

[69] Mansfield E, Rapoport J, Romeo A, Wagner S, Beardsley G. Social and private rates of return from industrial innovation [J]. The Quarterly Journal of Economic, 1977, 91 (2): 221—240.

[70] Meuleman M, De Maeseneire W. Do R&D subsidies affect SMEs'

access to external financing? [J]. Research Policy, 2012, 41 (3): 580—519.

[71] Minniti, Venturini. The long-run growth effects of R&D policy [J]. Research Policy, 2017, 46 (1): 316—326.

[72] Nelson R, Phelps E. Investment in Humans, Technological Diffusion, and Economic Growth [J]. American Economic Review, 1966, 56 (2): 69—82.

[73] Nelson, Rosenberg. National innovation systems: A comparative analysis [M]. Oxford: Oxford University Press, 1993.

[74] Oswald. The determinants and value relevance of the choice of accounting for research and development expenditures in the United Kingdom [J]. Journal of Business Finance & Accounting, 2008, 35 (1—2): 1—24.

[75] Padilla—Pérez, Gaudin. Science, technology and innovation policies in small and developing Economies: The case of Central America [J]. Research Policy, 2014, 43 (4): 749—759.

[76] Pandit, Wasley, Zach. The effect of Research and Development (R&D) inputs and outputs on the relation between the uncertainty of future operating performance and R&D expenditures [J]. Social Science Electronic Publishing, 2009, 26 (1): 121—144.

[77] Phene, Fladmoe-Lindquist, Marsh. Breakthrough innovations in the U. S. biotechnology industry: the effects of technological space and geographic origin [J]. Strategic Management Journa, 2006, 27 (4): 369—388.

[78] Phillips, A W. The Relation between Unemployment and the Rate of Change of Money Wage Rates in the United—kingdom, 1861—1957 [J]. Economica, 1958, 29 (100): 283—299.

[79] Prajogo. Progress of quality management practices in Australian manufacturing firms [J]. The TQM Magazine, 2006, 18 (5): 501—513.

[80] Rao. Do tax credits stimulate R&D spending? The effect of the R&D tax credit in its first decade [J]. Journal of Public Economics, 2016, 140: 1—12.

[81] Romer P M. Growth Based on increasing returns due to specialization [J]. American Economic Review, 1987, 77 (2): 56—62.

[82] Romer P M. Endogenous technological change [J]. Journal of Political Economy, 1990, 98 (5): 71—102.

[83] Rudy B, Johnson A. Performance, aspirations, and market versus nonmarket investment [J]. Journal of Management, 2016, 42 (4): 936—959.

[84] Scherer F M. Firm size, market structure, opportunity, and the output of patented inventions [J]. The American Economic Review, 1965, 55 (5): 1097—1125.

[85] Shaio Yan Huang, An-An Chiu, Chi-Chen Lin, Tai-Lin Chen. The relationship between corporate innovation and performance [J]. Total Quality Management & Business Execellence, 2018, 29 (3—4): 441—452.

[86] Shao Yuchen, Xiao Chengrui. Corporate tax policy and heterogeneous firm innovation: Evidence from a developing country [J]. Journal of Comparative Economics, 2019, 47 (2): 470—486.

[87] Shust. Does research and development activity increase accrual-based earnings management? [J]. Journal of Accounting Auditing and Finance, 2014, 30 (3): 373—401.

[88] Solow. A Contribution to the Theory of Economic Growth [J]. Quarterly Journal of Economics, 1956, 70 (1): 65—94.

[89] Stiglitz J E. Markets, market failures, and development [J]. American Economic Review, 1989, 79 (2): 197—203.

[90] Stiglitz J E, Weiss A. Credit Rationing in Markets with Imperfect Information [J]. American Economic Review, 1981, 71 (3): 393—410.

[91] Tassey Gregory, Innovation in innovation policy management: The Experimental Technology Incentives Program and the policy experiment [J]. Science and Public Policy, 2014, 41 (4): 419—424.

[92] Tseng, Wu. Innovation quality in the automobile industry: measurement indicators and performance implications [J]. Interantional Journal of Technology Management, 2007, 37 (1—2): 162—177.

[93] Watts R L, Zimmerman J L. Positive Accounting Theory: A Ten Year Perspective [J]. The Accounting Review, 1990, 65 (1): 131-156.

[94] Williams, Martinez-Perez, Kedir. Does Bribery Have a Negative Impact on Firm Performance? A Firm-level Analysis across 132 Developing Countries [J]. InteInational Journal of Entrepreneurial Behavior& Research, 2016, 22 (3): 398-415.

[95] Wu. The effects of state R&D tax credits in stimulating private R&D expenditure: A cross-state empirical analysis [J]. Journal of Policy Analysis and Management, 2005, 24 (4): 785-802.

[96] Xu Erming, Xu Kai. A Multilevel Analysis of the Effect of Taxation Incentives on Innovation Performance [J]. IEEE Transactions on Engineering Management, 2013, 60 (1): 137-147.

[97] Yang, Maskus. Intellectual property rights, technology transfer and exports in developing countries [J]. Journal of Development Economics, 2009, 90 (2): 231-236.

[98] Yu. Government R&D Subsidies, Political Relations and Technological SMEs Innovation Transformation [J]. Ibusiness, 2013, 5 (3): 104-109.

[99] 白俊红，王林东. 创新驱动是否促进了经济增长质量的提升？[J]. 科学学研究，2016，34（11）：1725-1735.

[100] 白旭云，王砚羽，苏欣. 研发补贴还是税收激励——政府干预对企业创新绩效和创新质量的影响 [J]. 科研管理，2019，40（6）：9-18.

[101] 鲍宗客，朱魏巍. 中国企业的实质性与扭曲性研发——研发企业存在生存溢价吗？[J]. 科学学研究，2017，35（11）：1691-1699.

[102] 布莱恩·里丁. 拉弗曲线助阵特朗普——为什么特朗普削减企业税是对的 [C]. IMI 研究动态 2017 年上半年合辑，2017：50-53.

[103] 蔡德发. 战略性新兴产业税收激励政策研究——基于黑龙江省产业升级视角 [D]. 哈尔滨商业大学，2012.

[104] 蔡绍洪，俞立平. 创新数量、创新质量与企业效益——来自高技术产业的实证 [J]. 中国软科学，2017（5）：30-37.

[105] 陈东，法成迪. 政府补贴与税收优惠并行对企业创新的激励效果研究 [J]. 华东经济管理，2019，33（8）：1-11.

[106] 陈海声，陶羽华. 研发费用加计扣除政策对企业研发投入的影响——以

沪深A股高科技上市公司为例［J］．财会月刊，2016（29）：11－16．
［107］陈红，张玉，刘东霞．政府补助、税收优惠与企业创新绩效——不同生命周期阶段的实证研究［J］．南开管理评论，2019，22（3）：187－200．
［108］陈金勇，袁蒙菡，汤湘希．研发投入就能提升企业的价值吗？——基于创新存量的检验［J］．科技管理研究，2016，36（11）：8－14．
［109］陈林，朱卫平．出口退税和创新补贴政策效应研究［J］．经济研究，2008，43（11）：74－87．
［110］陈曦．研发费用加计扣除政策对企业创新绩效的影响研究——基于创新投入的中介效应［D］．西安外国语大学，2019．
［111］陈远燕，何明俊，张鑫垦．财政补贴、税收优惠与企业创新产出结构——来自中国高新技术上市公司的证据［J］．税务研究，2018（12）：49－54．
［112］陈志勇，张春雨，陈思霞．减税如何影响企业高质量创新？——基于中国上市公司的实证研究［J］．宏观质量研究，2022，10（2）：31－46．
［113］程虹，李丹丹．一个关于宏观经济增长质量的一般理论——基于微观产品质量的解释［J］．武汉大学学报（哲学社会科学版），2014，67（3）：79－86．
［114］程华．直接资助与税收优惠促进企业R&D比较研究［J］．中国科技论坛，2006（3）：56－59．
［115］程曦，蔡秀云．税收政策对企业技术创新的激励效应——基于异质性企业的实证分析［J］．中南财经政法大学学报，2017（6）：94－102．
［116］程瑶，闫慧慧．税收优惠对企业研发投入的政策效应研究［J］．数量经济技术经济研究，2018，35（2）：116－130．
［117］储德银，纪凡，杨珊．财政补贴、税收优惠与战略性新兴产业专利产出［J］．税务研究，2017（4）：99－104．
［118］褚淑贞，都兰娜．基于CDM模型的创新投入、创新产出与企业创新绩效关系研究——以医药制造业上市公司为例［J］．工业技术经济，2017（7）：136－142．
［119］大连市国税局课题组．企业所得税税率优惠怎么完善？［N］．中国税务报，2018．
［120］戴晨，刘怡．税收优惠与财政补贴对企业R&D影响的比较分析［J］．经济科学，2008（3）：58－71．

[121] 戴魁早，刘友金．市场化进程对创新效率的影响及行业差异——基于中国高技术产业的实证检验［J］．财经研究，2013，39（5）：4—16．

[122] 丁方飞，谢昊翔．财税政策能激励企业的高质量创新吗？——来自创业板上市公司的证据［J］．财经理论与实践，2021，42（4）：74—81．

[123] 杜瑞，李延喜．企业研发活动与盈余管理——微观企业对宏观产业政策的适应性行为［J］．科研管理，2018，39（3）：122—131．

[124] 方军雄．市场化进程与资本配置效率的改善［J］．经济研究，2006（5）：51—61．

[125] 冯海红，曲婉，李铭禄．税收优惠政策有利于企业加大研发投入吗？［J］．科学学研究，2015，33（5）：665—672．

[126] 冯泽，陈凯华，戴小勇．研发费用加计扣除是否提升了企业创新能力？——创新链全视角［J］．科研管理，2019，40（10）：73—86．

[127] 冯之浚．国家创新系统的理论与政策［M］．北京：经济科学出版社，1999．

[128] 傅利平，李小静．政府补贴在企业创新过程的信号传递效应分析——基于战略性新兴产业上市公司面板数据［J］．系统工程，2014，32（11）：50—58．

[129] 干胜道．财务理论研究［M］．大连：东北财经大学出版社，2014．

[130] 高林，贺京同，那艺．创新数量、质量及其激励的异质影响［J］．北京理工大学学报（社会科学版），2014，16（4）：92—98．

[131] 顾瑞兰．促进我国新能源汽车产业发展的财税政策研究［D］．财政部财政科学研究所，2013．

[132] 郭炬，叶阿忠，陈泓．是财政补贴还是税收优惠？——政府政策对技术创新的影响［J］．科技管理研究，2015，35（17）：25—31．

[133] 郭显光．熵值法及其在综合评价中的应用［J］．财贸研究，1994（6）：56—60．

[134] 韩仁月，马海涛．税收优惠方式与企业研发投入——基于双重差分模型的实证检验［J］．中央财经大学学报，2019（3）：3—10．

[135] 郝项超，梁琪，李政．融资融券与企业创新：基于数量与质量视角的分析［J］．经济研究，2018，53（6）：127—141．

[136] 郝颖，刘星．市场化进程与上市公司 R&D 投资：基于产权特征视角［J］．科研管理，2010，31（4）：81—90．

[137] 胡波．高新技术企业技术创新模式研究［D］．华中科技大学，2004．

[138] 胡华夏，洪荭，肖露璐，刘雯. 税收优惠与研发投入——产权性质调节与成本粘性的中介作用［J］. 科研管理，2017（6）：135－143.

[139] 胡卫，熊鸿军. R&D 税收刺激——原理、评估方法与政策含义［J］. 管理科学，2005（1）86－93.

[140] 华海岭，吴和成. 大中型工业企业的创新税收激励政策的效应分析［J］. 科技与经济，2013，26（2）：6－10.

[141] 黄珺，贺国亮. 企业社会责任、技术创新与企业价值［J］. 软科学，2017，31（7）：93－97.

[142] 黄鲁成. 关于区域创新系统研究内容的探讨［J］. 科研管理，2000，21（2）：43－48.

[143] 贾春香，王婉莹. 财政补贴、税收优惠与企业创新绩效——基于研发投入的中介效应［J］. 会计之友，2019（11）：98－103.

[144] 江静. 公共政策对企业创新支持的绩效——基于直接补贴与税收优惠的比较分析［J］. 科研管理，2011，32（4）：1－8.

[145] 江希和，王水娟. 企业研发投资税收优惠政策效应研究［J］. 科研管理，2015，36（6）：46－52.

[146] 江小娟. 理解科技全球化——资源重组、优势集成和自主创新能力的提升［J］. 管理世界，2004，（6）：4－13.

[147] 姜国华，饶品贵. 宏观经济政策与微观企业行为——拓展会计与财务研究新领域［J］. 会计研究，2011（3）：9－19.

[148] 鞠晓生，卢荻，虞义华. 融资约束、营运资本管理与企业创新可持续性［J］. 经济研究，2013（1）：4－16.

[149] 卡马耶夫. 经济增长的速度和质量［M］. 武汉：湖北人民出版社，1983.

[150] 寇明婷，陈凯华，高霞，杨利锋. 创新型城市技术创新投资效率的测度方法研究：基于创新过程的视角［J］. 科研管理，2014，35（6）：56－67.

[151] 兰贵良，张友棠. 企业异质性因素、研发税收激励与企业创新产出［J］. 财会月刊，2018（14）：42－49.

[152] 雷根强，郭玥. 高新技术企业被认定后企业创新能力提升了吗？——来自中国上市公司的经验证据［J］. 财政研究，2018（9）：32－47.

[153] 黎文靖，郑曼妮. 实质性创新还是策略性创新？——宏观产业政策对微观企业创新的影响［J］. 经济研究，2016，51（4）：60－73.

［154］ 李常洪，郭嘉琦，宋志红，范建平．创新投入、创新产出与企业绩效：基于CDM模型的实证研究［J］．华东经济管理，2013，27（5）：164－168.
［155］ 李传喜，赵讯．我国高新技术企业财税激励研发投入效应研究［J］．税务研究，2016（2）：105－109.
［156］ 李后建．制度环境、寻租与企业创新［D］．重庆：重庆大学，2014.
［157］ 李后建，张剑．腐败与企业创新：润滑剂抑或绊脚石［J］．南开经济研究，2015（2）：24－58.
［158］ 李汇东，唐跃军，左晶晶．用自己的钱还是用别人的钱创新？——基于中国上市公司融资结构与公司创新的研究［J］．金融研究，2013（2）：170－183.
［159］ 李建标，梁馨月．民营企业是为创新而寻租吗？——基于税负的中介效应研究［J］．科学学研究，2016，34（3）：453－461.
［160］ 李静怡，王祯阳，武咸云．政策激励与研发投入交互作用对创新绩效的影响［J］．科研管理，2020，41（5）：99－110.
［161］ 李丽青．我国现行R&D税收优惠政策的有效性研究［J］．中国软科学，2007（7）：115－120.
［162］ 李万福，杜静．税收优惠、调整成本与R&D投资［J］．会计研究，2016（12）：58－63.
［163］ 李维安，李浩波，李慧聪．创新激励还是税盾？——高新技术企业税收优惠研究［J］．科研管理，2016，37（11）：61－70.
［164］ 李闻一，吴海波，崔果，李栗．研发费用加计扣除政策对企业研发投入的影响［J］．会计之友，2019（5）：31－36.
［165］ 李香菊，杨欢．产业异质性、税收激励与自主创新——中国战略性新兴产业A股上市公司实证研究［J］．科技进步与对策，2019，36（9）：60－68.
［166］ 李新，汤恒运，陶东杰，孙小军．研发费用加计扣除政策对企业研发投入的影响研究——来自中国上市公司的证据［J］．宏观经济研究，2019（8）：81－93.
［167］ 李彦龙．税收优惠政策与高技术产业创新效率［J］．数量经济技术经济研究，2018（1）：60－76.
［168］ 李扬．中国经济新常态与改革创新［J］．中国人大，2016（1）：16－23.

［169］林成．从市场失灵到政府失灵：外部性理论及其政策的演进［D］．辽宁大学，2007.

［170］林洲钰，林汉川，邓兴华．所得税改革与中国企业技术创新［J］．中国工业经济，2013（3）：111－123.

［171］刘督，万迪昉，吴祖光．我国创业板市场能够识别创新质量吗？［J］．科研管理，2016，37（12）：46－54.

［172］刘放，杨筝，杨曦．制度环境、税收激励与企业创新投入［J］．管理评论，2016，28（2）：61－73.

［173］刘凤朝，沈能．基于专利结构视角的中国区域创新能力差异研究［J］．管理评论，2006，18（11）：44－47.

［174］刘辉，滕浩．基于生命周期的研发投入对企业价值的门槛效应［J］．科研管理，2020，41（1）：193－201.

［175］刘圻，何钰，杨德伟．研发支出加计扣除的实施效果——基于深市中小板上市公司的实证研究［J］．宏观经济研究，2012（9）：87－92.

［176］刘伟丽，林玮菡．质量创新与创新质量空间差异及耦合协调研究——基于中国高技术产业的经验分析［J］．财经问题研究，2018（6）：3－10.

［177］刘永涛．研发费用税前加计扣除政策及会计政策研析［J］．税务研究，2018（1）：118－121.

［178］刘勇政，冯海波．腐败、公共支出效率与长期经济增长［J］．经济研究，2011（9）：17－28.

［179］刘玉书，里根的拉弗曲线是幸存者偏差吗？里根供给侧改革对当前中国经济的启示［N］．金融时报，2020（2）：1－8.

［180］柳光强．税收优惠、财政补贴政策的激励效应分析——基于信息不对称理论视角的实证研究［J］．管理世界，2016（10）：62－71.

［181］柳卸林．区域创新体系成立的条件和建设的关键因素［J］．中国科技论坛，2003（1）：18－22.

［182］罗党论，唐清泉．政府控制、银企关系与企业担保行为研究——来自中国上市公司的经验证据［J］．金融研究，2007（3）：151－161.

［183］马红，侯贵生．税收优惠与制造业创新质量——异质性影响与地方政府行为再检验［J］．财经论丛，2022（7）：25－35.

［184］马永红，张景明，王展昭．我国高技术产业创新质量空间差异性分析［J］．经济问题探索，2014（9）：89－95.

［185］马玉琪，扈瑞鹏，赵彦云．税收优惠、财政补贴与中关村企业创新投

入——基于倾向得分匹配法的实证研究 [J]. 科技管理研究，2016 (19)：1−6.

[186] 茅铭晨. 政府管制理论研究综述 [J]. 管理世界，2007 (2)：137−150.

[187] 倪德锋. 市场化进程、股权结构与企业 R&D 投入关系的实证 [J]. 统计与决策，2017 (22)：186−188.

[188] 庞瑞芝，范玉，李扬. 中国科技创新支撑经济发展了吗？[J]. 数量经济技术经济研究，2014 (10)：37−52.

[189] 阙善栋，刘海峰. 税收优惠制度安排的理论依据探讨 [J]. 当代财经，2007 (6)：36−39.

[190] 任保平. 经济增长质量：理论阐释、基本命题与伦理原则 [J]. 学术月刊，2012，44 (2)：63−70.

[191] 任海云，聂景春. 企业异质性、政府补助与 R&D 投资 [J]. 科研管理，2018，39 (6)：37−47.

[192] 任海云，宋伟宸. 企业异质性因素、研发费用加计扣除与 R&D 投入 [J]. 科学学研究，2017，35 (8)：1232−1239.

[193] 任曙明，张静. 补贴、寻租成本与加成率——基于中国装备制造企业的实证研究 [J]. 管理世界，2013 (10)：118−129.

[194] 邵诚，王胜光. 我国软件企业税收优惠与研发投入关系的结构方程模型分析 [J]. 工业技术经济，2010，29 (1)：64−69.

[195] 申长江，王玲，雷家骕. 用技术整合理论与方法解决我国科技成果产业化问题的探讨 [J]. 中国软科学，2008 (9)：54−64.

[196] 沈鹏远，邹海峰. 政府研发补贴与企业研发投入——以中国制造业上市公司为例 [J]. 上海经济研究，2018 (8)：84−93.

[197] 石俊国，吴非，侯泽敏. 不同类型的技术创新对产业国际竞争优势的影响——基于制造业面板数据的分阶段回归分析 [J]. 技术经济，2014，33 (3)：33−39.

[198] 石绍宾，周根根，秦丽华. 税收优惠对我国企业研发投入和产出的激励效应 [J]. 税务研究，2017 (03)：43−47.

[199] 水会莉，韩庆兰. 融资约束、税收激励与企业研发投入——来自中国制造业上市公司的证据 [J]. 科技管理研究，2016 (7)：30−36.

[200] 宋清，杨雪. 税收优惠、营商环境与企业创新绩效 [J]. 中国科技论坛，2021 (5)：99−107.

［201］宋献中，李建发，耿建新等. 贯彻创新、协调、绿色、开放、共享的发展理念服务“一带一路”建设推动会计改革与发展——会计与“十三五”规划发展理念大家谈［J］. 会计研究，2016，(1) 5－18.

［202］孙莹. 税收激励政策对企业创新绩效的影响研究［D］. 东华大学，2013.

［203］万华林，陈信元. 治理环境、企业寻租与交易成本——基于中国上市公司非生产性支出的经验证据［J］. 经济学（季刊），2010，9 (2)：553－570.

［204］汪冲，江笑云. 研发税收激励、企业资格认定与减免可持续性［J］. 经济研究，2018 (11)：65－80.

［205］王苍峰. 税收减免与研发投资：基于我国制造业企业数据的实证分析［J］. 税务研究，2009 (11)：25－28

［206］王昌荣，李娜. 市场竞争、创新研发与企业价值——基于中国制造业的经验数据［J］. 山东社会科学，2018 (6)：168－173.

［207］王春元，叶伟巍. 税收优惠与企业自主创新：融资约束的视角［J］. 科研管理，2018，39 (3)：37－44.

［208］王登礼，赖先进，郭京京. “研发费加计扣除政策”的税收激励效应——以战略性新兴产业为例［J］. 科学学与科学技术管理，2018，39 (10)：3－12.

［209］王军. 激励创新的企业所得税优惠政策导向与趋势——基于研发费用加计扣除政策修订的视角［J］. 国际经济合作，2018 (9)：11－15.

［210］王俊. R&D 补贴对企业 R&D 投入及创新产出影响的实证研究［J］. 科学学研究，2010，28 (9)：1368－1374.

［211］王俊. 我国政府 R&D 税收优惠强度的测算及影响效应检验［J］. 科研管理，2011，32 (9)：157－164.

［212］王维，刘伟. 技术创新、人力资本对信息技术企业价值的影响研究［J］. 财会通讯，2017 (15)：36－39.

［213］王玺，张嘉怡. 税收优惠对企业创新的经济效果评价［J］. 财政研究，2015 (1)：58－62.

［214］王燕妮，张书菊，王方. R&D 资本化与费用化政策选择的影响因素研究［J］. 科学学研究，2013，31 (4)：546－553.

［215］王芸，陈蕾. 研发费用加计扣除优惠强度、研发投入强度与企业价值［J］. 科技管理研究，2016，36 (5)：18－22.

［216］王钊，王良虎．税收优惠政策对高技术产业创新效率的影响——基于断点回归分析［J］．科技进步与对策，2019，36（11）：109－116.

［217］王化成．论财务管理理论结构［D］．中国人民大学，1998.

［218］王化成，张伟华，佟岩．广义财务管理理论结构研究——以财务管理环境为起点的研究框架回顾与拓展［J］．科学决策，2011（6）：1－32.

［219］王卫星．基于多学科视角的企业财务管理拓展与创新探讨［J］．会计研究，2016（11）：30－37.

［220］王子秀．税收优惠与创业板上市公司创新绩效的相关性分析［D］．江西财经大学，2018.

［221］温忠麟，张雷，侯杰泰，刘红云．中介效应检验程序及其应用［J］．心理学报，2004，36（5）：614－620.

［222］卫舒羽，肖鹏．税收优惠、财政补贴与企业研发投入——基于沪深A股上市公司的实证分析［J］．税务研究，2021（5）：40－45.

［223］吴松彬，黄惠丹，张凯．R&D税收激励有效性与影响因素——基于15%税率式优惠和研发加计扣除政策的实证比较分析［J］．科技进步与对策，2019，36（11）：117－124.

［224］吴祖光，万迪昉，王文虎．税收优惠方式对研发投入激励效果的实验研究［J］．系统工程理论与实践，2017，37（12）：3025－3039.

［225］夏后学，谭清美，白俊红．营商环境、企业寻租与市场创新——来自中国企业营商环境调查的经验证据［J］．经济研究，2019（4）：84－98.

［226］夏杰长，尚铁力．自主创新与税收政策．［J］．税务研究，2006（6）：6－10.

［227］夏力．税收优惠能否促进技术创新：基于创业板上市公司的研究［J］．中国科技论坛，2012（12）：56－61.

［228］肖海莲，周美华．R&D支出与盈余管理——基于R&D会计政策变更的经验证据［J］．证券市场导报，2012（10）：48－54.

［229］谢香兵．公司研发支出税收激励的溢出效应研究［J］．河南社会科学，2016，24（7）：31－36.

［230］邢会，王飞，高素英．战略性新兴产业政策促进企业实质性创新了吗？——基于“寻租”调节效应的视角［J］．产经评论，2019，10（1）：86－99.

［231］徐晨，孙元欣．着眼长远还是急功近利：竞争压力下腐败对企业创新和寻租的影响研究［J］．外国经济与管理，2018，40（11）：129－143.

[232] 许罡，朱卫东. 管理当局、研发支出资本化选择与盈余管理动机——基于新无形资产准则研发阶段划分的实证研究［J］. 科学学与科学技术管理，2010，31（9）：39－43.

[233] 许昊，万迪昉，徐晋. 风险投资、区域创新与创新质量甄别［J］. 科研管理，2017，38（8）：27－35.

[234] 许玲玲. 高新技术企业认定的经济后果研究［D］. 武汉大学，2016.

[235] 杨国超，刘静，廉鹏，芮萌. 减税激励、研发操纵与研发绩效［J］. 经济研究，2017（8）：110－124.

[236] 杨立国，缪小明，曾又其. 基于企业成长的中小型高科技企业创新质量评估模式研究［J］. 科技管理研究，2007（6）：96－98.

[237] 杨明增，张钦成. 高新技术企业减税激励政策会产生同伴压力效应吗［J］. 当代财经，2019（6）：118－129.

[238] 杨晓妹，刘文龙. 财政 R&D 补贴、税收优惠激励制造业企业实质性创新了吗？——基于倾向得分匹配及样本分位数回归的研究［J］. 产经评论，2019，10（3）：115－130.

[239] 杨杨，曹玲燕，杜剑. 企业所得税优惠政策对技术创新研发支出的影响——基于我国创业板上市公司数据的实证分析［J］. 税务研究，2013（3）：24－28.

[240] 杨幽红. 创新质量理论框架：概念、内涵和特点［J］. 科研管理，2013，34（12）：320－325.

[241] 于鹏. 政府政策对高新技术企业研发投入支持效果研究［D］. 首都经贸大学，2016.

[242] 余明桂，回雅甫，潘红波. 政治联系、寻租与地方政府财政补贴有效性［J］. 经济研究，2010，45（3）：65－77.

[243] 余萍. 拉弗曲线、最优税负及美国减税的启示——基于新世纪全球面板数据［J］. 经济问题探索，2018，11：163－170.

[244] 余泳泽，张先轸. 要素禀赋、适宜性创新模式选择与全要素生产率提升［J］. 管理世界，2015（9）：13－31.

[245] 曾方. 技术创新中的政府行为——理论框架和实证分析［D］. 复旦大学，2003.

[246] 张帆，张友斗. 竞争性领域财政补贴、税收优惠政策对企业经营绩效的影响［J］. 财贸研究，2018，29（3）：80－89.

[247] 张古鹏，陈向东. 基于专利的中外新兴产业创新质量差异研究［J］. 科

学学研究，2011，29（12）：1813－1820.

［248］张古鹏，陈向东，杜华东．中国区域创新质量不平等研究［J］．科学学研究，2011，29（11）：1709－1719.

［249］张嘉怡．促进企业研发创新的税收优惠政策研究［D］．中央财经大学，2016.

［250］张来武．科技创新驱动经济发展方式转变［J］．中国软科学，2011（12）：1－5.

［251］张琴．技术背景CEO、技术创新与企业绩效——基于民营高科技企业的实证分析［J］．经济问题，2018（5）：82－87.

［252］张文甲．政治联系、高新技术认证中的寻租与企业创新［D］．南京大学，2015.

［253］张信东，贺亚楠，马小美．R&D税收优惠政策对企业创新产出的激励效果分析——基于国家级企业技术中心的研究［J］．当代财经，2014（11）：35－45.

［254］张嵎喆，蒋云飞．自主创新成果产业化的内涵和国外实践［J］．经济理论与经济管理，2010（5）：59－64.

［255］张震．创新数量、创新质量与企业规模［J］．经济问题，2018（12）：56－87.

［256］郑春美，李佩．政府补助与税收优惠对企业创新绩效的影响——基于创业板高新技术企业的实证研究［J］．科技进步与对策，2015，32（16）：83－87.

［257］郑烨，阎波．高新技术企业认定促进了区域创新绩效吗？——基于中国省级面板数据的实证研究［J］．经济体制改革，2019（1）：174－180.

［258］郑智荣．财政补贴、税收优惠与企业创新绩效——来自上市公司的经验数据［D］．安徽财经大学，2016.

［259］钟大能．税收优惠的理论与实践探讨［D］．西南财经大学，2002.

［260］钟凯，程小可，肖翔，郑立东．宏观经济政策影响企业创新投资吗？——基于融资约束与融资来源视角的分析［J］．南开管理评论，2017，20（6）：4－14.

［261］周海涛．政府R&D资助对企业技术创新决策、行为及绩效的影响研究——基于高新技术企业微观面板数据［D］．华南理工大学，2016.

［262］周海涛，张振刚．政府研发资助方式对企业创新投入与创新绩效的影响研究［J］．管理学报，2015，12（12）：1797－1804.

［263］周宇．企业技术创新财税激励的效应研究［D］．西北大学，2017.
［264］朱承斌．税收优惠的经济分析［M］．北京：经济科学出版社，2005.
［265］朱平芳，徐伟民．政府的科技激励政策对大中型工业企业 R&D 投入及其专利产出的影响——上海市的实证研究［J］．经济研究，2003（6）：45－53.
［266］朱永明，赵程程，赵健，贾明娥．税收优惠对企业创新效率的门槛效应——创新价值链视角下制造业的实证研究［J］．科技管理研究，2019，39（11）：10－18.
［267］朱永明，贾明娥．市场化进程、融资约束与企业技术创新——基于中国高新技术企业 2010－2014 年数据的分析［J］．商业研究，2017（1）：49－56.
［268］邹洋，吴楚石，刘浩文等．营改增、企业研发投入与企业创新产出——基于科技服务业上市公司的实证研究［J］．税务研究，2019（7）：83－88.
［269］邹再进．对区域创新系统内涵的再认识［J］．云南财贸学院学报（社会科学版），2006（3）：77－78.